MICHEL TREMBLAY

Le « joual » dans *Les Belles-Sœurs*

Collection **Critiques Littéraires**
dirigée par Maguy Albet et Paule Plouvier

Dernières parutions

Jean-Pierre BOULE, *Hervé Guibert : L'entreprise de l'écriture du moi*, 2001.
Michel NAUMANN, *Les nouvelles voies de la littérature et de la libération africaines*, 2001.
Hafida BADRE HAGIL, *Naguîb Mahfouz : récits et codes culturels*, 2001.
Armelle CROUZIERES-INGENTHRON, *Le double pluriel dans les romans de Rachid BOUDJEDRA,* 2001.
Ali ABASSI, *Stendhal hybride,* 2001.
Anne MOUNIC, *La parole obscure. Recours au mythe et défi à l'interprétation dans l'œuvre de Michel Fardoulis-Lagrange*, 2001.
Claire L. DEHON, *Le réalisme africain. Le roman francophone en afrique subsaharienne*, 2001.
Daniel S. LARANGE, *Récit et foi chez Fédor M. Dostoïevski*, 2001.
Benoît AUFFRET, *La signature d'une herbe.*, *Hélène Cadou, poète*, 2001.
Bertrand du CHAMBON, *Le roman de Jean Cocteau*, 2001.
Bernadette DEJEAN DE LA BÂTIE, *L'énigme du sexe, les romans marocains de Driss Chraïbi,* 2001.
Marie DOLLÉ, *L'imaginaire des langues,* 2001.
Annelise SCHULTE NORDHOLT, *Le moi créateur dans* A la recherche du temps perdu, 2002.

Mathilde DARGNAT

MICHEL TREMBLAY

Le « joual » dans *Les Belles-Sœurs*

L'Harmattan	L'Harmattan Hongrie	L'Harmattan Italia
5-7, rue de l'École-Polytechnique	Hargita u. 3	Via Bava, 37
75005 Paris	1026 Budapest	10214 Torino
France	HONGRIE	ITALIE

Fidèle à sa volonté de maintenir vivant l'ensemble du catalogue et de continuer à rendre accessible à tous la richesse de son contenu, Les marques du groupe L'Harmattan proposent les ouvrages, même s'ils sont épuisés dans leur premier tirage, et les impriment à la demande.
Au vu de l'ancienneté de ce titre, un exemplaire original a été numérisé pour être réimprimé, ce qui pourrait altérer légèrement la qualité de certains passages.

ISBN : 2-7475-2072-2

Remerciements

Un livre et un monde, un monde fait. Avec un commencement et une fin. Chaque page est une ville. Chaque mot est une demeure. Mes yeux parcourent la rue, ouvrant la porte, pénétrant dans chaque demeure.

Réjean Ducharme, *L'Avalée des avalées*, Paris, Gallimard, 1966.

Je remercie toutes les personnes qui m'ont aidée à pousser ces portes en m'ouvrant la leur.

~

Et plus particulièrement le directeur du travail original :

Ce petit ouurage a ſi peu de proportion auec la grandeur de vos lumieres & de voſtre dignité, que ie n'aurois jamais eu la penſée de vous l'offrir, ſi vous ne m'auiez fait l'honneur de me teſmoigner que vous ne l'auriez pas deſagreable.

Claude Favre de Vaugelas,
Remarqves svr la langve francoise vtiles à cevx qui vevlent bien parler et bien escrire, chez la Veuuve Camvsat et Pierre Le Petit, à Paris, 1647, « Préface ».

Merci
au Conseil International d'Etudes Canadiennes (Canada)
au Ministère de la Recherche (France)
pour leur confiance.

Pour Malthée et Clara

Et comment donc pouvez-vous lire l'Écriture si vous ne lisez pas la lettre ? Car enfin, ôtée la lettre, que devient l'Écriture ? [...] Lis donc l'Écriture et apprends d'abord avec soin ce qu'elle raconte corporellement : si en effet tu en imprimes la forme dans ton âme, selon l'ordre du récit qui t'est offert, tu pourras après, en méditant, passer à la douceur de l'intelligence spirituelle qui en sort comme d'un rayon de miel.

(Hugues de Saint-Victor)

Qu'est-ce qu'un livre ? Une suite de petits signes. Rien de plus. C'est au lecteur à tirer lui-même les formes, les couleurs et les sentiments auxquels ces signes correspondent.

(Anatole France)

L'art communique par une certaine relation entre son signe et l'objet qui l'a inspiré ; si cette relation d'iconicité n'existait pas, nous ne serions plus en face d'une œuvre d'art mais d'un fait d'ordre linguistique, arbitraire et conventionnel ; et si, d'autre part, l'art était une imitation totale de l'objet, il n'aurait plus le caractère de signe.

(Umberto Eco)

En rédigeant ce livre nous n'avons pas littéralement mis nos pensées sur du papier. Ce que nous avons mis sur le papier, ce sont de petites marques noires, dont vous avez en ce moment une copie sous les yeux. Quant à nos pensées, elles sont restées là où elles ont toujours été : dans nos cerveaux.

(Dan Sperber et Deirde Wilson)

Introduction
D'une variante populaire à un style littéraire

> *Le problème fondamental qui se pose au sujet de l'art présente un double aspect : celui de sa représentation objective du réel ou de son interprétation subjective et symbolique, et celui de ses rapports avec le concept de beauté*[1].

Michel Tremblay, né en 1942 à Montréal, a passé son enfance et son adolescence sur le Plateau Mont-Royal, quartier francophone ouvrier de la ville. Il arrête ses études à l'âge de 17 ans, après avoir pourtant reçu une bourse d'études provinciale, et fréquente alors l'Institut des Arts Graphiques pour devenir linotypiste. Le linotypiste, plus simplement appelé typographe, est celui qui utilise la linotype ou « machine à composer au plomb qui fond d'un bloc chaque ligne de caractères (ligne-bloc) que l'on compose sur un clavier[2] ».

C'est également en 1959 qu'il écrit sa première pièce, *Le Train*, qui n'est créée pour la télévision que cinq années plus tard, lorsqu'il est lauréat du Concours des Jeunes Auteurs de Radio-Canada. 1964 marque aussi la rencontre avec André Brassard qui reste jusqu'à aujourd'hui son metteur en scène de prédilection. L'année suivante, 1965, il écrit *Les Belles-Sœurs* qui, faute de comédiennes et de salle pour les accueillir, ne sera montée qu'en 1968 au Théâtre du Rideau Vert à Montréal. La pièce déchaîne la chronique et place par conséquent l'auteur au cœur des débats, le consacre comme « phénomène culturel » québécois.

Presque trente-cinq ans plus tard, M. Tremblay, qui entre temps est passé au roman, au récit fantastique ou autobiographique, à l'adaptation d'autres dramaturges (Tchékhov, Zindel, Aristophane), est l'auteur de plus d'une cinquantaine d'œuvres, tous genres confondus. Cette véritable fresque sociale s'organise en cycles et chroniques. *Les Belles-Sœurs*, qui m'intéresse plus particulièrement, si elle est la pièce éponyme du premier cycle, porte en gésine toute la « comédie humaine » qu'est l'ensemble de l'œuvre.

Il s'agit d'une pièce en deux actes qui exposent quinze personnages, tous féminins.

---

1. Max Diorfel, *L'Esthétique, par-delà le beau et le laid*, Toulon, Promothea Éditions, 1993, p. 13.
2. Dictionnaire *Le Petit Robert*, Paris, Éditions Robert, 2000, p. 1447.

L'intrigue est la suivante : Germaine Lauzon, ménagère québécoise du Plateau du début des années soixante, a gagné un million de timbres-primes (timbres qui sont une monnaie d'échange pour obtenir des cadeaux). Le rideau s'ouvre sur les quatre caisses de ce trésor qui doit permettre à celle qui le possède d'acquérir les objets que décline le catalogue joint, outil indispensable. Cette chance demande néanmoins un petit effort : le collage dans des livrets. Mais « un million, on rit pus » ! La quantité nécessite que soit organisé un « party de collage de timbres » dans la cuisine de Germaine. Les invitées (voisines, sœurs et belles-sœurs), de la même condition sociale que leur hôte, seront vite jalouses et lui voleront timbres et livrets, au fil des discussions, jusqu'à ce qu'elle s'en aperçoive, la reconnaissance marquant la fin de l'acte II.

Le scandale, qui est garant de la modernité de l'œuvre et de sa qualité artistique en 1968, fut moins provoqué par le contenu, somme toute bien banal, que par l'expression : la langue populaire du quartier, autrement nommée *joual*. C'est précisément cet aspect qui est le centre de la présente analyse.

Dire du joual qu'il est simplement une réalité linguistique, la langue parlée par les habitant(e)s du Plateau Mont-Royal, ne saurait suffire. Il est, comme le dit Lise Gauvin[3] reprenant Claude Filteau, « l'imaginaire » de l'oralité québécoise, ce qui ouvre considérablement le champ.

> La problématique des interactions langues/littératures est complexe et met en cause aussi bien des enjeux institutionnels —l'autonomie d'une littérature, les conditions de son émergence, la relation qui s'y établit entre l'écrivain et le public—, politiques —le statut d'une langue et de ceux qui la parlent—, que proprement littéraires, à savoir quels sont les modèles dont dispose l'écrivain pour représenter les rapports sociaux entre les langues ou les niveaux de langue[4].

***

3. Lise Gauvin, « Le théâtre de la langue » dans *Le Monde de Michel Tremblay, Des* Belles-Sœurs *à* Marcel poursuivi par les chiens, Gilbert David et Pierre Lavoie (dir.), Montréal/Carnières, Cahiers de Théâtre Jeu/ Éditions Lansman, 1993, p. 335-357, p. 342.
4. Lise Gauvin, « Faits et effets de langue : le réalisme comme désir », *Les Langues du roman, Du plurilinguisme comme stratégie textuelle*, Lise Gauvin (dir.), Montréal, Presses de l'Université de Montréal, 1999, p. 53-71, p. 53.

Michel Meyer, dans son ouvrage *Langage et littérature*, situe l'œuvre littéraire dans une logique problématologique, c'est-à-dire qu'il voit son origine comme une problématisation du monde et sa réalité textuelle comme un essai de réponse à la problématique. Qui dit problématique dit question(s) et modalité(s) de réponse à cette (ces) question(s). Il va ainsi plus loin que W. Iser qui considérait déjà l'œuvre comme « compens[ant] les déficiences des systèmes de pensée dominants[5] ». Meyer voit, au sein même de cette réponse, la question implicite que pose l'œuvre : « C'est un trait essentiel de la textualité que de soulever de telles questions ; les réponses à la question sont alors posées par le texte à travers les réponses données en son sein. La question est donc tout à fait implicite, ce qui est problématique n'est pas spécifié littéralement dans le texte, lequel se compose seulement de réponses ; d'où le rôle du lecteur[6]. » Le texte des *Belles-Sœurs* est un acte de langage, celui de M. Tremblay qui, s'il ne questionne pas le lecteur (ou le public) de manière explicite, a bien comme fonction première de le faire réfléchir :

> J'évite de faire parler des Québécois de politique. [...] C'qu'y' d'extraordinaire par exemple c'est de leur faire se poser des questions [...] Parce que ça s'peut pas qu'en voyant ça quelqu'un ne se pose pas de questions. Ou on rejette complètement cet univers ou on ne le rejette pas et on admet qu'on est comme ça pis là on commence à se dire : comment ça se fait que... Dès ce moment-là, dès le moment où les gens se disent comment ça se fait que... c'est parti, pis ça mène directement à la politisation. Automatiquement[7].

La formule qui conviendrait le mieux serait de dire que le texte littéraire *se pose comme une réponse.*

Quelle est donc cette question que supposent *Les Belles-Sœurs* ? C'est celle de l'identité et de la réalité québécoises : « Qui sont les Québécois ? Comment sont-ils ? »

Le scandale à réception, « l'effet-bombe[8] » dont parle Lucie Robert, s'est concentré sur la question du réalisme, en le reconnaissant : « Oui,

---

5. W. Iser, « The reality of fiction », *New Literary History*, 7, 7-38, p. 24, cité par Michel Meyer, *Littérature et langage*, Paris, Presses Universitaires de France, 1992, p. 154.

6. Michel Meyer, *Littérature et langage* (1992), *op. cit.*, p. 163.

7. Michel Tremblay, propos recueillis par Michel Bélair dans *Michel Tremblay*, Montréal, Les Presses de l'Université du Québec, 1972.

8. Lucie Robert dans *Littérature du Québec*, Yannick Gasquy-Resch (dir.), Paris, EDICEF-AUPELEF, 1994, p. 209.

nous sommes comme cela », en le nuançant voire en le niant : « Non, nous ne sommes pas comme cela ». La réception d'une œuvre est aussi une réponse à la question implicitement soulevée par le texte ; ou elle est en adéquation avec la réponse fournie par l'auteur, qui est ce même texte, ou elle est en désaccord et incite le lecteur à proposer sa propre solution après son jugement : « Non, nous ne sommes pas comme cela, *mais* nous sommes… »

Au niveau plus spécifiquement littéraire, celui de la forme d'expression, la question soulevée est toujours celle du réalisme, celle de comment reproduire par écrit la réalité orale qu'est le joual. « La langue se transforme progressivement, dit Marie-Christine Hazaël-Massieux, mais très réellement. C'est à ce prix qu'elle devient un outil susceptible de permettre la communication écrite. La variété orale de la langue reçoit aussi le contre-coup de cette transformation, adopte les modes d'expression venus de l'écrit. Une langue qui accède à l'écriture, qui devient une langue littéraire, n'est plus tout à fait la même, y compris dans ses formes orales[9]. »

Ma réflexion prétend être une réponse à cette question, une réponse théorique à partir de la lecture des *Belles-Sœurs*. Je n'entends pas proposer des modalités de transcription (de transposition ou de transcodage plus exactement) qui me seraient propres, mais veux mettre en évidence celles qu'a choisies M. Tremblay et sont largement comprises comme définissant son style.

> Toute théorie est un essai pour résoudre le ou les problèmes que pose l'observation d'un ensemble de phénomènes, et la manière dont est posé le problème constitue la première étape —très importante— dans l'élaboration de la théorie.[10]

De manière plus claire, le problème littéraire soulevé peut être formulé ainsi : *comment passe-t-on d'une variante(orale) populaire à un style (d'écriture) littéraire ?*

Le cheminement logique demande bien évidemment à ce que la problématique soit raffinée : *Qu'est-ce que le joual ? Quelle « violence » Michel Tremblay exerce-t-il sur le langage ? Selon quels modèles esthétiques ?*

---

9. Marie-Christine Hazaël-Massieux, *Écrire en créole*, Paris, L'Harmattan, 1993, p. 27.
10. Steen Jansen, « Esquisse d'une théorie de la forme dramatique », dans *Linguistique et littérature, Langages,* Paris, Didier-Larousse, février 1968, n°12, p. 71.

CHAPITRE I ~LE JOUAL, « QUEBEC-QUOI ? »

Le socio- et le politico-linguistique, histoire de...

Toute considération sur l'état linguistique du Québec qui ferait abstraction des conditions proprement politiques d'exercice de la langue, doit être tenue comme nulle et non avenue, sinon comme une fumisterie[11].

L'intérêt de cette mise au point historique sur les relations politiques et linguistiques est d'asseoir la période d'étude du texte, les années soixante ; période de changement et de transition qui, ouvrant des perspectives culturelles nouvelles, ne peut se définir qu'en référence au parcours antérieur de la problématique. Comment en est-on arrivé là ?

Afin de ne pas m'égarer dans une « Histoire du Canada » au complet, ni même à l'opposé de me cantonner à la sécheresse d'une chronologie, j'isolerai les quelques dates importantes qui ont trait à la langue.

L'analyse n'est pas une étude diachronique interne du français mais plutôt une approche sociolinguistique[12] qui concerne les attitudes des Québécois face au problème linguistique, « les langues

11. Jean Marcel, *Le Joual de Troie*, cité par Louis Guilbert, « Problématique d'un dictionnaire du français québécois », *Langue française*, « Le français au Québec », n°31, septembre 1976, p. 40 à 54, p. 47.
12. Cf. les propos de Robert Anthony Lodge, *Le Français, Histoire d'un dialecte devenu langue*, Fayard, Paris, 1997 (trad.). Voir notamment la distinction faite entre histoire interne (évolution du système phonologique, morphologique, etc.) et histoire externe ou sociolinguistique (façon dont a évolué la relation entre la langue et la population qui parle cette langue), chap. I : « Comment on écrit l'histoire d'une langue », p. 10.

n'influ[ant] les unes sur les autres qu'à travers des individus ou des groupes qui les pratiquent conjointement[13]. »

***

La découverte du territoire canadien par Jacques Cartier, en 1534, alors qu'il cherchait la route des épices, eut comme conséquence un premier choc des langues avec les Amérindiens.

Ses *Récits de voyage,* traduits de l'italien seulement en 1598, montrent comment le territoire découvert trouva sa légitimité française par les mots. C'est en nommant les choses nouvelles, en les faisant pénétrer dans l'idiome français, que celles-ci entrèrent en sa possession. Ces récits sont une véritable *Genèse* rythmée par la répétition des « nous nommâmes ». L'appartenance commença ainsi dans la langue :

> Ce que Cartier *découvre* —comme on lève un voile opaque sur l'inconnu— change *ipso facto* d'état par le fait de la consignation dans son journal de bord, puis dans ce livre au titre, aujourd'hui étonnant, de *Brief récit, & succincte narration, de la nauuigation faicte es ysles de Canada, Hochelaga* [future Montréal] *& Saguenay & autres, avec particulières meurs, langaige, & cerimonies des habitans d'icelles : fort délectables à veoir.* Une terre dès lors existe autrement, cartographiée, nommée, décrite. Les toponymes affleurent, les êtres humains jettent ainsi des noms sur le réel, en prennent possession.[14]

La langue colonisatrice, aussi imposée soit-elle, interféra forcément avec les langues indigènes. Il dut sûrement exister quelques états intermédiaires de langue, des interlangues plus ou moins stables : « le vernaculaire de contact franco-amérindien, 'un certain baragouin' depuis longtemps disparu, est réputé avoir été en usage entre les Français et la population indigène à Montréal et aux alentours ». Le missionnaire Paul Le Jeune, dans une lettre qu'il envoya à ses supérieurs en 1632, écrivit au sujet de l'idiome en usage : « les Français qui le parlaient s'imaginaient que c'était du bon indien, et les Indiens qui le parlaient croyaient que c'était du français. »[15]

---

13. Maurice Pergnier, *Les Anglicismes, danger ou enrichissement pour la langue française ?*, Paris, Presses universitaires de France, 1989, p. 15-24.
14. Gilles Pellerin, *Récits d'une passion, florilège du français au Québec*, Québec, Les Éditions de L'Instant Même, 1997, p. 33.
15. Jean Perrot (dir.), *Les Langues dans le monde ancien et moderne*, 2ème partie : « Pidgins et créoles », textes réunis par Albert Valdman, Paris, éd. du

Les campagnes d'intégration des Amérindiens, entreprises avec la foi toute religieuse des Jésuites, se concrétisèrent par une évangélisation, des mariages inter-communautaires et une alphabétisation en français : « Sa Majesté [...] désire que l'on francise ainsi peu à peu tous les sauvages, afin d'en faire un peuple poli[16] », témoignait Marie de l'Incarnation en 1668. Mais les Français durent aussi « se mettre à l'École des Sauvages et apprendre leurs langues [...] au contact des Indiens, ils découvr[irent] un nouveau mode d'existence, un nouveau type de relations et de croyances. Au-delà de la langue, ce [fut] un langage nouveau de symboles et de valeurs, inscrit dans un environnement fort différent, qui s'impos[a] à eux et les façonn[a][17]. »

Il ne faut pas négliger ce premier choc des langues qui constitua déjà, en le particularisant, le français de La Nouvelle-France comme une variante du français de France.

Si l'identification à la France restait forte, l'éloignement, la dureté du pays et l'appel de l'aventure firent que les premiers colons et la génération suivante s'émancipèrent peu à peu de leur condition de fidèles sujets du roi de France.

> La mise valeur de la colonie reste marquée par un double langage, ou si l'on veut, par un double univers d'expériences et de significations : d'une part, celui de la forêt, des grands espaces, des coureurs des bois et, d'autre part, celui de la terre, de la vallée du Saint-Laurent, des fidèles sujets de Sa Majesté. Ces deux univers souvent contradictoires se retrouvent dans l'imaginaire et dans la langue. Une langue française façonnée et unifiée par les réalités et les échanges de la vie quotidienne, mais aussi une langue émaillée de terme marins et amérindiens empruntés aux grands espaces. Bref, la nouvelle langue des Canadiens[18].

Très vite, l'identité canadienne fut ambivalente, plus indépendante que soumise. Même le centre culturel qu'était la ville de Québec, avec ses fêtes et ses salons, savait marquer la différence d'avec la France. En prenant aux mots l'historien François-Xavier de

---

C. N. R. S, 1981, p. 633. Pour la lettre de Le Jeune, voir J. H. Trumbull, « *Words derived from indian langages of North America* », dans *Transactions of the american Philosophical Society*, 1870, p. 19-32, p. 20.

16. Lettres de Marie de l'Incarnation recueillies par Émile Richeaudeau, 1876, vol. 2, p. 388-399.

17. Jacques Mathieu, « La naissance d'un nouveau monde », *Le Français au Québec, 400 ans d'histoire et de vie*, Michel Plourde (dir.), Montréal, Fides, 2000, p. 5-13, p. 9.

18. *Ibid.*, p. 12.

Charlevoix qui remarquait en 1720 que « nulle part ailleurs on ne parl[ait] plus purement notre Langue [le français] », les Canadiens français s'enorgueillirent au point que quelques années plus tard il fût demandé à Paris d'envoyer de nouveaux colons pour alimenter de sang neuf « la race de Français, celle que les premiers y [avaient] formée devenant fière et canadienne à mesure qu'elle s'éloign[ait] de son principe[19]. »

Bougainville, plus tard encore, allait même faire des Canadiens français et des Français de France « deux corps qui ne peuvent s'amalgamer », voire « deux nations ennemies ».

Par le poids que lui conféraient la religion catholique et le commerce, la langue française jouissait à cette époque d'une importance considérable. L'introduction au *Dictionnaire de l'Académie française* de 1786 rend bien compte de cette position qui resta vraie pour le commerce des fourrures au Canada jusqu'à la moitié du XIXème siècle :

> Le *Dictionnaire de l'Académie Françoise*, dans lequel on n'avoit d'abord eu pour objet que d'être utile à la Nation, est devenu un Livre pour l'Europe. La politique & le commerce ont rendu notre langue presque aussi nécessaire aux Étrangers que leur langue naturelle[20].

La transplantation « ne se f[it] [cependant] pas sans que le terrain, avec ses singularités et ses contraintes spécifiques, modifi[ât] et infléch[ît] la matière exportée du vieux continent[21] ». Cela fonde la réflexion suivante, empruntée à Ernest Gagnon : « Ce qui est certain, c'est que malgré les préférences de la Sorbonne, la langue française ne peut être tenue à fixité d'une manière absolue[22]. »

Dans sa préface au *Dictionnaire historique du français québécois*, Claude Poirier avance que les premiers colons parlaient tous français. Il faut comprendre qu'ils parlaient une des nombreuses composantes de ce flou commun qu'était le français à cette époque. Il

---

19. Lettre de Dupuy à Maurepas, 20 octobre 1727, *Archives des Colonies*, série C11A, col. 40, p. 264. (citée par Jacques Mathieu, *Ibid.)*

20. *Dictionnaire de l'Académie française*, à Nismes, Nouvelle éd. (d'après celle de 1762), tome I, chez Pierre Beaume, M DCC LXXX VI.

21. Catherine Pont-Humbert, *Littérature du Québec*, Paris, Nathan, 1998, p. 12.

22. Ernest Gagnon, « Notre langage », *La Kermesse*, le 30 septembre 1892.

explique que l'existence d'usages régionaux dans le français québécois est liée à une cause principale qui est le peuplement d'origine :

> L'Acadie et le Québec ont été colonisés par des immigrants qui venaient des mêmes régions de France, mais dans des proportions différentes ; [...] les ancêtres des Québécois peuvent être, pour la plupart, classés en trois groupes équilibrés représentant les régions du nord-ouest, du centre et de l'ouest de la France[23].

Il s'agit en effet d'une précision importante. La langue française n'était pas un système unique et figé dans sa norme. Si en théorie *l'Ordonnance de Villers-Cotterêts* en 1539 donnait au français une assise politique, le faisant langue d'un royaume, en pratique ledit royaume n'était qu'une mosaïque de variantes, de régiolectes (suivant une répartition géographique) eux-mêmes divisés comme toute matière linguistique à caractère social en sociolectes.

Il semble que les immigrants, peu nombreux au XVIème siècle, soient venus de l'ouest du territoire français[24] :

> En France, des patois font encore, pour ainsi dire, plusieurs peuples d'une même nation : de toutes nos provinces, c'est de la Normandie que le langage canadien a conservé le plus de locutions. [...] La parole canadienne est traînante ; ce qui provient aussi comme Pasquier l'observait dans le normand, d'un caractère réfléchi qui attend, pour rendre ses pensées, qu'elles soient faites, afin de n'avoir pas à se repentir d'en énoncer d'inconsidérées[25].

L'exemple du « ben » apparaît aujourd'hui comme une insistance du parler populaire propre à la pratique québécoise du français. Mais n'est-il pas également un trait caractérisant (voire caricaturisant) du français de Normandie ? « Peut-être ben qu'oui, peut-être ben que non » !

Le poème de William Chapman constitue à cet égard un véritable témoignage historique :

---

23. Claude Poirier (dir.), *Dictionnaire historique du français québécois*, Sainte-Foy, Les Presses de l'Université Laval, 1998, Préface, p. xxxi.
24. Pour la question des origines, se reporter à l'ouvrage collectif très complet *Les Origines du français québécois*, Raymond Mougeon (dir.), Sainte-Foy, Presses de l'Université Laval, 1998.
25. Isidore Lebrun, *Tableau statistique et politique des deux Canadas*, Paris, Treuttel et Würst, 1833, p 188-189.

Un jour d'âpres marins, vénérés parmi nous
L'apportèrent du sol des menhirs et des landes
Et nos mères nous ont bercés sur leurs genoux
[...]
Aux vieux refrains dolents des ballades normandes
Nous avons conservé l'idiome légué
Par ces héros quittant pour nos bois leurs falaises[26].

La linguistique contemporaine élargit le recrutement des ancêtres en avançant que « si les Normands furent nombreux dans les premiers contingents appelés à peupler les provinces d'Acadie et de Nouvelle-France, ils le cédèrent rapidement en nombre aux populations de l'Île-de-France, du Poitou, de l'Aunis et de la Saintonge ». Le dialecte d'Île-de-France devait supplanter tous les autres : le français, ce « dialecte devenu langue ». La largeur atlantique rendit moins sévère, voire noya, la chasse aux régionalismes : « On ne s'étonnera donc pas de retrouver 'astheure' chez Montaigne, Brantôme ou Baïf, de même que dans tout le nord de la France de l'époque des Découvertes, le mot fût-il condamné à reculer partout, sauf chez nous. »[27]

On ne peut omettre ici l'épisode dit des « filles du roi ». Les colons étaient en majorité des hommes et, dans un souci de développement démographique, la couronne française envoya environ 800 jeunes filles dans la colonie, ceci en l'espace d'une décennie (1663-1673). « Elles ont été recrutées, transportées, souvent dotées par le roi, d'où leur nom si romantique, pour corriger un déséquilibre démographique alarmant : sept hommes pour une femme. [...] elles font aujourd'hui l'objet d'une controverse linguistique[28] ». Il faut comprendre que leur aire de recrutement fut essentiellement le Bassin parisien et qu'elles contribuèrent grandement à l'uniformisation linguistique du Canada français, puisqu'elles parlaient le français avant d'émigrer. Certains disent que le français était déjà langue d'usage avant leur arrivée : elles contribuèrent, dans ce cas, à sa force et à son maintien.

Quant à l'appartenance sociale des immigrants, elle est assez diverse. Il est coutume de dire qu'ils étaient en majorité citadins, ce

---

26. William Chapman, *Les Aspirations : poésies canadiennes*, Paris, Librairies-imprimeries réunies, 1904, p. 61.
27. Gilles Pellerin, *Récits d'une passion, Florilège du français au Québec*, (1997), *op. cit.*, p. 16-17.
28. Micheline Dumont, « Les filles du roi », *Le Français au Québec, 400 ans d'histoire et de vie* (2000), *op. cit.*, p. 31.

qui explique également leur contact avec un français plus normé que dans les campagnes et leur facilité à communiquer une fois au Canada. La colonisation se fit au début dans les intérêts commerciaux de la traite des fourrures. Ce furent donc des négociants qui vinrent d'abord. La rudesse d'un pays à construire, la dureté des hivers et la quête toujours plus loin du bien recherché eurent vite fait du colon un coureur des bois, accentuant encore plus rapidement la différence avec les Français de France, avec les soldats français restés dans les villes de la Nouvelle-France. L'imaginaire du Canadien français, solide et sain bûcheron *vs* le Français de France, frêle, efféminé et précieux s'est en partie constitué à cette époque.

La question des origines et surtout de la pureté des origines est centrale dans la constitution de l'identité canadienne-française puis québécoise. D'une part, elle détermine le passé nécessaire à la construction du présent et d'autre part, elle est le lieu de clamer sa différence par rapport aux autres colonies françaises. On peut aussi y lire un moyen de légitimer la langue française au Canada, d'en garantir sa « noblesse » :

> Les Français ont bourré les Antilles de toutes espèces d'aventuriers. Par bonheur, Richelieu et Louis XV n'ont vu dans le Canada qu'un pays de fourrures et ils ne sont guère tracassés à propos de son peuplement. [...] notre formation a été exempte de ces jolis envois de criminels et de familles douteuses que l'histoire a enregistrés ailleurs que chez nous [...] Les colonies ? dépotoir national ! Heureusement que le Canada fut épargné[29].

L'histoire voulut que le fossé se creusât davantage entre la France et la Nouvelle-France. La Guerre de Sept ans, entre la couronne française et la couronne britannique, se solda par une cession progressive des colonies de la première à la deuxième. La conquête fut une cassure dans les relations entre Canadiens-français et Français. Les évènements qui devaient clore le siècle des Lumières allaient occuper l'ancienne puissance coloniale à se construire une République, ce qui ne joua pas non plus en la faveur des relations avec le Canada.

De plus, l'écart s'était déjà élargi d'un point de vue idéologique. Les idées républicaines, les philosophies de la raison et les élans de libertinages avaient effarouché quelque peu les tenants de l'Église au

29. « La Revue Nationale. Nos origines », par Benjamin Sulte, dans *La Revue Nationale*, Montréal, 5e année, n° 7, juillet 1923, p. 195-199, p. 199.

Canada français qui avaient fait de la morale catholique et de la tradition les fondements de leur nation.

***

> *L'ensemble du tableau a quelque chose de bizarre, d'incohérent, de burlesque même. Le fond que l'impression faisait naître était cependant triste. Je n'ai jamais été plus convaincu qu'en sortant de là que le plus grand et le plus irrémédiable malheur pour un peuple c'est d'être conquis*[30].

S'il est une date à retenir dans l'histoire politique, linguistique et sociale du Québec c'est bien celle de 1760 : la victoire des Anglais sur le terrain canadien, et son corollaire en 1763, date de sa ratification par le *Traité de Paris.*

Cette conquête eut comme conséquence une accentuation de l'ambivalence identitaire évoquée précédemment. Le Canadien fier, dénoncé quelques années auparavant, fut profondément blessé dans son identité. D'un côté, pour une question de survie, apparut une certaine obligation d'identification à la France traditionnelle et catholique, pour se défendre de l'assimilation anglophone. D'un autre côté, la rupture avec la France, ressentie comme un abandon, fit germer un sentiment de rejet et de rancœur envers la métropole. La langue française, face au danger de l'assimilation, fut protégée comme une relique face à des profanateurs, l'attitude de défense semblant très peu propice à la création littéraire :

> L'urgence qui consiste tout simplement à assurer son existence face à un nouveau conquérant de langue et de culture étrangères, ne favorise pas la création. On ne produit guère en situation de survie. La réalité est âpre et l'imaginaire ne trouve guère matière à s'y nourrir[31].

Après 1760, les auteurs utilisèrent uniquement l'expression « langue française » pour parler de la langue des Canadiens.

Ce n'est que plus tard que se reposa la question de l'existence d'une langue canadienne. Jules Paul Tardivel la définit ainsi en 1881 :

> Vous avez raison si par langue canadienne vous entendez ce bon vieux français parlé dans nos campagnes, et qui s'est enrichi de certains mots nouveaux, français par la forme, que la nécessité a fait inventer. C'est une plante vigoureuse, pleine de sève et

30. Alexis de Tocqueville, *Œuvres complètes*, tome V, *Voyages en Sicile et aux États-Unis*, Paris, Gallimard, 1957, journal du 29 août 1831.
31. Catherine Pont-Humbert, *Littérature du Québec* (1998), *op. cit.*, p. 25.

> de vie, qui n'a besoin que d'un peu de culture pour produire des fleurs magnifiques. Cultivons-la. Mais vous avez tort, si dans la langue canadienne vous voulez inclure les anglicismes, les barbarismes, les expressions impropres, les négligences de tout genre qui déparent notre littérature[32].

La reconnaissance maternelle était certaine mais était doublée d'une crise d'identité. Cette nécessité qui fait inventer n'est autre que la Nature. Il faut penser ici à toutes les *realia*, notamment en ce qui concerne la faune et la flore. Le lexique botanique s'était énormément développé et les dictionnaires et glossaires du XVIIIème siècle —où le jardin exotique jouait un rôle important dans la vie de Cour en France— répertorièrent ces termes, reconnaissant d'une part, des usages plus particulièrement canadiens à la langue française et d'autre part, la capacité de ces usages à enrichir cette langue française.

Les conséquences de la colonisation anglaise furent tout d'abord la fuite des seigneurs, gros négociants, administrateurs et militaires français qui rejoignaient la mère patrie. L'anglais devint donc la langue de l'économie et du commerce. De là, se développa une attitude de repli rural et religieux qui marquait un certain *statu quo* en laissant l'économie aux Anglais.

S'arrêter maintenant serait évoquer un demi-drame. Il y eut un deuxième volet à la conquête, une deuxième défaite des Canadiens français. Alexis de Tocqueville, qui traversa le Bas Canada en 1831, rendit compte de la situation difficile, annonçant sans le savoir que les années suivantes remueraient le fer dans la plaie :

> Mais il est facile de voir que les Français sont le peuple vaincu. Les classes riches appartiennent pour la plupart à la race anglaise. Bien que le français soit la langue presque universellement parlée, la plupart des journaux, les affiches, et jusqu'aux enseignes des marchands français sont en anglais. Les entreprises commerciales sont presque toutes en leurs mains [aux Anglais][33].

Si, dans un premier temps, la colonisation fut respectueuse des différences culturelles entre Canadien français et Canadiens anglais en

---

32. Jules Paul Tardivel, « La langue française au Canada, *La Revue canadienne*, Montréal, 1881, vol. 1 (nouvelle série), vol. 17 (collection), p. 267.
33. Alexis de Tocqueville cité par Jean-Claude Corbeil, « Origine de la situation linguistique québécoise », *Langue français,* n°31 (1976), *op. cit.*, p. 7.

partageant respectivement le territoire en Bas-Canada et Haut-Canada, elle fit valoir sa domination lors de la répression de 1837. Les Canadiens français, durant ces premiers soixante ans, surent tirer parti du libéralisme des lois britanniques et se faire représenter au niveau politique, à tel point que peu à peu un sentiment de nationalisme patriotique se développa en Bas-Canada. Tout cela aboutit à la Révolte des patriotes dont le chef fut le célèbre Louis-Joseph Papineau. Mais condamnations, emprisonnements et exils eurent raison de cet élan. La couronne britannique envoya alors Lord Durham en charge d'un rapport sur la population francophone du Canada : la sanction tomba une nouvelle fois :

> Et cette nationalité canadienne-française, devrions-nous la perpétuer pour le seul avantage de ce peuple, même si nous le pouvions ? Je ne connais pas de distinctions nationales qui marquent et constituent une infériorité plus irrémédiable. La langue, les lois et le caractère du continent nord-américain sont anglais. Toute autre race que la race anglaise [...] y apparaît dans un état d'infériorité. C'est pour les tirer de cette infériorité que je veux donner aux Canadiens notre caractère anglais. [...] Le Bas-Canada, maintenant et toujours, doit être gouverné par la population anglaise[34].

L'*Acte d'Union* de 1840 en fut la conséquence directe. Cet acte faisait de l'anglais la seule langue officielle du Canada alors réuni. En plus d'être une nouvelle fois conquis, les Canadiens français se sentirent attaqués dans leur culture, dans leur langue dans leur identité nationale. Le seul combat possible contre l'assimilation allaient être la déréliction et la bouche cousue, tant de fois évoquées par la suite. Le repli sur soi, sur la trinité église-campagne-langue française constitua une bonne résistance grâce l'augmentation démographique importante des Francophones, nommée la « revanche des berceaux » —résistance passive qui travaillait plus à la non dégradation de la situation qu'à son amélioration. La ville, en opposition, c'était chez l'Autre, l'Anglais, c'était un lieu de perdition.

À la veille de la révolution industrielle se trouvaient d'un côté, une population francophone majoritairement rurale (80% environ) et de l'autre, une minorité anglophone occupant les postes dirigeants.

---

34. Lord Durham, rapport de 1839 qui sert de prélude à l'union des deux Canadas, cité dans *Le Français au Québec, 400 ans d'histoire et de vie*, (2000), *op. cit.*, p. 107.

L'anglais était donc aussi la langue de l'industrie. Cela est très important au niveau de l'évolution linguistique puisque c'est la population francophone qui, subissant l'exode rural, a constitué la main d'œuvre pour l'industrie anglophone. Le choc des langues ne se trouve véritablement qu'ici, lorsque le Francophone s'est heurté à la nécessité d'utiliser la langue anglaise pour des causes socio-économiques. Le passage de la terre à l'usine est l'épicentre du conflit en ce sens qu'il est un passage forcé du français à l'anglais.

Le malheur du « bon et pur français » et le désespoir des puristes est à son comble. C'est à cette époque que fleurissent les campagnes de propagande en faveur du français et contre l'anglais, le premier défini comme langue de tradition, de pureté et de chasteté catholique, le second comme langue des villes, associé à la corruption et au matérialisme anglican. Que l'on pense au « Non à la confusion des langues » d'Arthur Buies en 1865, au « Notre ennemi n'est pas le patois, c'est l'anglais » d'Oscar Dunn en 1870 ou encore à la « Dénonciation du franglais » de Jules Paul Tardivel en 1880.

De cette conquête, il faut aussi retenir le clivage entre masse populaire (prolétaire) issue du milieu rural, principale victime de l'anglicisation, mais sans conscience de son sort, et la bourgeoisie urbaine conservatrice qui adopte ou, la tête haute de son français-héritage encore pur, une attitude de mépris face au peuple à la langue corrompue, ou une attitude de résignation honteuse, affichant elle-même des formes d'anglomanie, en faisant ce que certains appellent un « grand compromis ». En 1864, Duvergier de Hauranne remarquait que : « Les familles françaises de classe élevée commen[çaient] à copier les mœurs et le langage des conquérants [...] La petite nationalité française du Canada sera[it] bien près alors d'être absorbée par sa rivale. Elle [était] comme une barque échouée sur une plage lointaine, et qui résist[ait] longtemps aux vagues ; mais la marée mont[ait], et tout à l'heure le nouveau peuple [allait] l'engloutir[35]. »

La première moitié du XXème siècle est la période où s'est constituée petit à petit l'institution littéraire, où s'est développé le système éditorial. Les deux guerres mondiales en Europe eurent des retombées positives pour la Province de Québec devenue, par la force des choses, le carrefour de la diffusions des livres en français.

35. Ernest Duvergier de Hauranne, *Huit mois en Amérique, Lettres et notes de voyages 1864-1865*, Paris, Lacroix, Verboeckhoven et Cie, 1866, volume 1, p. 162.

L'histoire y voit les premiers grands auteurs nationaux et les querelles qui les animèrent, notamment celle, au tout début du siècle, qui opposa les terroiristes aux exotistes, le *Chez nous* d'Adjutor Rivard en 1914 au *Paon d'émail* de Paul Morin en 1911. Relativement à la langue, cela se traduisit par une volonté pour les premiers de marquer l'écriture de régionalismes et canadianismes, de faire une littérature essentiellement nationale —entendant du pays— tant du point de vue de l'expression que des thèmes. Les seconds cherchaient un usage plus universel de la langue française, refusant de se mettre au service d'une couleur locale, ce qui leur valut d'ailleurs d'être taxés de « parisianistes » de la littérature. « Cette Querelle linguistico-littéraire, la plus longue et sans aucun doute la plus significative de l'histoire de la littérature québécoise, prendra fin au moment de la Seconde Guerre Mondiale avec le déclin de l'École du Terroir et la floraison d'une littérature réaliste et résolument urbaine ». Et Marie-Andrée Beaudet de continuer que déjà, « depuis les années 1920 et 1930, l'évolution de la culture québécoise s'avère de plus en plus marquée, notamment au théâtre dans les genres comme le vaudeville et le burlesque, par les modèles de la culture populaire américaine. On assiste parallèlement à l'essor d'une création de facture populiste. »[36]

***

Progressivement, la revendication nationale reprit forme, mais elle fut ralentie par la mainmise de l'église sur les affaires politiques. Ce ne fut véritablement qu'en 1960, avec le changement de gouvernement à la suite du décès du 1er ministre Maurice Duplessis, que le Canadien français, qui se nomma désormais systématiquement Québécois, revendiqua haut et fort sa laïcité. Si la tête de la « Grande Noirceur » souhaitait voir le Québécois comme un « Français amélioré », tel ne fut pas le cas de la génération suivante qui fit la douloureuse prise de conscience de son aliénation linguistique, politique et économique. En 1959, le journaliste André Laurendeau utilisa pour la première fois le terme joual pour désigner le parler populaire québécois. Il avait préparé les poudres auxquelles Jean-Paul Desbiens allait mettre le feu l'année suivante en publiant *Les*

---

36. Pour une étude de la période charnière, se reporter à l'ouvrage de Marie-Andrée Beaudet, *Langue et littérature au Québec, 1895-1914*, Montréal, L'Hexagone, 1991 et pour une synthèse qui traite du « développement des lettres », voir son article dans *Le Français au Québec, 400 ans d'histoire et de vie* (2000), *op. cit.*, p. 216-222, p. 220 pour les citations.

Insolences du frère Untel, constat d'échec du système d'enseignement canadien-français. Le prêtre enseignant y dénonçait entre autres l'état de la langue, ce joual que parlaient les écoliers. L'ouvrage créa l'événement et fut un événement dans la mesure où il permit une prise de conscience de la situation canadienne-française et ouvrit ainsi la période la Révolution tranquille. Qu'est-ce que cette Révolution ? Elle fut en quelque sorte une réaction et une réponse politique à cette prise de conscience de l'identité en danger. Le gouvernement, qui œuvrait désormais ouvertement pour un « maître chez nous » (slogan), non seulement se donna les moyens de pallier au déficit du système actuel mais profita de l'élan pour aller plus loin dans la construction d'une nation québécoise distincte et forte. L'entreprise de définition nationale fut au départ une entreprise de nationalisation (tant industrielle avec Hydro-Québec que culturelle avec la création d'offices nationaux et de réseaux universitaires). Georges Dor, de sa plume bien taillée, ne rate pas l'occasion d'un pique à ce sujet : « Ayant court-circuité le slogan du nouveau ministère de l'Éducation, *Qui s'instruit s'enrichit*, les entrepreneurs en construction se remplirent les poches[37] ».

Parce qu'elle permit une prise de parole et créa une atmosphère de libération générale, elle fut aussi un terreau fertile pour tous les « ismes ». Il n'est donc pas étonnant que des mouvements nationalistes s'y soient greffés ; mouvements tel le Front de Libération du Québec ou FLQ qui aboutit aux tristes évènements du terrorisme d'octobre 1970, rendant cette révolution bien moins tranquille. D'autres mouvements de libération empruntèrent par la suite le sillon ouvert tels le mouvement homosexuel et le mouvement féministe.

Relativement au problème du français, la Révolution tranquille fut une responsabilisation des gouvernements (tant à Québec qu'à Ottawa) ; responsabilisation qui engendra plusieurs commissions d'enquête et donna naissance à plusieurs lois jusqu'à la fameuse *Charte de la langue française* en 1977. Jean-Paul Desbiens appelait déjà à cette prise en charge nationale en 1960:

> La langue est UN BIEN COMMUN, et c'est à l'État comme tel de la protéger. L'État protège les orignaux, les perdrix et les truites. [...] ce sont là DES BIENS COMMUNS. La langue aussi est UN BIEN COMMUN, et l'État devrait la protéger avec autant de rigueur. Une

37. Georges Dor, *Anna braillé ène shot*, essai sur le langage parlé des Québécois, Montréal, Lanctôt, 1996, p. 64.

expression vaut bien un orignal, un mot vaut bien une truite[38].

La *Commission Parent* débuta en 1961 et concernait le domaine de l'enseignement. Elle aboutit à la conclusion que le Gouvernement du Québec devait « adopter des mesures très fermes pour protéger le français non seulement dans les écoles et les universités, mais dans toute la vie publique. C'[était] particulièrement urgent à Montréal[39]. »

En 1963, la *Commission Laurendeau-Dunton*, commandée par le Canada, établissait la situation des Francophones sur l'ensemble du territoire canadien. Le constat d'infériorité et d'inégalité des chances entre un Anglophone et un Francophone fut à l'origine de l'adoption à Ottawa de la *Loi sur les langues officielles* en 1969 ; loi qui reconnaissait le français, tout comme l'anglais, langues officielles du Canada.

Vint enfin la *Commission Gendron* en 1968. Jean-Claude Gémar remarque très justement un changement de perspective, « une progression dans l'appropriation du domaine linguistique. Le rapport Parent est la prise de conscience [...] le rapport Laurendeau-Dunton est un sévère avertissement au gouvernement canadien sur la dynamique linguistique amorcée au Québec. [...] Que fera maintenant le Québec sur son propre territoire ? C'est la Commission Gendron qui est chargée de répondre à cette question[40]. »

Cette dernière commission a constitué les fondements d'une politique linguistique. Il y était question du français comme langue des immigrants, qui se dirigeaient jusqu'alors principalement vers l'anglais, et du français comme langue du travail. Il fallut attendre la *Charte de la langue française* en 1977 pour voir ses suggestions se concrétiser sur le plan juridique. On doit bien admettre tout de même quelques étapes intermédiaires telles la *Loi canadienne sur les langues officielles*, déjà mentionnée, en 1969, puis la *Loi 22* en 1974 qui faisait du français la langue officielle du Québec. Mais, de part son nom de Charte, la Loi de 1977 se donna une importance que les précédentes n'avaient pas. Guy Rocher en isole les cinq objectifs : « définir la nature linguistique de la société québécoise, assurer l'intégration

38. Jean-Paul Desbiens, *Les Insolences du Frère Untel*, cité par René Etiemble, *Parlez-vous franglais ?*, Paris, Gallimard, 1964, p. 370.

39. Gouvernement du Québec, *Rapport de la commission royale d'enquête sur l'enseignement dans la province de Québec*, tome II, 1964, p. 44.

40. Jean-Claude Gémard, « Les grandes commissions d'enquête et les premières lois linguistiques », dans *Le Français au Québec, 400 ans d'histoire et de vie* (2000), *op. cit.*, p. 249.

scolaire des enfants immigrants, franciser le monde du travail, pourvoir aux conditions de respect de la majorité francophone, créer les organismes chargés de la mise en œuvre de la Charte[41]. »

J'arrête là les références. Il est évident que le choix de la langue au Québec, est un engagement politique. Toute pratique linguistique y est classée comme un engagement, y compris et surtout la littérature. La conscience qu'a l'écrivain de la langue est déjà accrue du fait même qu'il est écrivain, mais dans un contexte comme celui-là, c'est à juste titre que l'on peut parler, avec Lise Gauvin, non d'une simple conscience mais d'une « surconscience linguistique ». De même lui emprunté-je le terme « langagement » qui qualifie très précisément la position de l'écrivain, j'oserais dire : le paradoxe de son *unique alternative.*

La Révolution tranquille correspond donc à un moment de crise idéologique et de crise identitaire qui se cristallisent sur la problématique linguistique :

> La langue, au Québec, n'a cessé depuis la conquête, d'alimenter les tempêtes politiques. Les Québécois sont sur cette question d'une susceptibilité extrême. Mais pourquoi se laissent-ils amputer du Labrador sans piper mot alors que l'excision d'un petit bout de Loi 101 les fait hurler ? Parce que la langue française est l'élément fondamental de leur identité collective[42].

Mais est-ce que le Québécois se reconnaît dans une langue française utopique ? Jusqu'à présent, le combat linguistique mettait en jeu la minorité élitaire de la classe dirigeante ; lors, en revanche, que cette même minorité se réclame de l'identité d'un peuple tout entier, elle tombe dans le fossé social qu'elle a elle-même creusé. La problématique identitaire nationale se heurte au malaise social présent au sein même de la communauté francophone, entre élite et peuple, et on ne peut pas faire une nation avec une élite seule. Le Québec ne peut se faire sans le monde des *Belles-Sœurs*...

> Gaston Miron racontait l'autre jour que quinze ans après la cession de la Nouvelle-Orléans aux États-Unis, l'élite du lieu écrivait et parlait le français le plus pur

41. Guy Rocher, « La Charte de la langue française, ou Loi 101 (1977) », dans *Le Français au Québec, 400 ans d'histoire et de vie* (2000), *op. cit.*, p. 277.
42. Chantal Bouchard, « La langue du plus fort est toujours la meilleure », dans *Liberté, watch ta langue* !, hors série, 1987, p. 32.

qui soit, pratiquait la virtuosité verbale et voyait l'avenir de la France en Amérique tout en rose. Jusqu'au jour où, demandant au laitier une chopine de plus, il se sont rendu compte que le peuple d'origine française comme eux, ne parlait plus leur langage, mais une sorte de sabir, mélange de français, d'anglais et d'argot de Noirs américains. La Nouvelle-Orléans était devenue « The New Orleans ». La littérature française de la Nouvelle-Orléans doit ressembler à la nôtre[43].

Tout le monde en parle

Au grand galop je m'enfuis
Je m'enfuis vers la grande ville
Où tout brille et tout luit
En moto j'arrive à Sabi en Paro
Excusez-moi je parle cheval
Un matin j'arrive à Paris en sabots[44].

Il ne s'agit pas d'envisager la langue québécoise dans sa réalité, mais son « reflet déformant dans la conscience de la classe qui façonna le concept de joual[45] ».

La recrudescence du purisme qui veut que le français québécois soit aussi identique que possible au français de France —réduit au français des classes instruites et bourgeoises de Paris— a très vite comme conséquence une attitude de mépris envers la variante québécoise populaire, dite contaminée par l'anglais. Concrètement, il y a un pointage systématique des écarts, des usages non-conventionnels.

Le terme joual est employé comme adverbe depuis les années trente dans le sens de « jargonner », mais il ne prend le poids idéologique et politique qu'on lui connaît aujourd'hui, qu'au début des années soixante avec André Laurendeau et Jean-Paul Desbiens. C'est aussi à cette période que le terme devient un nom ; on parle désormais *du* joual. La nominalisation de l'adjectif est une entreprise d'isolation

43. Gérald Godin, *Cité Libre*, février 1964.
44. Jacques Prévert, « Histoire du cheval », dans *Paroles*, Paris, Gallimard, 1949, p. 17.
45. Paul Laurendeau, « Socio-historicité des français non-conventionnels : le cas du joual (Québec 1960-1975), *Grammaire des fautes et français non-conventionnel*, Paris, GEHLF, Presses de L'École Normale Supérieure, 1992, p. 283.

du phénomène en vue de son ostracisation. Parler du joual comme langue et plus comme « manière » de pratiquer une langue, ce n'est plus parler d'une variante mais constituer cet état de langue comme autonome : l'accent est mis sur la volonté de différenciation.

Jean-Paul Desbiens, alias le Frère Untel des *Insolences*, s'attache au problème linguistique en se positionnant comme garant exemplaire de la « science » de France face à des élèves dont l'état linguistique reflète, pour lui, l'état social voire l'état intellectuel :

> Je me flatte de parler un français correct ; je ne dis pas élégant, je dis correct. Mes élèves n'en parlent pas moins *joual* : je ne les impressionne pas. J'ai plutôt l'impression que je leur échappe par moments. Pour me faire comprendre d'eux, je dois souvent recourir à l'une ou l'autre de leurs expressions jouales. Nous parlons littéralement deux langues, eux et moi. Et je suis le seul à parler les deux[46].

Le joual est la langue de la masse populaire et est combattue comme telle. Ainsi le simple phénomène linguistique est-il très vite dépassé et devient-il un fait de civilisation, *a way of life* ! : « C'est toute notre civilisation qui est *jouale*. On ne règlera rien en agissant au niveau du langage, lui-même (concours, campagnes de bon parler français, congrès, etc.). C'est au niveau de la civilisation qu'il faut agir », continue Jean-Paul Desbiens.

Les lois vont fleurir, comme je l'ai mentionné, sur la qualité de la langue dans l'affichage publicitaire —fait de civilisation premier, véhicule de la langue dans les foyers—, dans les émissions radiophoniques ou télévisées, dans le système éducatif, etc.

M. Tremblay se souvient, lui aussi, de la rigueur toute « rivarolienne » et du manque de fantaisie de certains de ses professeurs :

> J'avais commencé depuis longtemps à regimber, pendant les cours de français, à me révolter devant le simplisme du style qu'on nous imposait pour nos compositions : sujet, verbe, complément, et dans cet ordre, s'il vous plaît. Le moins d'inversions possibles, elles brouillaient le sens de la phrase, et pas d'incises. [...] Lorsqu'ils jugeaient que j'avais dépassé les bornes, ils me remettaient mes copies bardées de rouge et de

---

46. Jean-Paul Desbiens, *Les Insolences du Frère Untel*, cité par Paul Laurendeau, *Ibid.*, p. 284.

> commentaires [...] « Aviez-vous la fièvre, quand vous avez pondu ce torchon ?[47] »

Le mépris de ladite parlure est donc aussi mépris des individus qui la parlent. Il a pour conséquence un clivage au sein de la population francophone du Québec. La minorité élitaire qui s'était battue au nom d'une communauté qu'elle croyait unitaire, prend conscience que la majorité des Québécois ne parle pas comme elle. Une espèce de panique s'empare alors de celle-ci face à ce sociolecte majoritaire « infesté par l'anglais » qui, au travers de l'aliénation linguistique, reflète une aliénation économique et politique. Jean-Claude Corbeil définit la langue comme l'« épiphénomène d'un processus de colonisation des Français par les Anglais[48] ».

Le mépris, même volontairement exagéré, se déploie parfois avec la force d'une terreur :

> Aussi longtemps qu'il ne s'agit que d'échanger des remarques sur la température ou le sport ; aussi longtemps qu'il ne s'agit de parler que du cul, le joual suffit amplement. Pour échanger entre primitifs, une langue de primitif suffit ; les animaux se contentent de quelques cris. [...] Pour peinturer une grange, on peut se contenter d'un bout de planche trempé dans de la chaux ; mais pour peindre la Joconde, il faut des instruments plus fins. [...] Pour nous guérir, il nous faudrait des mesures énergiques. La hache ! la hache ! c'est à la hache qu'il faut travailler :
> 1) contrôle absolu de la radio et de la TV. Défense d'écrire ou de parler joual sous peine de mort,
> 2) destruction en une seule nuit, par la police provinciale (la Pépée à Laurendeau), de toutes les enseignes commerciales anglaises ou jouales,
> 3) autorisation pour deux ans, de tuer à bout portant tout fonctionnaire, tout ministre, tout professeur, tout curé qui parle joual[49].

Gaston Miron dans *L'Homme rapaillé*, parle aussi de ce mépris :

> Nos élites, [...] nous accablaient, prétendant que nous parlions mal, avions la bouche molle, manquions

47. Michel Tremblay, *Un Ange cornu avec des ailes de tôle*, Arles, Actes Sud, 1994, p. 249-250.
48. Jean-Claude Corbeil, « Origine historique de la situation linguistique québécoise », *Langue française*, n° 31 (1976), *op. cit.*, p. 14.
49. Jean-Paul Desbiens, *Les Insolences du Frère Untel,* cité par René Etiemble, *Parlez-vous franglais ?* (1964), *op. cit.*, p. 368.

> de vocabulaire, bref que nous bêlions une langue de sacrure et une sorte de sabir[50].

L'isolation par la nomination relève inévitablement du réductionnisme. Définir un terme c'est délimiter et limiter ses caractéristiques, définir le joual revient à catégoriser ses usages.

> Le fait d'enfermer le vernaculaire sous l'étiquette d'un métaterme avait déjà en soi un formidable potentiel réducteur. Le réductionnisme prendra son allure de croisière lorsque le discours élitaire fournira pour lui-même et pour les masses la DEFINITION du terme. On cherchera à circonscrire le *joual* à un espace (réductionnisme topique), à une classe que l'on minorisera dans le même souffle (réductionnisme stratique), à la vogue d'un temps (réductionnisme chronologique)[51].

Les bien-pensants, prenant conscience que le beau cortège prestigieux dont ils se voyaient les guides n'était en fait pour eux qu'un troupeau de brebis galeuses, réagirent avec un violent mépris à l'égard de la classe populaire mais... « réflexe majeur face à la mise à l'index[52] ».

***

> *La réaction au joual-mépris est violente et prend ses racines dans la valorisation de soi ; puisqu'on nous dit que nous parlons joual, nous en ferons notre langue, notre langue c'est le joual. Ce qui était mépris devient fierté*[53].

De cette époque, il faut retenir l'apparition du terme « québécité » qui recouvre la spécificité de la communauté québécoise par opposition à l'ensemble anglophone du Canada et à l'ensemble de la communauté américaine des États-Unis à côté desquelles elle vit ;

50. Gaston Miron, *L'Homme rapaillé,* Montréal, L'Hexagone,1996, p. 219-227.

51. Paul Laurendeau, « Socio-historicité des français non-conventionnels : le cas du joual (Québec 1960-1975) », *Grammaire des fautes et français non conventionnel* (1992), *op. cit.*, p. 288.

52. Refrain d'une chanson militante contemporaine, « Sheila, ch'us là », par Loco Locass (Balam, Biz, Nacer Fouad Taïbi, Chafiik) dans l'album (CD) *Désunifoliez-vous !, compilation Québec-Libre !,* Montréal, Les Productions Québec-Libre, 2001.

53. Jean-Claude Corbeil, « Origine historique de la situation linguistique québécoise », *Langue française*, n° 31 (1976), *op. cit.*, p. 14.

ce qui fait du Québec l'exception culturelle, et de Montréal, « une ville de presqu'Amérique[54] ».

Par quel processus de maturation le Québécois passe-t-il de l'humiliation à la fierté de sa langue ? Le vernaculaire québécois est doublement déprécié : par les Anglophones qui sont majoritaires et détenteurs du pouvoir sur le territoire canadien et par les puristes québécois qui définissent leur langue par rapport à la norme académique parisienne. « Après tant de dépréciations, certains refusent d'avoir honte de leur parlure[55] ».

Le terme « joual-fierté » s'inscrit en réaction au « joual-mépris » et y répond par une violence d'affirmation semblable à la violence d'ostracisation.

Le discours de l'élite, totalisant comme peut l'être une idéologie, explique cette fierté d'une autre manière : le Québécois est fier de sa langue car il est fier tout court et n'entend pas faire les efforts nécessaires au changement. On peut même lire l'argument inverse, à savoir que c'est le peuple qui méprise et rejette le parler correct comme étant ridicule et efféminé :

> Les élèves ont reconnu qu'ils parlaient joual. L'un d'eux, presque fier, m'a même dit : « On est fondateur d'une nouvelle langue ! » Ils ne voient donc pas la nécessité d'en changer. « Tout le monde parle comme ça », me répondaient-ils. Ou encore : « On fait rire de nous autres si on parle autrement que les autres » ; ou encore, et c'est diabolique comme objection : « pourquoi se forcer pour parler autrement, on se comprend. »[56]

Parmi les mouvements culturels qui se réclament de la contre-culture et de l'avant-garde, fort nombreux[57], je ne retiendrai que Parti pris en ce qui a trait à l'utilisation qui est faite du joual. Le *Larousse* a consigné ce mouvement en école littéraire « groupée autour de la revue du même nom (1963-68) et prolongée par une maison d'édition. Ses initiateurs, André Brochu, Paul Chamberland, André Major, Pierre

54. « Presqu'Amérique », Paroles et musique de Robert Charlebois, éd. Gamma, 1968, cité par Jacques Portes dans *Le Canada et le Québec au XXème siècle*, Paris, Armand Colin, 1994, p. 113

55. Paul Daoust, cité par Louis Guilbert, « Problématique d'un dictionnaire français québécois », *Langue française*, n° 31 (1976), *op. cit.*, p. 48.

56. Jean-Paul Desbiens, *Les Insolences du Frère Untel*, Montréal, Les Éditions de l'Homme, 1960, p. 25.

57. Se reporter au recueil de documents, très complet, *Quebec Underground, 1962-1972*, Yves Robillard (dir.), Montréal, Éditions Médiart, 1973 (3 tomes).

Maheu, Jean-Marc Piotte, influencés par le marxisme, l'anticolonialisme et Jean-Paul Sartre, voulaient faire de leur littérature engagée un instrument de libération révolutionnaire et préconisaient l'usage du joual pour assumer leur condition de prolétaires colonisés. Cette école a produit des romans, tels *La Ville inhumaine* de Laurent Girouard, *Le Cassé* de Jacques Renaud, des poèmes, des essais, comme *Nègres blancs d'Amérique* de Pierre Vallières, et marqué un tournant dans l'évolution des lettres québécoises[58]. »

La période partipriste est une période de revendication linguistique et littéraire : « le joual, indice d'une infériorité sociale cesse soudain d'être la maladie de ceux-qui-n'ont-pas-pu-faire-leur-cours-classique[59] ».

L'ambiguïté sur le combat demeure cependant. Si l'utilisation du joual est tout d'abord une dénonciation de l'état de précarité langagière de la classe ouvrière, elle va ensuite être au service de la littérature. Le joual devient une matière littéraire au plein sens du terme, indépendamment presque de ses enjeux politiques. C'est dans l'entre-deux que je situe *Les Belles-Sœurs* de M. Tremblay ; dramaturge symbole, « emblématique de l'époque du joual » selon André Gervais, mais qui n'a jamais revendiqué une quelconque appartenance au mouvement Parti pris. Pour un développement, se reporter à la partie intitulée « Le *Parti pris* du Pop Art ».

L'affirmation identitaire populaire et les conséquences linguistiques de la Révolution tranquille, que ce soit dans le domaine social ou littéraire, remettent alors en cause ce que certains avaient analysé comme un système diglossique :

> La diglossie est une situation linguistique relativement stable dans laquelle, outre les formes dialectales de la langue (qui peuvent inclure un standard, ou des standards régionaux), existe une variété superposée très divergente, hautement codifiée (souvent grammaticalement plus complexe), véhiculant un ensemble de littérature écrite vaste et respecté, [...] qui est surtout étudiée dans l'éducation formelle, utilisée à l'écrit ou dans un oral formel mais n'est utilisée pour la

58. *Grand Dictionnaire encyclopédique Larousse*, Paris, Larousse, 1984, vol. 8, p. 7858.
59. Lise Gauvin, *Parti pris littéraire, lignes québécoises*, Montréal, Presses de l'Université de Montréal, 1975, p. 70.

> conversation ordinaire dans aucune partie de la communauté[60].

Cela semble s'appliquer aux rapports français standard et joual.

Pierre Chantefort opère les répartitions suivantes : une variété haute (A), le français québécois standard, lui même défini par rapport à la variété haute de France (A'), et une variété basse, le vernaculaire ou joual (B). R. Anthony Lodge dresse une liste synthétique des critères qui caractérisent une situation de diglossie[61] : les fonctions, le prestige, l'héritage littéraire, l'acquisition, la standardisation, la stabilité.

Si cela pouvait paraître vrai jusqu'aux années soixante, l'affirmation populaire, la revalorisation de soi et la naissance d'une littérature joualisante remettent en cause partiellement certains critères.

Le partiprisme pourrait alors être défini comme l'entreprise de démolition du système diglossique québécois :

> Récemment, un Grec me disait que la langue du peuple, le démotique —c'est le nom du *joual* grec— se débarrasse petit à petit de certaines scories, se donne des règles[62].

Le démotique est l'exemple type d'une diglossie caractérisée. Il convient de nuancer ces propos en ce qui concerne le joual. La société québécoise repose sur un *continuum* linguistique plutôt que sur deux langues radicalement étrangères et hiérarchisées dans leurs différences.

***

Je propose maintenant de faire le point sur les définitions qui ont été données du terme joual.

1870 : *Dictionnaire historique du français québécois*, Claude Poirier (1998).

« Dès 1870 dans la bouche d'un jeune Franco-américain vivant à Chicago. D'après une prononciation populaire de *cheval*, héritée des parlers de France, notamment de ceux de l'Ouest et du Centre où le

60. Traduction littérale, extraite de *La Sociolinguistique,* Louis-Jean Calvet, Paris, Presses Universitaires de France, coll. « Que sais-je ? », 1993, p. 43.
61. Robert Anthony Lodge, *Le Français, Histoire d'un dialecte devenu langue* (1997), *op. cit.*, p. 26 et 27.
62. Discours de Rudel Tessier pour la remise du *Prix Victor Morin* à Michel Tremblay, *Le Devoir*, 14 décembre 1974, p. 15.

mot est bien attesté sous la forme *jouau*, tant au pluriel (*des jouaux*) qu'au singulier (*un jouau*)[63]. »

1894 : *Dictionnaire canadien-français*, Sylva Clapin.

« Joual, J'val, s. m., Cheval. Au pluriel, *jouaux, j'vaux*[64]. »

1930 : *Le Goglu* (journal).

« Y parle pas joual, celui-là[65]. »

1939 : *Les Pamphlets de Valdombre*, Claude-Henri Grignon.

« Les Français qui reviennent en Nouvelle-France devraient avoir au moins le bon sens et la politesse de nous dire que nous parlons joual et que nous écrivons comme des vaches [...] J'aime autant commercer avec les Français plutôt qu'avec les Anglais, les Américains, les Japonais ou les Allemands. Ce n'est pas une raison pour qu'ils viennent nous flagorner et nous dire en pleine face que nous parlons le plus pur français de France. La vérité, c'est que nous parlons et que nous écrivons fort mal[66]. »

1939 : *Le Ramage de mon pays, le français tel qu'on le parle au Canada*, Victor Barbeau.

« Joual, parler. Parler avec affectation, recherche. *Il parle joual, c'est effrayant*[67]. »

1957 : *Dictionnaire général de la langue française au Canada*, Louis-Alexandre Bélisle.

(Introduction) « Ainsi les philologues distinguent-ils, selon les éléments qui la caractérisent, la langue écrite ou parlée, qu'elle peut être savante, littéraire, familière, populaire ou argotique. [...] *Littéraire*— [...] la langue écrite, classique et châtiée que des

---

63. Claude Poirier (dir.), *Dictionnaire historique du français québécois* (1998), *op. cit.*, p. 326.
64. Sylva Clapin, *Dictionnaire canadien-français*, reproduction de l'édition originale de 1894, Québec, Presses de l'Université Laval, 1974, p. 193.
65. *Le Goglu*, 14 février 1930, p. 7, cité par Claude Poirier, *Dictionnaire historique du français québécois* (1998), *op. cit.*, p. 326.
66. Claude-Henri Grignon dans *Les Pamphlets de Valdombre*, Québec, Sainte-Adèle, avril 1939, p. 193.
67. Victor Barbeau, *Le Ramage de mon pays, le français tel qu'on le parle au Canada*, Montréal, Éditions Bernard Valiquette, 1939, p. 83.

littérateurs et orateurs de grande classe s'efforcent à porter à son maximum d'élégance [...]
Familière— [...] la langue de la conversation entre gens de bonne éducation, elle est simple et sans recherche [...]
Populaire— [...] la langue de conversation, ou plutôt de communication, du peuple et des artisans —langue proprement au service de la vie, de l'action quotidienne, mais qui s'entend plutôt qu'elle ne se lit [...]
Argotique— [...] en principe, la langue du monde interlope, de ceux qui s'insurgent contre le conformisme, des vagabonds, et aussi des gens sans instruction qui emploient un vocabulaire et des tournures que leur originalité finit parfois par imposer à la littérature. Avec l'argot, se range la langue triviale qui peut être soit grossière, soit vulgaire, soit simplement commune. »[68]

Pas d'entrée « joual ».

1959 : « La langue que nous parlons », André Laurendeau (pseudonyme : Candide).

« Ça les prend dès qu'ils entrent à l'école. Ou bien ça les pénètre peu à peu, par osmose, quand les aînés rapportent gaillardement la bonne nouvelle à la maison. Les garçons vont plus loin ; linguistiquement, ils arborent leur veste de cuir. Tout y passe : les syllabes mangées, le vocabulaire tronqué ou élargi toujours dans le même sens, les phrases qui boitent, la vulgarité virile, la voix qui fait de son mieux pour être canaille... Mais les filles emboîtent le pas et se hâtent. Une conversation de jeunes adolescents ressemble à des jappements gutturaux. De près cela s'harmonise mais s'empêtre : leur langue est sans consonnes, sauf les privilégiées qu'ils font claquer. [...] J'en connais même [des parents] qui envoient leur progéniture à l'école anglaise. Et savez-vous pourquoi ? Pour que les jeunes n'attrapent pas cet 'affreux accent'. [...] Est-ce une illusion ? Il me semble que nous parlions moins mal. Moins mou. Moins gros. Moins glapissant. Moins JOUAL[69]. »

68. *Dictionnaire général de la langue française au Canada*, Québec, Bélisle éditeur, 1957, introduction, non paginé.
69. André Laurendeau dans *Le Devoir*, 21 octobre 1959.

1960 : ***Les Insolences du Frère Untel*, Jean-Paul Desbiens (pseudonyme : Frère Untel).**

« C'est donc lui [André Laurendeau], et non pas moi, qui a inventé ce nom. Le nom est d'ailleurs fort bien choisi. Il y a proportion entre la chose et le nom qui la désigne. Le mot est odieux et la chose est odieuse. Le mot joual est une espèce de description ramassée de ce que c'est que le parler joual : parler joual, c'est précisément dire joual au lieu de cheval. C'est parler comme on peut supposer que les chevaux parleraient s'ils n'avaient pas déjà opté pour le silence et le sourire de Fernandel. [...] Le vice est profond, il est au niveau de la syntaxe. Il est aussi au niveau de la prononciation : sur vingt élèves à qui vous demandez leur nom, au début d'une classe, il ne s'en trouvera pas plus de deux ou trois dont vous saisirez le nom du premier coup. [...] Le joual est une langue désossée : les consonnes sont toutes escamotées, un peu comme les langues que parlent (je suppose, d'après certains disques) les danseuses des Îles-sous-le vent : oula-oula-alao-alao. On dit : « chu pas apable », au lieu de : « je ne suis pas capable ». [...] Cette absence de langue qu'est le joual est un cas de notre existence, à nous, les Canadiens français. On n'étudiera jamais assez le langage. Le langage est le lieu de toutes les significations. Notre inaptitude à nous affirmer, notre refus de l'avenir, notre obsession du passé, tout cela se reflète dans le joual, qui est vraiment notre langue. [...] Bien sûr qu'entre jouaux, ils se comprennent. La question est de savoir si on peut faire sa vie entre jouaux[70]. »

1962 : ***Petit Dictionnaire du « joual » au français*, Augustin Tourenne.**

(Avant propos) « Quant à la qualité de notre langue parlée et écrite, il me suffira pour la mesurer de citer le témoignage du Frère Untel. Ce dernier n'appelle-t-il pas notre langage une « décomposition » ? Le Canadien français est son propre ennemi sur le plan linguistique. Même s'il connaît convenablement le français, il a peur de le parler et surtout honte de le bien parler. Il craint de se rendre ridicule auprès de ses propres compatriotes. La campagne de refrancisation en cours dans notre province doit être l'œuvre de tous les Canadiens français. Ce petit dictionnaire, préparé d'après ma propre expérience, constitue ma modeste contribution à cette croisade.

70. Jean-Paul Desbiens, *Les Insolences du Frère Untel* (1960), *op. cit.*, p. 23-24-25.

[…] Je termine en formulant un vœu : après avoir longtemps ridiculisé ceux qui parlaient bien, pourquoi ne ririons-nous pas à l'avenir de ceux qui parlent 'joual'[71] ».

1967 : *Dictionnaire des difficultés de la langue française au Canada*, Gérard Dagenais[72].

« Le fonds français est encore vivant au Canada. Il est comme un feu sous la cendre et son faible éclat est visible. Il peut être réanimé. Mais il ne suffit pas pour y réussir de se servir du tisonnier d'un nationalisme incertain et d'apporter dans l'âtre, de génération en génération, du bois sec sorti du bûcher des manuels d'enseignement positif. Il faut prendre la pelle et sortir de la cheminée l'épaisse couche de cendre formée par le mauvais bois brûlé pendant un siècle de séparation complète de la mère-patrie culturelle puis pendant un siècle d'anglicisation massive. Ce *Dictionnaire des difficultés de la langue française au Canada* est en premier lieu un coup de pelle dans cette cendre chaude. »

Pas d'entrée « joual ».

1970 : *Le Français du Canada*, Victor Barbeau (1ère éd. en 1963).

(Avant propos à l'édition de 1970) « Quand on a, pendant trente-cinq ans, tendu l'oreille aux incongruités de langage de tout un peuple étudiant et qu'on s'est évertué, avec un bonheur mitigé, à pourchasser les impropriétés de termes, les solécismes, les barbarismes dont s'émaillaient ses propos et ses écrits, on ne jette pas le manche après la cognée. […] Seule l'histoire des variations du français de son implantation en Amérique à nos jours n'a pas changé. Aujourd'hui continue hier en l'aggravant. »

« Joual, parler. Locution : langage trop savant ou affecté et non langage incorrect et grossier. L'équivalent de parler en tarmes et d'employer des mots en habit à queue. »[73]

---

71. Augustin Tourenne, *Petit Dictionnaire du « joual » au français*, Montréal, Les Éditions de l'Homme, 1962, p. 10.
72. Gérard Dagenais, *Dictionnaire des difficultés de la langue française au Canada*, Québec-Montréal, Éditions Pedagogia inc., 1967. Préface.
73. Victor Barbeau, *Le Français au Canada*, Québec, Éditions Garneau, 1970, respectivement p. 7-8 et 210.

1976 : « Diglossie au Québec, limites et tendances actuelles », Pierre Chantefort.

(en parlant de certains sociolinguistes) : « Ce concept [le joual] ne renvoie pas à une réalité précise et unique mais sert plutôt de « fourre-tout » pour désigner de façon péjorative le parler de « l'Autre » ; parler du prolétariat urbain pour le campagnard, parler rural pour l'habitant de la ville[74]. »

1980 : *Dictionnaire de la langue québécoise*, Léandre Bergeron.

(Préface) « Prétendre faire un relevé sérieux et objectif du vocabulaire d'un peuple et, en même temps, exclure des mots parce qu'ils ont fermenté dans la rue, dans un fond de cour ou dans un sac de couchage improvisé dans la grande nature, exclure les ostie de câlisse de tabarnac, bizoune, chenolles, foufounes et se passer un Dieu-seul-me-voit bien qu'ils se disent tous les jours et toutes les nuits dans le pays du Québec, c'est faire un travail de préfet de discipline, prude, étroit et borné, c'est se comporter comme les petits scribes qui ont écrit Shakespeare pour le rendre acceptable à la chaste oreille victorienne. Loin de nous ce terrorisme linguistique. Nous avons transcrit ce qui se dit au pays du Québec. [...] Amère déception, cher lecteur, vous ne trouverez pas de petits symboles qui vous disent si le mot est un « canadianisme de bonne aloi », « un mot de la langue familière », « un anglicisme ou autre impropriété à proscrire » [...] Donc ici aucune censure morale ou linguistique. »

« Joual : n. m. Cheval. Terme employé depuis 1960 dans certains milieux intellectuels pour désigner la langue québécoise. »[75]

1981 : « Essai de définition du joual, aspect du français parler au Québec », Laurent Santerre.

« Pour donner une définition spécifique du parler joual, il faut dire ce qui le caractérise, lui seul, à l'exclusion des autres dialectes et des autres parlers. Il importe donc d'abord de caractériser le dialecte québécois, avant d'en venir plus précisément à une définition du joual, car il faut distinguer entre le dialecte québécois et le parler joual, ce dernier étant avant tout un mode de production phonétique. [...] Il me paraît donc plus précis de restreindre le terme joual à une manière de

---

74. Pierre Chantefort, « Diglossie au Québec, limites et tendances actuelles », *Langue française*, n° 31 (1976), *op. cit.*, p. 91 à 105, p. 91.
75. *Dictionnaire de la langue québécoise*, Léandre Bergeron, Montréal, VLB éditeur, 1980, respectivement, p. 8 et 284-285.

parler ou de réaliser les surfaces phonétiques [...] Les particularités des autres plans linguistiques, je les conçois plutôt comme des caractéristiques du dialecte québécois, non du parler joual. »

« Définition du joual. [...] Le joual est essentiellement parlé et très difficile à transcrire phonétiquement. C'est justement le niveau de langage le moins surveillé, le moins attentif à la prononciation, qu'on a stigmatisé sous le terme joual. Le mot cheval est réduit de [« cheval »] à [« chval »] et à [« joual »]. Cette transformation n'est d'ailleurs pas propre au Québec, comme chevaux [...], cheveux [...], cheville [...], etc. On a les deux formes [« juial »] et [« joual »] et le pluriel [« jouaux »] ; on entend les deux formes du singulier dans la Gaspésie [au nord de Québec], mais pour désigner une manière de parler des Québécois, seule la forme [« joual »] est employée. »[76]

(Les prononciations sont à l'origine dans l'A. P. I., alphabet phonétique international. Par facilité de lecture, j'ai opté pour une orthographe phonétisante, ce qui explique la mise des guillemets entre crochets).

1984 : *Grand Dictionnaire encyclopédique Larousse*.

« Joual n. m. (prononciation populaire de cheval au Québec). Parler populaire à base de français fortement contaminé par l'anglais, utilisé au Québec. [...] Inventé par André Laurendeau, utilisé pour la première fois en 1959 dans un article du *Devoir* et mis à la mode l'année suivante par le Frère Jean-Paul Desbiens dans *Les Insolences du frère Untel*, ce terme a été employé d'abord dans un sens péjoratif pour désigner le français populaire de Montréal, puis brandi comme un étendard par l'école de *Parti pris* en vue d'assumer la condition d'un prolétariat colonisé. Combattu vivement par ailleurs et dénoncé comme une dégradation du langage dont ne pouvait que bénéficier l'anglais [...] Le joual a été illustré au théâtre et dans le roman par M. Tremblay et Victor-Lévy Beaulieu. Il a tenté momentanément Jacques Godbout et Marie-Claire Blais, mais, par la suite, sa faveur a décliné[77]. »

---

76. Laurent Santerre, « Essai de définition du joual », *Revue de l'Association de linguistique des Provinces Atlantiques*, vol. 3, 1981, p. 41 à 46, p. 41 et 47 puis p. 45-46.

77. *Grand Dictionnaire encyclopédique Larousse*, Paris, Larousse, 1984, p. 5882 (tome 6).

1993 : *Le Nouveau Petit Robert*, dictionnaire alphabétique et analogique de la langue française.

« Joual. n. m. 1960 : Mot utilisé au Québec pour désigner globalement les écarts (phonétiques, lexicaux, syntaxiques ; anglicismes) du français populaire canadien, soit pour les stigmatiser, soi pour en faire un symbole d'identité[78]. »

1994 : *Un Ange cornu avec des ailes de tôle*, Michel Tremblay (exergue au récit).

« Rêvez-vous, comme moi, dans le style de l'auteur que vous lisiez avant de vous endormir ? Si oui, enfourchez mon *joual*, le plus tard possible, le soir partez avec dans votre sommeil, il plus fringant que jamais malgré les bien-pensants et les baise-le-bon-parler-français, il piaffe d'impatience en vous attendant et, je vous le promets, il galope comme un dieu ! Voyez-vous, j'aimerais pouvoir penser que j'ai la faculté de faire rêver, moi aussi[79]. »

1996 : *Anna braillé ène shot (elle a beaucoup pleuré)* essai sur le langage parlé des Québécois, Georges Dor.

Georges Dor, en évoquant Paul Valéry, Boileau et les pages du *Petit Robert* est aussi « insolent » que le fut le Frère Untel, qu'il cite d'ailleurs abondamment. Il y dénonce la langue parlée par les Québécois —langue qu'il nomme encore et toujours joual— et surtout le système d'enseignement qui, bien loin de la corriger, l'entretient dans un flegme démagogique, Dor parlant même d'un « Prozac pédagogique pour qu'ils [les écoliers, élèves ou étudiants] souffrent moins d'étudier. » (64)

Voici donc quelques appellations dignes d'un plus grand Untel :

« Monstruosité verbale », « meneu meneu national », « langue bâtarde », « langue décharnée », « ânonnement », « embrouillamini », « infirmité chronique » [il faut entendre qui passe de génération en génération], le « Tsé veux dire national » [au sens que la communication n'est pas aisée], « langage informe ».

Parler joual consiste donc à « bredouiller et mâchonner une langue informe, invertébrée, dérivée incompréhensible de la langue française. » (15)

---

78. *Le Nouveau Petit Robert*, Paris, Éditions Le Robert, 1993, p. 1230.
79. Michel Tremblay, *Un Ange cornu avec des ailes de tôle* (1994), *op. cit.*, exergue au récit.

La « langue coutumière [n'est que] structures bâtardes [...] vocabulaire rachitique [...] élocution flasque ». (16)

« Nous somme ignares et nous baragouinons » (22), constate-t-il amèrement.

J'ai retenu ce passage qui reflète bien sa position :

« Il faut prêter attention à ce qui se dit autour de soi pour se rendre compte à quel point le langage québécois n'est qu'ânonnement, car on s'habitue à cet embrouillamini ; que dis-je, on s'habitue, il fait partie de nous, ancré plus ou moins profondément. Et plus profondément que moins. Nous le ressentons tous, même nos professeurs d'université, à des degrés divers. C'est la langue parlée habituelle de mes concitoyens, avachie dans sa prononciation et déstructurée dans sa syntaxe primaire, une langue que j'entends depuis l'enfance et dont la pauvreté m'a toujours attristé ; une langue qui n'est très souvent que patois grossier et vulgaire, mugissements, vagissements, approximation, bégaiement pour les uns, éructation pour les autres. » (23-24)[80]

1997 : *Petit Guide du parler québécois*, Mario Bélanger.

« Joual. n. m. Désigne le parler populaire du Québec. Déformation du mot « cheval ». Parce qu'il s'éloigne de la belle langue française conventionnelle, le parler « joual » a pour plusieurs une connotation péjorative, honteuse. Il dénote la tendance de certaines personnes à mal articuler, à manquer de précision et de variété dans le choix de leurs mots, à utiliser avec excès les jurons et à abuser de termes et de tournures de langue anglaises. [...] Le joual honte ou fierté ? Le débat fait toujours rage[81]. »

1998 : *Dictionnaire historique du français québécois*[82], Claude Poirier.

1. Variante populaire de cheval. *Atteler, dételer le joual. Un team de jouaux. Fort comme un joual* : très fort.

2. n. m. Péjoratif. (en fonction d'adverbe). *Parler joual* : parler de façon inarticulée, incorrecte, inintelligible, parler mal ; (spécialement) parler le *joual*. Par extension : *Écrire, penser joual.*

---

80. Les pages renvoient à l'édition *Anna braillé ène shot (elle a beaucoup pleuré), essai sur le langage parlé des Québécois* (1996), *op. cit.*

81. *Petit Guide du parler québécois*, Mario Bélanger, Montréal, Stanké, 1997, p. 109.

82. Claude Poirier (dir.), *Dictionnaire historique du français québécois* (1998), *op. cit.*, entrée « joual ».

3. n. m. Péjoratif. Variété de français québécois caractérisée par un ensemble de traits (surtout phonétiques et lexicaux) jugés incorrects ou mauvais, généralement identifiée au parler des milieux populaires et souvent considérée comme signe d'acculturation.

4. Par extension : toute variété linguistique considérée comme déviante par rapport à une norme donnée. Le *joual anglais*, le *joual parisien.*

1999 : *Dictionnaire québécois français*, Lionel Meney.

« Joual, jouaux : n. m.

1. Prononciation populaire du mot « cheval » en québécois. [...]

2. Dépréciatif. Français populaire du Canada/Québec contaminé par l'anglais. Mot d'abord employé par André Laurendeau, puis popularisé par Jean-Paul Desbiens [...]. [Citant Georges Dor] : 'On devrait dire du joual qu'il est notre langue paternelle'. Idée répandue selon laquelle les femmes, qui restaient à la maison, auraient conservé un français plus pur que les hommes, qui devaient travailler en anglais pour des patrons anglophones, par ailleurs, selon une certaine conception très répandue chez les hommes, parler « joual » fait 'viril', parler correctement fait 'tapette'. »[83]

1999 : *Michel Tremblay, l'enfant multiple*, Marie-Lyne Piccione.

« Joual : graphie reproduisant la prononciation fautive du mot cheval. Ce mot signifiant (par une audacieuse métonymie) le parler vernaculaire de l'est montréalais, émergea dans les années soixante et fut popularisé dans cette acception dans un pamphlet, *Les Insolences du Frère Untel.* Frère Untel était le pseudonyme de Jean-Paul Desbiens. Après certaines tentatives romanesques (*Le Cassé* de Jacques Renaud, éd. Parti Pris, 1964) Michel Tremblay est le premier à avoir écrit une pièce de théâtre entièrement en *joual.* C'est la raison pour laquelle l'histoire littéraire date des *Belles-Sœurs*, l'avènement du théâtre québécois[84]. »

---

83. *Dictionnaire québécois français*, Lionel Meney, Montréal, Guérin éditeur, 1999, p. 1014.

84. Marie-Lyne Piccione, *Michel Tremblay, L'enfant multiple*, Bordeaux, Presses universitaires de Bordeaux, 1999, p. 27.

2000 : « Michel Tremblay et le théâtre de la langue », Lise Gauvin.

Cet article offre le point de vue de M. Tremblay sur le joual. Il permet une synthèse intéressante sur l'évolution des définitions. Lise Gauvin analyse cette évolution en différentes étapes, parlant d'un « Tremblay en cinq temps ». Je reprends les divisions ainsi que quelques citations du dramaturge.

1—*Le joual-reflet* : « Je ferai parler mes personnages avec les expressions qu'ils utilisent dans leur vie de tous les jours. Par souci d'exactitude, ils ne diront pas *mosus* mais tabarnak. » (*La Presse*, 17 décembre 1966)

2—*Le joual politique :* « Le joual, c'est une arme politique, une arme linguistique [...] c'est un devoir que d'écrire en joual tant qu'il restera un Québécois pour s'exprimer ainsi. » (*La Presse*, 16 juin 1973)

3—*Le joual universel :* « Quand on fait du théâtre, il faut toujours transposer [...] Dans tous les pays du monde, il y a des gens qui écrivent en joual. » (*La Presse*, 16 août 1969)

4—*Le joual exportable* : « Ce qui me permet d'aller ailleurs c'est mon côté local ou régional. » (*Le Devoir*, 26 février 1977)

5—*Le joual : ni écran ni refuge* : « Si j'écris en joual, c'est pas pour me rendre intéressant ni pour scandaliser. C'est pour décrire un peuple. Et le monde parle de même icite ! » (*Le Jour*, 2 juillet 1976)
« Mon emploi de la langue québécoise, mon écriture ne sont plus tout à fait les mêmes [...] Quand j'ai commencé mes romans, je me suis rendu compte que je devais permettre à l'œil de s'accrocher, donc je me rapproche de l'étymologie, je pratique l'élision. » (*Le Monde*, 16 novembre 1988)[85]

Ce défilé de références n'est pourtant qu'une sélection, mais il suffit pour se rendre compte que donner une définition du joual, ou du parler joual, est problématique tant sur l'origine du terme que sur son sens. Tout d'abord, joual est la prononciation de cheval et aura les mêmes emplois au sens propre. C'est au sens figuré que cela se complique. Il y a apparemment l'avant et l'après Laurendeau-Untel. L'expression « parler à cheval » existe en français depuis longtemps et signifie à peu près « parler impérieusement » tout comme « monter sur ses grands chevaux » signifie « parler avec hauteur et emportement ».

85. Lise Gauvin, « Michel Tremblay et le théâtre de la langue » dans *Langagement,* Montréal, Boréal, 2000, p. 123 à 141. Pour les références à Tremblay, p. 124 à 126.

C'est bien cette définition que semble avoir retenue Victor Barbeau. Il ne faut pas confondre ce « parler à cheval » avec le « parler cheval », expression également attestée en français depuis le XIXème siècle, qui serait bien à l'origine du « parler joual » au sens que la majorité des définitions retiennent : « parler incorrectement ». C'est aussi celle de Jacques Prévert dans son « Histoire du Cheval » (exergue).

Le parler joual désigne donc une manière de parler, un adverbe, mais très vite il devient nom et renvoie alors par cette « reconnaissance grammaticale » à un système linguistique relativement autonome (ce qui le rapproche pour certains de la définition d'un sabir ou d'un argot).

Enfin, et cela constitue une évolution sémantique, le joual désigne une pratique littéraire particulière qui emprunte à la langue parlée du peuple québécois puis qui désigne, par extension, toute utilisation littéraire de l'oralité. J'entends par là que la valeur symbolique et imaginaire du joual se développe par son inscription littéraire. Finalement, d'une définition large de parlure incorrecte, réduite très précisément par les linguistes, on en revient à une extension, cette fois-ci littéraire. Et c'est la fin du poème de Prévert qui me sert à clore (c'est le cheval qui parle) :

> Maintenant la guerre est finie
> et le vieux général est mort
> est mort dans son lit
> mort de sa belle mort
> mais moi je suis vivant et c'est le principal
> bonsoir
> bonne nuit
> bon appétit mon général[86].

M. Tremblay ne dit-il pas en 1994, lui aussi, que « son joual [...] est plus fringant que jamais [qu'il] galope comme un dieu ! » ? et c'est le principal !

---

86. Jacques Prévert, « Histoire du cheval », *Paroles, op. cit.*, p. 19.

« Des gens de paroles » : la variante parlée populaire

> *On analyse souvent* a priori *la langue parlée au Québec en utilisant des grilles qui conviennent à la standardisation de la langue écrite en France*[87].

Ce que je tenterai donc d'éviter, partant du principe que la variante considérée est un parler dérivé d'un français québécois standard oral, avec la particularité de fortes interférences avec l'anglais.

Il faut considérer la variation en la rapportant à la pluralité du français : il y a la langue de référence, car utilisée par le plus grand nombre, le français de France, unique au niveau de l'écrit (considérant la norme académique) et il y a une multitude de pratiques orales.

Le joual aura donc les caractéristiques du mode de production oral, avec les variantes régionales québécoises alliées à celles d'un niveau populaire. On retiendra des caractéristiques orales diatopiques et diastratiques. Le phénomène diaphasique, variation chez un même individu, est rarement évoqué dans les définitions alors que M. Tremblay, lui, opère des distinctions langagières entre ses personnages —le joual est alors divisé en idiolectes— et intrinsèquement aux individus —ils ont leur « langue de tous les jours et leur langue du dimanche[88] ».

Ici non plus, il ne s'agit pas de faire d'une langue, le français, deux langues systématiquement différentes, une écrite et l'autre orale, mais de noter que l'usage du même système varie en fonction du mode (du support), de la situation et de la visée de l'énonciation. Ainsi « les procédés spécifiques de l'oral (intonation, gestes, mimiques, attitudes et tout ce qui relève de la connivence de locuteurs présents pour l'interaction), doivent[-ils] être remplacés par des procédés linguistiques, d'où les nécessités de développer du lexique, d'inventer certains procédés grammaticaux, d'utiliser la disposition typographique, les caractères, etc. en lieu et en place des procédés oraux[89]. »

En accord avec Laurent Santerre, je pense que le joual est une manière de parler plus qu'une langue en soi. Le joual, dans sa

---

87. Guy Labelle, « La langue des enfants de Montréal et de Paris », *Langue Française* n° 31 (1976), *op. cit.*, 55-73, p. 55.
88. Expression empruntée à Françoise Gadet.
89. Marie-Christine Hazaël-Massieux, « De quelques avatars de la période en français et en créole : de l'oral à l'écrit », *Travaux du CLAIX*, vol. 13, 1995, « langue orale : ses unités descriptives », p. 13-42, p. 17.

spécificité, est surtout un phénomène de prononciation en ce sens que ses autres caractéristiques, lexicales et grammaticales relèvent du « dialecte québécois », de la variante québécoise de français.

Mon point de vue est plus descriptif : si le « parler joual » est défini comme une prononciation particulière du dialecte québécois, il n'en reste pas moins qu'il comporte les caractéristiques de ce « dialecte québécois », les caractéristiques du mode d'énonciation oral familier et populaire que l'on retrouve par conséquent dans d'autres dialectes français, ledit français de France, étant lui-même composé de différents dialectes dans le sens que donne Laurent Santerre de ce terme :

> Ce mot désigne toute variété d'une langue parlée par une communauté linguistique. Ainsi, on peut nommer, parmi les dialectes français, celui de Paris, de Strasbourg, de Bordeaux, de Bruxelles, de Genève, de Marseille, de Lille, du Québec, de l'Afrique du Nord. [...] Tout dialecte a différents niveaux de langage, ce qui ne réjouit nulle part les sociétés qui le parlent ; comme s'il pouvait en être autrement ! Il est courant d'apprécier le dialecte des autres et de critiquer le sien ; à moins, bien entendu, de se croire investi d'une forme de langage exemplaire et privilégiée, exempte de variations et de changements[90].

J'ai donc retenu tant des réflexions générales pour l'analyse du français parlé comme celles de Françoise Gadet, de Claire-Blanche Benveniste ou de Marie-Christine Hazaël-Massieux, que des analyses spécifiques au « dialecte québécois », ainsi défini, comme celles de Laurent Santerre, Claude Poirier, Lionel Meney sans oublier le corpus de français parlé à Montréal (Gillian Sankoff- Henrietta Cedergren).

La prononciation

La prosodie

La prosodie englobe tous les phénomènes d'accentuation, d'intonation, de rythme et de débit d'une langue. Cette partie, peu développée ici car ne constituant pas le centre de la réflexion, est pourtant un niveau d'analyse que l'ère de la pragmatique et de la linguistique de l'énonciation réclame puisque « la prosodie assume un ensemble de fonctions linguistiques, paralinguistiques et extra-

---

90. Laurent Santerre, « Essai de définition du joual » (1981),*op. cit.*, p. 41 à 46, p. 41 et 46.

linguistiques qui consistent à structurer la langue et le discours, à contextualiser les énoncés et leurs auteurs, à objectiver les modalités illocutoires, à réguler les interactions verbales, à exprimer l'affect et à caractériser le sujet parlant ainsi que le style discursif qu'il adopte[91]. » Pour des considérations générales, je renvoie à l'ouvrage d'Anne Lacheret-Dujour et Frédéric Beaugendre[92] et particulièrement pour l'intérêt théorique de la démarche aux travaux d'Albert Di Cristo de l'Université de Provence qui définit la prosodie au sein d'une « grammaire écologique ». Pour l'étude du français québécois, je renvoie aux récentes recherches faites au sein du CIRAL de l'Université Laval à Québec.

Si le français standard a un accent tonique, il n'est pas distinctif et il est la plupart du temps tombant sur la dernière syllabe. À l'oral, on parle plus aisément d'accent de groupe qui se trouve alors sur la dernière syllabe dudit groupe. La langue française a une tendance à la fusion, c'est-à-dire aux liaisons, aux enchaînements, à l'élision avec une certaine cohérence, stable à l'écrit, mais variable à l'oral. Ces phénomènes « liants » sont d'ailleurs à l'origine de nombreux calembours. Il existe aussi des accents d'insistance qui sont des manifestations de l'émotivité dans l'énoncé. Françoise Gadet remarque cependant que « l'accent ne constitue pas le mode d'insistance le plus fréquent en français, et [qu'] on lui préfère souvent des procédés syntaxiques de mise en relief (comme différents types de détachements et de thématisations)[93] ».

L'intonation varie en fonction des registres : monotone en registre soutenu, elle sera au contraire changeante dans le registre familier. Sa fonction relève d'une marque syntaxique compensant une parataxe (syntaxe trouée, sans lien logique apparent comme dans « Il est arrivé en retard. C'est dommage. On n'ira pas au cinéma »), ou elle est simplement démarcative ou expressive (met en relief certains mots, certaines expressions). L'intonation interrogative est généralement montante alors qu'une intonation descendante teintera le propos d'une couleur assertive : « tu vas bien ↑ » et « tu vas bien ↓ » n'auront pas le

91. Albert Di Cristo, « Interpréter la prosodie », *Actes des XXIIIèmes journées d'étude sur la parole, JEP'2000*, Aussois, 19-23 juin 2000, p. 13-29, p. 29.

92. Anne Lacheret-Dujour et Frédéric Beaugendre, *La Prosodie du français*, Paris, Éditions du C.N.R.S., 1999.

93. Françoise Gadet *Le Français ordinaire*, Paris, Armand Colin, 1997, p. 49-50.

même sens. L'intonation a donc aussi une valeur sémantique que l'oral exploitera pour la rapidité de son efficacité. C'est dans cette optique-là qu'il faut comprendre la nécessité d'une ponctuation à l'écrit.

Le rythme et le débit, autres caractéristiques prosodiques, ne relèvent pas directement de phénomènes linguistiques, mais peuvent être à l'origine de certaines variations vocaliques ou consonantiques. Plus le rythme et le débit seront élevés, plus le relâchement articulatoire apparaîtra comme une conséquence inévitable du manque d'attention. Parler vite c'est nécessairement sacrifier le moins utile, le moins distinctif.

Ainsi interviennent les phénomènes de tension articulatoire et « plus l'usage est surveillé, et plus il y a tension, rétrécissement, fermeture. Une prononciation populaire [...] se caractérise au contraire par le relâchement[94] ».

Les caractéristiques vocaliques et consonantiques du français québécois, et par conséquent du joual, font généralement l'objet d'un récapitulatif dans les préfaces de dictionnaires, tels ceux de Claude Poirier et de Lionel Meney. Je leur emprunte donc en partie, ainsi qu'à Laurent Santerre pour les voyelles, ce « pointage » des différences. Ayant comme visée l'étude du texte de M. Tremblay, qui est sélectif, je ne prétends pas à une liste complète qui, bien que pertinente pour une description exhaustive, surchargerait la réflexion.

Pour les conventions de transcription, se reporter en fin d'ouvrage.

Les voyelles

Les oppositions vocaliques pertinentes (relèvent de la phonologie)

Cette remarque concerne le /a/, le /o/ et le /e/ selon qu'ils sont prononcés ouverts ou fermés. On indiquera l'ouverture par (o) et la fermeture par (f). Pour les longueurs, on indiquera (b) pour bref et (l) pour long. Ces différences de prononciations, qui s'estompent peu à peu en français standard, sont encore très présentes dans le français québécois.

/a/

On marque très clairement le /a(o)/ de « pâte », « tâche », « âge » comme différent du /a(f)/ de « patte », « tache », etc.

94. *Ibid.*, p. 47.

/wa/

La même distinction que pour le /a/ se retrouve dans le /wa/, graphié « oi ». Ainsi, /wa(o)/ de « mois », « trois », « (le) bois » se différencie du /wa(f)/ comme dans « moi », « étroit », « (il) boit ».

Nous pouvons classer ici les « toé », « moé », etc. qui sont des prononciations archaïques, « vieux-françoisante » du /wa/. En effet, à la période de la Conquête, cette prononciation oscillait encore en France entre un /wé/ et un /wa/ et un intermédiaire /wè/. Ce n'est que tardivement, avec les campagnes d'unification des patois, que l'usage /wa/ s'est fixé en norme. On trouvera donc dans un usage populaire « soèf » pour « soif », « avoère » pour « avoir », « oéseau » pour « oiseau », « poésson », « boésson ».

Dans certains cas on peut trouver la réduction complète du /wa/, devenu /wé/, en /é/ comme « crère » pour « croire », « adret/-tte » pour « adroit-e », « frète » pour « froid ». Lionel Meney note que ces derniers usages remontent au début du XIVème siècle et qu'ils sont perçus comme étant vieillis en français québécois.

/e/

Le /e(f)/ de « jeûne », « deux », « nœud » ou « que », se distingue du /e(o)/ de « jeune », « de », « ne », ou « que ».

On trouve également un usage populaire, dévalorisé, du /e/ en /é/ dans certains mots comme « bedaine » qui se prononce « bédaine » ou « pesant » qui se prononce « pésant ».

/o/

Le /o(f)/ de « côte », « saute (verbe) », « nôtre » ou « rauque » va se différencier du /o(o)/ de « cote », « sotte », « notre », « rock ».

/è/

La prononciation du /è/ se scinde en /è(l)/ et /è(b)/. Ainsi aura-t-on le /è(l)/ de « maître », « fête », « bêle (verbe) », « même » et le /è(b)/ de « laide », « laine », « m'aime (verbe) ».

Dans le cas de la voyelle allongée, la déformation peut aller jusqu'à la diphtongaison qui est un allongement tel qu'une deuxième voyelle est prononcée. (voir paragraphe sur les diphtongaisons)

/è/ peut s'ouvrir en /a/. La prononciation est alors classée comme populaire et dépréciée. L'ouverture conduit à un /a(f)/ qui peut s'antérioriser jusqu'au /a(o)/, ce qui est manifeste d'une prononciation relâchée très populaire.

Comme exemples, on peut citer « poulet » qui devient « poula », « vrai » devient « vra ».

Cette ouverture concerne aussi le /é/ lorsqu'il est devant un /r/. L'influence « ouvrante » du /r/ est une loi phonétique bien connue dans toutes les pratiques du français : ainsi aura-t-on « farmer » à la place de « fermer », « marci » pour « merci », « couvarte » pour « couverte » (couverture), « sarvir », « sarvice » à la place de « servir » et « service », « marde »...

/i/, /u/ et /ou/

Ce sont les voyelles les plus tendues, les plus hautes dans le système vocalique français ; elles seront donc affectées par la tendance générale du français québécois à l'ouverture. Cependant, plus l'ouverture est grande, plus la prononciation est classée comme familière et dépréciée comme populaire. Deux cas se présentent : le cas de ces voyelles accentuées devant consonne (ouverture) et le cas où elles sont en position faible.

Accentuées devant consonne

—/i/ deviendra /é/ comme : « vite » se prononce « véte », « mille » devient « mélle », etc.

—/u/ va s'ouvrir en /e(f)/ comme « fumer » devient « feûmer », « bûche » devient « beûcche », etc.

—/ou/ va devenir /o(f)/ : « pousser » se prononce alors « pôsser », « toute » devient « tôte », « bout » dont la consonne finale se prononce devient « bôte », etc.

En position faible

Il y a ou transformation, ou disparition.

Dans le premier cas, /u/ peut devenir /i/ comme « député » va se prononcer « dépité » ou « bas-culotte » devient « bas-kilotte ».

/ou/ peut aussi devenir /u/ comme dans le fameux « nous-autres » ou « vous-autres » qui se prononcent « nuzautres » et « vuzautres », « tout de suite » et « tout seul » qui deviennent « tussuite » et « tusseul » ou encore « soulier » qui devient « sulier » puis souvent « suyer ».

Dans le deuxième cas, le phénomène est dû à la différence très persistante entre voyelles longues et voyelles brèves. Ces dernières, si elles sont inaccentuées, vont facilement être absorbées par les consonnes environnantes et tout bonnement disparaître comme « unversté » pour « université ». Selon Laurent Santerre, cela ne semble concerner que les voyelles hautes et en priorité le /i/. Lionel Meney fournit les exemples suivants : « arriver » devient « arrver », « camisole » (au sens de chemisier) devient « camzole » ; « mercurochrome » devient « mercrochrome » et « si vous avez le temps » devient « si vzaez le temps ». Cela se vérifie d'autant plus que les situations familières et populaires d'énonciation ont souvent un débit de parole élevé qui provoque une certain avalement articulatoire.

Un cas de confusion populaire : /o/ et /a/

Ce type de confusion se limite, selon Claude Poirier, aux discours familiers et le plus souvent devant la consonne /r/. Ainsi, « part » et « port » se confondront-ils.

La confusion se généralise à d'autres situations : un « débat » va alors se prononcer «°débo(o) ». Ce qui en fait un trait très stigmatisant du français québécois parlé c'est qu'elle affecte beaucoup de tics verbaux, ces petits mots qui ponctuent le discours oral non surveillé comme les « c'est ça, là », prononcé « c'est ço(o) lo(o) » et le « là » prononcé « lo(o) » dont la plupart des noms à mettre en valeur sont flanqués : « ce gars-là », « cette maudite affaire-là », etc.

On la retrouve, non plus en position finale, mais non moins fréquente, dans le nom du sport national canadien : « hockey » tout comme l'affirmation homonyme « okay » qui vont se prononcer tous les deux avec un /o/ tirant sur le /a/.

Les diphtongaisons

« Le français standard ne connaît pas les diphtongues ; ce phénomène crée un obstacle à l'intercompréhension entre Québécois et non-Québécois[95] ».

Laurent Santerre, en 1981, parle d'une « diphtongaison facultative [...] pratiquée à des degrés très divers selon les voyelles, l'accentuation, le débit, l'âge, l'instruction, les classes socio-économiques, les villes, les quartiers[96]. » Autant dire que la systématisation est impossible. « Tête », « pâte » ou « côte », « frère », « lavage » se prononceront respectivement « têite », « pâote », « caoute », « fraère », « lavaoge ».

Lionel Meney, en 1999, semble lui donner une place plus importante et la reconnaître comme une des caractéristiques principales du français québécois, populaire ou non.

—/a/ devient /ao/ comme « cadre » prononcé « caodre », « lavage », « lavoge ».

—/è/ devient /aè/ : « père », « mère » et « frère » se prononcent « paère », « maère » et « fraère ». On ne « rêve » pas, on « raève ».

—/i/ devient /éi/ : « vite » peut se prononcer « véite », « disque » devient « déisque », etc.

---

95. Lionel Meney, « Principales particularités du québécois », *Dictionnaire québécois français* (1999), *op. cit.*, p. xi.
96. Laurent Santerre, « Essai de définition du joual » (1981), *op. cit.*, p. 44.

—/o/ devient /ao/ : ainsi « encore » donne « encaore » et « mort », « maort ».

—/e/ devient /ae/ dont le célèbre exemple « beurre » prononcé « baeurre » et « fleur », « flaeur ».

—etc.

Les consonnes

/t/ et /d/

Le /t/ et le /d/ deviennent respectivement /ts/ et /dz/ devant les voyelles /u/ et /i/. Ce sont des « variantes générales sur le territoire du Québec, mais inconnues dans le domaine acadien », selon Claude Poirier. On en conclut qu'elles deviennent des « valeurs sûres » du français québécois parlé. « Tu dis », « maudit » se prononceront « tsu dzi » et « maodzi ».

/r/

Si les dictionnaires ne prennent pas souvent en compte cette caractéristique, parce que graphiquement irreprésentable en français, elle n'en reste pas moins importante. « Cette variante est usuelle en Acadie, s'entend souvent dans l'ouest du Québec », écrit Claude Poirier. Il s'agit d'un /r/ qui se prononce roulé, derrière les dents. Cette prononciation est aussi celle qui sert à différencier un Québécois (de la ville de Québec) d'un Montréalais. Même si elle ne s'y réduit pas, elle est pourtant associée à la ville de Montréal et a souvent été dépréciée par les habitants de Québec. Il faut noter que ce trait n'est plus tout à fait pertinent pour la jeune génération qui le perd peu à peu.

/t/ final.

C'est un archaïsme. En effet, en ancien et moyen français on prononçait encore les consonnes finales. Il est aujourd'hui une marque de prononciation populaire comme dans « litte » pour « lit », « boute » pour « bout », « deboute » pour « debout ». Par analogie, on trouve également « icitte » pour « ici ».

Quelques déformations de groupes consonantiques :

/di/ et et /ti/ suivis de voyelles.

Dans des cas comme « chantier » et « diable », on peut avoir l'évolution suivante : « chanquier » et « guiable ». On trouvera aussi « cimequière » pour « cimetière », « quiens » pour « tiens (verbe) », « méquier » pour « métier ».

Cette première transformation se poursuit par une autre, celle du /di+voyelle/ et /gui+voyelle/ en /y/ c'est-à-dire par la disparition du /d/

et du /gu/ : « diable » devenu « guiable » deviendra « yable », comme on trouve « canadien » et « canayen », « baguette » et « bayette », « Bon Dieu » et « Bonyeu ». Cette dernière étape est considérée comme populaire.

Chute des /l/, /r/ et /t/ finals dans les groupes consonantiques :

Ceci concerne les groupes de consonnes finales comme /ble/, /bre/, /tre/ mais aussi /sme/, /ste/, etc. Dans ces cas, c'est la première consonne qui reste. On trouvera « tabe » pour « table », « capabe » pour « capable », « arbe » pour « arbre », « quate » pour « quatre », « oncque » pour « oncle », « dentisse » pour « dentiste », « le resse » pour « le reste », « conservatisse » pour « conservatisme » sans oublier le sacre « Crisse » au lieu de « Christ ».

Chute du /l/ (phénomène de liaison)

—Dans les articles : « toutes les filles » deviendra « toué filles », « sur la table », « sua table », voire « sya table ».

—Les pronoms il/ils sont réduits à /i/, au singulier comme au pluriel, devant consonne et à /y/ devant voyelle : « il fait beau » va se prononcer « i fait beau », « il a faim » va se prononcer « y a faim ». Le pluriel, dans les cas de liaison avec la voyelle qui suit, va devenir /iz/ : « ils ont dit » sera « i-z-ont dit ».

—Les pronoms féminins, elle/elles, d'abord ouverts en /al/ devant voyelle vont se réduire à /a/ pour le singulier devant consonne et à /az/ pour le pluriel devant voyelle. Ainsi aura-t-on : « al est belle » au lieu de « elle est belle », « a sont belles » au lieu de « elles sont belles », « a décide » au lieu de « elle décide », « a-z-ont dit » au lieu de « elles ont dit ». La confusion entre les genres étant fréquente, il ne sera pas rare de trouver un /y/ à la place d'un /a/ devant voyelle comme par exemple : « y'est belle » pour « elle est belle ».

Remarques générales

Un des traits majeurs du français québécois est aussi, à l'échelle du morphème (du mot), la prononciation des vocables anglais. Ou le mot anglais est « francisé » : ainsi la ville de Boston est-elle prononcée /boston/ et non /bostone/, le « club » devient-il /club/ et non /cleub/, etc.

Beaucoup de mots sont cependant empruntés sans être transformés. La mélodie de la phrase sera alors particulière car elle mêle les codes phonétiques, les accents toniques, les longueurs de voyelles et les diphtongues de l'anglais et du français. Alors qu'un Français de France parle d'une voiture de marque Chrysler en insistant bien sur le /i/, un Québécois marquera la diphtongue /ai/, de même mange-t-on un steak (/stèk/) à Paris et un (/stéék/) à Montréal, etc.

Le cas du « e » dit muet

> *Le e muet lui aussi est un indicateur sociolinguistique assez fort, quoiqu'il joue de façon plus évidente dans la variation diatopique que sur le plan social*[97].

Le cas du /e/ muet se pose de trois façons :

1—L'élision normative devant voyelle comme « *l*'arbre », « *j*'avais », « billet *d*'amour », « on *m*'a dit », etc.

2—Sa chute en fin de mot —il faut comprendre dans la majorité des cas dits sans accent régional. Cependant, un locuteur du sud de la France prononce ces /e/ finals, normalement tus, de manière tellement appuyée certaines fois que certains écrivains les concrétisent par une graphie en « gue ». C'est la cas de Jean-Claude Germain qui fait intervenir un personnage marseillais :

> *Le Canayen*— Eh... j'voudrais pas vou-z-offenser, monsieur l'intendant, mais j'arrive pas à m'y faire han... Nou-z-autes on a p'tête un accent d'même... mais vous... vous parlez drôle... RARE !
> *L'intendant français*— Evidammengue que je parle drolle... je parle frantçais peuchère et de toute ma vie, j'ai jamais autangue parlé frantçais que depuis les deux angues que je suis là hé ! En Frantçe, heureusemengue, en dehors de Paris et de l'Île de Frantçe... le français c'est une langue étrangère... c'est la langue de la cour du Louis hé... Mais ici... c'est la langue de tout le monde... c'est le frantçais tout le tempsgue... c'est le frantçais universellementgue... et moi ça... avet le froid... ça me rend fada !...[98]

3—Un cas général pour lequel l'intérêt se porte sur la variabilité codifiée de la chute ou du maintien du /e/ muet :

> Quand il est suivi d'une consonne ou plus, l'« e » intérieur tombe après une seule consonne et se maintient après deux consonnes ou plus. Seul le nombre de consonnes qui précède a de l'importance : un « e » muet entouré de quatre consonnes peut chuter, s'il n'est précédé que d'une seule : l(e) scrupule[99].

Mais cela n'est pas si simple.

---

97. Françoise Gadet, *Le français ordinaire* (1997), *op. cit.*, p. 59.
98. Jean-Claude Germain, *Un Pays dont la devise est je m'oublie*, Montréal, VLB éditeur, 1976, « Deuxième tableau », p. 38-39.
99. Françoise Gadet, *Le français ordinaire* (1997), *op. cit.*, p. 59.

Dans certains cas, les /e/ obligatoires chutent et inversement, les chutes obligatoires de /e/ (élisions) n'ont pas lieu. Ce sont ces variations qui, étant des emplois hors norme, marquent socialement le discours.

Dans les constructions où interviennent les monosyllabes (je, me, te, se, ce, le, ne, de, que) la norme maintient les /e/ impairs comme dans « je m(e) le d(e)mande », alors que la variante populaire maintient les pairs : « j(e) me l(e) demande ».

La chute et le maintien du /e/ muet ont des conséquences sur les sons voisins. Ainsi une chute anormale comme dans « je sais » rapprochera-t-elle le /j/ du /s/ et l'évolution phonétique poursuit-elle son travail jusqu'au fameux « ch'ais ». Il en est de même pour « je suis », « je savais », etc. ou encore dans le diminutif très québécois « petit », devenu « ptit » puis « ti » comme dans « Ti-Coq », « Ti-Jean » et, on le verra, « Ti-pop ».

À l'inverse, dans une prononciation populaire, on peut remarquer l'insertion d'un /e/ parasite comme dans « pour rien » qui va s'articuler « pourre rien » ou « exprès » qui va se prononcer « exeprès » voire « exiprès ».

Dans la pratique orale de la langue, le discours est souvent interrompu par de nombreuses « scories » dues soit à des recherches de dénomination, soit à des hésitations, soit à des aphasies. La prononciation d'un /e/ plus ou moins soutenu et allongé est alors un des réflexes dans ces cas de crise du langage ; il est souvent retranscrit « euh ». Si son intrusion n'est pas un problème lors d'un acte de communication orale (l'écoute est sélective), elle le devient dès lors qu'il s'agit de retranscrire cet entretien ou de lui appliquer une grille syntaxique.

L'écrivain qui se réclame d'une langue réaliste et prétend rendre compte de ces particularités de prononciation devra leur trouver des solutions graphiques : apostrophes, ponctuation, ou même réécriture complète des mots.

Quelques évolutions phonétiques récentes

Dans la dernière publication en date du Conseil de la langue française[100], Denis Dumas offre un rapide bilan de l'évolution des prononciations. Il parle d'une « nette volonté d'affirmation » et d'un « alignement progressif sur un standard international ».

100. *Le Français au Québec, 400 ans d'histoire et de vie* (2000), *op. cit.*

Compte tenu de ce qui vient d'être dit, qui vaut pour la période d'écriture du texte étudié (1965-1968), on peut noter les acquis suivants selon deux axes opposés :

Accentuation de la variante :

1—La palatalisation (on prononce avec la langue sur le palet) de /t/ et /d/ en /ts/ et /dz/ (petit, bottine, dimanche, tulipe, actuel, etc.) est aujourd'hui admise comme « socialement neutre », dans la mesure toutefois où elle n'est pas trop appuyée. On l'entend dans les médias, elle est adoptée par les immigrants qui apprennent le français et elle est « reconnue comme fait acquis par les Francophones étrangers ».

2—La caractéristique « la plus originale » est l'ouverture des voyelles /i/, /u/ et /ou/ en /é/, /eû/ et /ô/ comme farine (/faréne/), juste (/jeûste/) ou bourse (/bôrse/). Il s'agit de variantes « solidement installées » dans la langue courante qui ouvre les voyelles trop tendues.

Alignement sur un français standard :
Certains traits jugés trop stigmatisants sont abandonnés :

1—Le /r/ roulé (prononcé avec la langue derrière les dents) cède la place au /r/ grasseyé (prononcé en raclant la gorge) ; ceci touchant tout le Québec sans distinction géographique ni sociale. C'est un fait majeur de la jeune génération.

2—La prononciation du /t/ final comme dans /nuitte/ s'estompe.

3—L'ouverture du /è/ en /à/ devant /r/ (« sarvir », « marci ») ou en fin de mot (« balà », « poulà »), perçue comme péjorative est réprouvée.

4—Les /wé/ ou /wè/ qui correspondent à la graphie « oi », perçus comme socialement déclassants ne sont pas acceptés dans la norme et font progressivement place à la prononciation du français international /wa/.

5—Les diphtongaisons (allongement des voyelles accentuées) font l'objet d'une « conscientisation », écrit Denis Dumas, mais elles sont encore bien présentes.

Cela vaut pour le français québécois standard. En ce qui concerne la pratique du joual, Georges Dor est loin de parler d'alignement et de normalisation : « Qu'en est-il, 35 ans plus tard, du parler joual que dénonçait un humble frère enseignant [Untel] ? Qu'on ne croie pas que les choses aient tellement changé depuis. [...] il est certain que dans la majorité des maisons on parle une langue approximative, et il n'en est pas moins vrai que dans un très grand nombre d'entre elles, on baragouine. Les enfants nés dans ces familles, n'ayant entendu que des lambeaux de langage, arrivent à l'école parlant déjà une langue en pièces détachées, déstructurée, émiettée, estropiée. C'était ainsi, quand j'étais petit dans mon village, et ça l'est encore[101]. »

Approche lexicale

Le point mis en avant par toutes les définitions est le caractère composite et composé du lexique joual. Composite, c'est-à-dire formé d'éléments hétéroclites (archaïsmes, emprunts aux vernaculaires amérindiens et surtout à l'anglais), composé c'est-à-dire où toutes les eaux de ces différents puits se mélangent, se colorent les unes les autres formant une unité significative (notamment par l'intégration des vocables étrangers par des processus relevant du calque, de la francisation par la prononciation ou la morphologie, etc.)

Si l'on se rappelle les contrées originaires des premiers colons, le nord-ouest de la France (principalement la Normandie), il est normal de retrouver quelques particularités lexicales de ces régions (l'importance des termes de marine vient de là). Les immigrants, s'ils venaient en majorité des villes françaises, par la force des choses, se retrouvent ruraux au Canada français et, coupés de la France, ne développeront pas certaines sphères du langage en français (termes qui augmentent aussi vite que les techniques de production industrielles). Comme l'industrie est aux Anglais, la langue de l'industrie et de l'économie est alors empruntée, calquée sur l'anglais. Dans les cas de contact de langues (au Québec en l'occurrence), l'emprunt peut prendre trois formes :

> La plus répandue consiste à employer un mot anglo-saxon en lieu et place de son équivalent français, pourtant dûment estampillé par arrêté de terminologie. Ainsi les spécialistes parlent-ils de *roaning* (déplacement d'un abonné mobile hors de sa zone de rattachement), alors que le français académique recommande « *itinérance* ». Deuxième type de franglais, l'usage de mots français dans un sens différent de leur acceptation classique directement calqué sur la signification de l'équivalent anglais : « *opérateur* », par analogie avec « *operator* », au lieu d'« *exploitant* » ; « *standard* », pour « *norme* » ;

101. Georges Dor, *Anna braillé ène shot (elle a beaucoup pleuré)* (1996), *op. cit.*, p 35 et p. 45-46.

> « *global* » à la place de « *mondial* », etc. Plus pernicieuse, la troisième catégorie vise à simplifier la grammaire française par mimétisme avec la syntaxe anglaise. D'où la tendance grandissante à supprimer les prépositions : « *communication longue distance* » au lieu de « *communication à longue distance* »[102].

Ayant déterminé le fond composite de cette variante, reste à voir ce que populaire ajoute au tableau. Il est d'usage de relever un lexique et un registre de langue relâchés. En effet, il faut certes prendre en compte les causes diachroniques et diatopiques de l'état d'une langue, mais aussi les causes diastratiques (en terme de niveau social).

Les emprunts sont socialement ciblés et ne proviennent ni des milieux mondains victoriens ni des salons littéraires parisiens —sinon détournés et exagérés par le parler du peuple et donc aussitôt abandonnés par la classe d'origine. Le rejet de l'Église se manifeste par la présence de nombreux jurons, les sacres, et du lexique scatologique que l'on retrouve, entre autres, chez M. Tremblay :

> D'une manière générale, le corpus tout entier est tributaire de ces notations prosaïques à la veine excrémentielle et l'on aurait beau jeu d'associer cette analité omniprésente aux tendances régressives des personnages[103].

Le caractère ordurier et vulgaire de ce vocabulaire est ce qui fut généralement reproché au naturalisme en littérature. Il faut penser aux critiques adressées à Émile Zola. Cette trivialité est à comprendre comme une recherche de retranscription de la réalité. Édouard, un personnage d'un roman de M. Tremblay, en donne une explication aussi claire que simple :

> Si vous saviez comme je suis tanné de parler de ça ! Déjà ! Deux fois dans la même soirée ! Mais c'est une des fonctions les plus importantes dans la vie d'une homme[104].

Je m'attacherai essentiellement à noter, dans le texte étudié, les emprunts à l'anglais (emprunts directs ou xénismes, emprunts déformés, puis calques ou traductions littérales), les termes ou

---

102. Philippe Baverel citant Marcel Thué : « Le snobisme de l'anglomanie, un engouement 'branché', signe d'une perte de confiance dans le français », *Le Monde*, 13 mars 1996.

103. Marie-Lyne Piccione, *Michel Tremblay, l'enfant multiple* (1999), *op. cit.*, p. 31.

104. Michel Tremblay, *Des Nouvelles d'Édouard*, Arles, Actes Sud, 1997, p. 222.

expressions populaires québécoises et enfin les sacres et les termes du registre vulgaire.

Approche morphosyntaxique

La morphologie

La langue est lexicalement plus libre et cela peut être un facteur d'enrichissement que certains écrivains ont compris comme un créneau poétique.

*Les « procédés de fabrication » :

La variante populaire présente de nombreuses possibilités de création grâce à la « machine » morphosyntaxique. Les processus morphologiques constituent une microsyntaxe : organisation de lexèmes (particules lexicales) et de grammèmes (particules grammaticales) en vue d'un ensemble cohérent, le mot. Ainsi, les principaux outils de construction sont-ils :

—*La dérivation par affixation* : on ajoute une particule en fin (suffixe) et/ou en début (préfixe) de mot comme *im*-mobil-*ité* ou encore, mange-*aille*, foll-*erie*, *dés*-âmer, etc. Le joual privilégie certains suffixes : « aille » (la mangeaille), « ard » (criard), « asse » (dégueulasse), « erie » (des menteries), « able » (parlable, allable), les diminutifs « et/ette » (tabarouette au lieu du sacre tabarnacle) ou encore des suffixes péjoratifs comme le « eux » dans « quéteux », « menteux » ou le « oune » de « guidoune ». Ce dernier sert souvent à intégrer les vocables anglais tels « balloune » ou « baboune ». Certains suffixes verbaux sont aussi privilégiés : la création verbale se fait la plupart du temps sur le modèle des verbes dits du premier groupe, en « er », avec l'utilisation d'un ou plusieurs affixes. Ainsi peut-on trouver des formes comme « renmieuter » au sens de « devenir meilleur », « bavasser », etc.

—*La dérivation dite impropre* par changement de classe grammaticale (lorsqu'on fait un nom d'un adjectif ou d'un adjectif un adverbe, etc.). Lionel Meney indique plus particulièrement le cas des adjectifs-adverbes comme « certain », « correct » dans « venir certain », « parler correct ». J'ajoute aussi « rare » comme dans « il est beau rare ».

—*L'abréviation* qui consiste en une réduction comme « coca » ou *coke* viennent de Coca Cola, etc. Chaque langue a ses propres règles d'abréviation et ce n'est pas toujours le début du mot qui est conservé.

—*La composition,* processus inverse, est un allongement du terme. C'est ici que se rangent habituellement les mots-valises. Cela consiste à « coller » deux termes par un trait d'union pour n'en faire plus qu'un seul. Procédé de création par hybridation très oulipien, si l'on pense à Georges Perec, très kafkaïen aussi si l'on pense à ce qu'est la métamorphose du « devenir-animal ».

*La morphologie verbale (et pronominale) :

—Le système des conjugaisons réduit l'utilisation du subjonctif à quelques expressions courantes, remplace le futur simple par le futur périphrastique (« aller » au présent suivi de l'infinitif), et subit quelques ajustements, notamment pour les verbes irréguliers. Certains linguistes ont même parlé d'un nouveau paradigme du verbe être :

« *Chu* (je suis), *t'é* (tu es), *y est* (il est), *ouin* (nous sommes), *vous êtes*, *y sont* (ils sont) » et « *y sontaient* » pour l'imparfait.

Georges Dor le déplore : « Si on enseignait à dire, au cours primaire, seulement le verbe être à l'indicatif présent : je suis, tu es, il est, nous sommes, vous êtes et ils sont, le langage des Québécois en serait un jour transformé[105]. »

—On peut ajouter à cela le cas des pronoms « il » et « elle » qui deviennent /y(z)/ et /a(l)/. Ils ont déjà été mentionnés dans l'analyse phonétique. L'utilisation indifférente de « nous » et « on » est aussi une caractéristique de l'oralité.

—Enfin, le problème de l'attribution du genre. Une confusion existe pour certains mots, pour diverses causes d'ailleurs (archaïsme, influence phonétique ou influence de l'anglais). Il ne sera pas rare d'entendre « une orage », « une autobus » mais « un radio », « un auto ».

L'appel à une forme non-normative intervient dans un premier cas quand le locuteur n'a pas à sa disposition les compétences nécessaires pour s'exprimer. Cela relève de lacunes du locuteur par rapport à un vocable existant mais qu'il ne connaît pas. Le recours systématique à ce procédé variant est alors perçu comme un appauvrissement du français qui s'émiette.

Dans un second cas, les formes non-normatives ne répondent pas seulement à des lacunes du locuteur mais à des lacunes de la langue face à ce que ce dernier veut exprimer : c'est le cas de l'écrivain qui

---

105. Georges Dor, *Anna braillé ène shot (elle a beaucoup pleuré)* (1996), *op. cit.*, p. 62.

crée une nouvelle forme pour répondre à ses besoins. La création devient alors poétique puisqu'elle est le résultat d'une recherche et non d'un renoncement. Dans ce cas-là, on parle plutôt d'enrichissement : « l'écrivain véritable est un homme qui ne trouve pas ses mots. Alors, il les cherche. Et en les cherchant il trouve mieux[106] ».

La syntaxe

> *Construire une phrase, c'est mettre la vie dans une masse amorphe de mots en établissant entre eux un ensemble de connexions*[107].

La variante orale (production en situation et relevant d'autres marques syntaxiques que celles de l'écrit) et populaire (pas de surveillance particulière du langage) se démarque principalement par un souci accru d'efficacité et d'expressivité. Et dans ces cas-là, « une des notions qui 'saute' c'est celle de phrase, précise Claire Blanche-Benveniste : impossible de découper dans le parlé quelque chose qui corresponde à la notion de phrase pour l'écrit. Encore faut-il avoir une théorie qui permette de savoir quelles autres unités on va faire servir pour l'analyse de ces productions[108]. »

Marie-Christine Hazaël-Massieux propose de réactiver la notion de période[109] en prenant soin toutefois d'éviter une confusion trop rapide avec la période dite oratoire appartenant au vocabulaire rhétorique traditionnel :

> Si j'ai opté pour ce terme, c'est en retenant effectivement l'idée d'assemblage ou de construction plus ou moins complexe et l'idée de variété des composants qui est contenue dans la définition rhétorique, une idée sous-jacente aussi sans-doute, de longueur [...] mais sans *a priori* sur l'idée d'harmonie de la construction en question. [la période est alors définie comme] 'l'unité supérieure de langue orale, dont

---

106. Paul Valéry, « Poïétique » dans *Cahiers*, Paris, Gallimard, Bibliothèque de La Pléiade, tome 2, 1974, p. 987.
107. Lucien Tesnière cité dans *Le Français langue africaine, enjeux et atouts pour la francophonie*, Gervais Mendo Ze (dir.) et Ambroise Queffélec (préf.), Paris, Publisud, 1999, p. 191.
108. Claire Blanche-Benveniste et Colette Jean-Jean, *Le Français parlé, transcription et édition*, Paris, Institut national de la langue française, Didier érudition, 1986, p. 89.
109. Voir aussi ce qu'en dit Alain Berrendonner, « Périodes », dans *Temps et discours*, H. Parret (éd.), Presses Universitaires de Louvain, 1993, p. 47-61.

> les limites formelles sont caractérisées principalement par des données intonatives'[110].

De là découlent des processus de mise en valeur : détachement, dislocation, redondances, etc. Les phrases seront courtes et ne suivront pas forcément le schéma canonique : sujet-verbe-complément. La rareté des marqueurs syntaxiques explicites (inversion, conjonction, coordination, etc.) sera compensée par l'intonation.

Je renvoie à l'étude du texte pour plus de détails et mentionne principalement :

*Des redoublements et des mises en valeur (phénomène d'emphase syntaxique)

—Redoublement du sujet : « moi, je », « Les voisins, ils », « nous, on a fait ça », etc.

—Des apostrophes dites rhétoriques qui rejoignent en partie les redoublements du sujet. « Un nom est apostrophe rhétorique quand il représente la personne à qui l'on s'adresse. L'apostrophe rhétorique est entre deux virgules, sauf si elle termine ou commence la phrase ». Comme dans « Je t'en prie, André, ferme la porte » ou « c'est à vous que je parle, mesdames »[111]. C'est dans ce sens que j'ai compris les propos de Suzanne Caroll qui s'attache à montrer que « les dislocations ne sont pas si populaires que ça », mais qu'elles caractérisent plus largement l'énonciation orale. Elle remarque également que « la dislocation est un processus de mise en relief et qu'il existe d'autres stratégies de mise en relief des adjectifs en français populaire, telle la réduplication, l'emploi d'intensificateurs lexicaux ou l'intonation. »[112]

—Formules présentatives : « il y a… qui », « ça fait… que », « voilà… qui », « c'est… qui », « ce qui… c'est que », etc.

---

110. Marie-Christine Hazaël-Massieux, « De quelques avatars de la période en français et en créole : de l'oral à l'écrit », dans *Travaux du CLAIX* (1995), *op. cit.*, p. 15. Voir aussi son autre article : « De la période à la phrase ou de l'oralité à l'écriture : quelques remarques sur la structure de l'unité de communication », dans *Mémoires de la société de linguistique de Paris*, nouvelle série, tome II, « La phrase : énonciation et information », Klincksieck, 1994, p. 91-130.

111. Aurèle Ramat, *Le Ramat de la grammaire*, Montréal, Editions Aurèle Ramat, 1996, p. 24.

112. Suzanne Carroll, « Les dislocations ne sont pas si populaires que ça », dans *La Syntaxe comparée du français standard et populaire : approches formelle et fonctionnelle*, Claire Lefebvre (dir.), Montréal, Office de la langue française, 2 tomes, tome 2, 1982, p. 211 à 246, citation p. 215.

*Une reformulation des interrogations :

—Une disparition des inversions interrogatives : « veux-tu venir ? » laissera place à « tu veux venir ? » ou « tu viens ? »

—Une utilisation du « tu » comme particule interrogative à toutes les personnes comme dans le « ta mé tu là (ta mère est-elle là) ? » du même Georges Dor. Ce qui peut donner des formes comme « tu viens-tu ? ».

—Claire Lefebvre, qui a constitué un corpus de français parlé à Montréal, a analysé « les mots WH en français vernaculaire et leur insertion dans la grammaire du français[113] ». Elle montre combien la pratique orale populaire est plus riche en terme de créativité que la pratique écrite. L'oral est compris comme le lieu d'évolution de la langue parce qu'il est le lieu privilégié de la variation. S'il existe six mots WH simples dans la langue standard (qui, quoi, où, quand, comment, combien, pourquoi), le français vernaculaire, par la composition phonétique avec « est-ce que » et « ce que », dépasse la vingtaine de formes (« ousque », « commensque », etc).

*Des accords sémantiques (encore nommés syllepses) dans les cas des noms collectifs singuliers seuls comme la foule, la plupart, le monde, etc. : « le monde sont beaux », « le monde vont venir ».

*Les négations :

—La négation est incomplète : « je ne sais pas » devient « je sais pas ». C'est un trait courant de l'oralité. La négation incomplète est aussi un marque de discours soutenu mais seulement quand la deuxième composante (« pas », « plus ») disparaît : « je ne sais ».

—Le français québécois présente dans quelques cas la particularité inverse, une insistance sur la négation qui donne à un non-Québécois une impression de redondance avec les formes « rien », « aucun » et « personne » comme « y a pas personne », « je veux pas rien », « y m' a pas laissé aucun message ». Il s'agit d'un archaïsme.

113. « Le Répertoire des mots WH en français vernaculaire et leur insertion dans la grammaire du français », *La Syntaxe comparée du français standard et populaire : approches formelle et fonctionnelle,* Claire Lefebvre (dir.), *op. cit.*, tome 2, p. 73 à 125. Mots WH : mots qui commencent par « wh » en anglais : *what, who, why, when*, etc.

*Les *qui qui* et les *que que*[114] :

—La toute puissance « relative » du que :

La forme « que » remplace aisément les autres pronoms relatifs compléments, ce qui a des incidences sur la phrase entière :

Au lieu de dont : « la personne que je te parle », « le gâteau que j'ai envie », « les livres que nous avons besoin », etc.

Au lieu de qui ou *lequel/laquelle* : « le boss que je travaille pour » ; « le lit que je suis couchée dessus » ; « la fille que je sors avec ». Dans ce dernier cas, la préposition devient orpheline, elle est rejetée à la fin de la phrase, ce qui produit un effet de dislocation, de déstructuration. Si ce phénomène est observable ailleurs qu'au Québec, il y est cependant beaucoup plus présent. On peut y voir une influence de l'anglais pour qui l'« abandon de la préposition » est une règle syntaxique : « the girl I speak with », etc.

—Les « qui qui » et les « que que » sont des réduplications communes dans les interrogatives. « Qui qui » a le sens de « Qui est-ce qui... ? » comme dans « Qui qui veut un jus (un café) ? » et « que que » le sens de « qu'est-ce que... ? » comme dans « que qu'tu dis ? » qui se prononce /kèk tsu dzi/. Georges Dor, avec le ton qu'on lui connaît, en fait la caractéristique de la langue des journalistes, mais l'ouvrage du même nom ne concerne que très partiellement ce trait. Il relie l'emploi abusif et excessif du « qui » et du « que » à l'importance des structures présentatives : « ainsi au lieu de dire simplement et clairement les choses, ils [les journalistes] commencent trop souvent leurs phrases par : « il y a... ». Cette manie est infiniment répandue chez les journalistes à la télévision. Elle alourdit inutilement la phrase en obligeant à l'emploi des *qui* et des *que*[115]. »

*Le cas du « pis » :

Des analyses ont été présentées dans une publication du Groupe Aixois de Recherche en Syntaxe (GARS). Il est distingué plusieurs fonctions :

—Le « pis » sert à coordonner des syntagmes nominaux ou des propositions indépendantes : « Jean pis Paul pis eux-autres » ou « j'ai attendu pendant une heure pis je suis partie ».

---

114. Titre d'un essai de Georges Dor, *Les qui et les que que ou le français torturé à la télé*, troisième et dernier essai sur le langage parlé des Québécois, Montréal, Lanctôt, 1998.

115. Georges Dor, *Anna braillé ène shot (elle a beaucoup pleuré)* (1996), *op. cit.*, p. 167-168.

—Il sert à coordonner deux propositions subordonnées, on le trouve alors associé à un « que » : « je lui ai dit que je partais pis qu'y avait rien à faire ».

—Il peut être un marqueur d'interaction, c'est-à-dire qu'il appartient aux « éléments linguistiques qui établissent un rapport séquentiel entre les phrases du discours et entre les locuteurs dans le contexte de la communication verbale ». Il permet un découpage du discours oral, sert de repère pour marquer les limites des différentes propositions.

—Il peut être « remplisseur de pause », au même titre que le « euh… », déjà évoqué.

—Et finalement, plus simplement, il assure la fonction phatique dans le schéma de la communication, c'est-à-dire qu'il vise à vérifier que l'interlocuteur est bien sur le bon « canal ». Les linguistes le précisent comme étant une « requête en vue d'un stimulus interactionnel. »[116]

Je cesse ici une liste de remarques et d'études qui leur sont relatives qui n'en finirait pas, préférant maintenant examiner le texte de M. Tremblay à la lumière de ces quelques pistes dégagées.

---

116. Alain Giacomi, Henriette Cedergren et Malcah Yaeger, « PI, ET PI… PI QUE, à Montréal », *Recherches sur le français parlé*, G. A. R. S., n°1, mars 1977, Aix en Provence, Université de Provence, p. 87 à 99.

Chapitre II ~
La « chevauchee » des Belles-Sœurs

Quand la parole « jette l'encre »

Prosodie, rythme et structure générale

Le discours est moins articulé syntaxiquement, il repose de façon cruciale sur les phénomènes intonatifs[117].

Quelques éléments de ponctuation et de tonalité

J'ai choisi d'aborder le côté textuel du théâtre, c'est donc une prosodie d'un autre espace qu'il faut considérer. La « mise en texte » du joual transforme l'espace sonore de la langue en espace graphique, si l'on peut dire. La *trans*-cription de la parole, si elle est aboutie, oblige à quelques aménagements syntaxiques, à une uniformisation *ortho*-graphique, etc. C'est ce que fait remarquer Alain Berrendonner lorsqu'il définit la phrase et la période :

> L'orthographe impose tout d'abord une tâche de segmentation du discours : pratiquement, l'apprenant [ou l'écrivain] doit convertir une suite de périodes, elles-mêmes formées d'énonciations successives, en une suite de phrases. Ce découpage graphique donne lieu à deux types d'erreurs par sur-généralisation. L'une consiste à établir une bijection entre les périodes et les phrases, si bien que les ponctuations fortes apparaissent rares et excessivement distantes. [...] La solution inverse consiste à mettre en équivalence la phrase et l'énonciation. Elle tend à utiliser les ponctuations fortes

117. Françoise Gadet, *Le Français populaire*, Paris, Presses Universitaires de France, coll. « Que sais-je ? », 1997, p. 30.

> comme marqueurs syntaxiques [...] d'où une tendance à l'émiettement du texte[118].

L'écrivain peut lui aussi être mis à la place de cet « apprenant » à la seule différence que son « erreur » est volontaire, qu'elle est même le fruit d'une recherche esthétique. L'intention réaliste vise bien à « mettre en équivalence la phrase et l'énonciation ». Et il vrai que Michel Tremblay découpe son texte, le tranche au moyen de ponctuations fortes. Je m'attacherai donc à interpréter ces marques et leur fréquence comme renvoyant à des phénomènes prosodiques. Il faut cependant émettre les réserves nécessaires à une telle approche. Il est clairement démontré que la ponctuation n'est qu'un moyen imparfait de marquer une intonation par écrit : deux personnes ponctueront différemment le même texte.

Les didascalies et incises constituent aussi des indications sur la prononciation. Les formes relevées vont de la manière de parler à l'indication de pauses en passant par le nombre de locutrices et les émotions susceptibles de transparaître dans leur voix :

« Et crie » (26), « toutes » (27 et 50), « toutes les autres rient » (28), « les femmes rient » (38-47 et 61), « elle éclate de rire » (39), « après un soupir » (44), « elle baisse les yeux et murmure » (54), « les femmes éclatent de rire » (54), « bas à Linda » (62), « avec un rire gras » (63), « en aparté » (70), « après un silence » (76), « en riant très fort » (78), « long soupir » (82), « les quatre autres femmes crient des numéros de bingo en contrepoint, d'une façon très rythmée » (86), « un temps » (83x3), « silence » (85-101 et 102), « insinuante » (99), « en riant » (102), « au bord des larmes » (102), « sèchement » (104), « elle rit » (106).

Ces indications de régie concernent tout autant les jeux de lumières qui constituent des zooms sur les personnages, indiquant alors des phénomènes de répartition du discours. Le dernier type de didascalie informe sur les déplacements et les adresses du regard des locutrices entre elles.

Pour revenir à l'élément ponctuation, la situation de l'écrivain est problématique. Il n'a que peu de signes à sa disposition pour retraduire les faits intonatifs. Ces derniers recouvrent par conséquent plusieurs phénomènes, notamment les points exclamatifs et les points de suspension.

---

118. Alain Berrendonner, « La phrase et les articulations du discours », *Le Français dans le monde*, n° spéc., 1993.

Les chiffres sont le moins que l'on puisse dire « parlants ». On trouve 1485 points d'exclamation, 210 points d'interrogation, 443 points de suspension, mais aussi des guillemets pour les paroles rapportées qui indiquent une variation. On peut regretter que M. Tremblay n'ait pas utilisé le système d' Hervé Bazin qui crée six points d'intonation[119] et dont le ludique met en évidence l'incapacité à reproduire, par des signes écrits, la totalité et l'unicité des faits oraux. À chaque acte d'énonciation devrait ainsi correspondre une ponctuation particulière…

Revenons brièvement sur chaque marque dite de ponctuation forte.

Le point d'exclamation est un marqueur de sentiments qui vont de l'étonnement à la colère en passant quelquefois par l'interrogation. Il est de loin le plus riche et le plus expressif.

Le point d'interrogation marque bien sûr l'intonation interrogative, le plus souvent caractérisée par une courbe mélodique montante. Il est très utile à l'écrit car il permet de reconnaître un mode interrogatif que la syntaxe parlée populaire aurait trahi : l'inversion du sujet y étant plus rare.

Les points de suspension peuvent quant à eux marquer l'hésitation, les ruptures de parole ou les interrogations lorsqu'ils laissent le terme recherché suspendu aux lèvres de l'interlocuteur : « Un point c'est tout, trois points, ce n'est pas tout[120] », disait Paul Claudel.

Quelques éléments rythmiques

Le phénomène d'énumération, très présent et à des fins comiques, est poussé à l'extrême et aboutit à un rythme automatique et machinal qui reflète le « train-train quotidien » ou l'incapacité des locutrices à synthétiser leurs propos :

> *Germaine Lauzon*— […] C'est pas creyable ! J'pense que j'vas pouvoir toute prendre c'qu'y'a d'dans ! J'vas toute meubler ma maison en neuf ! J'vas avoir un poêle, un frigidaire, un set de cuisine… J'pense que j'vas prendre le rouge avec des étoiles dorées. J'sais pas si tu l'as déjà vu… Y'est assez beau, aie ! J'vas avoir des chaudrons, une coutellerie, un set de vaisselle, des salières, des poivrières, des verres en verre taillé avec le motif

---

119. Hervé Bazin, *Plumons l'oiseau,* Paris, Grasset, 1966, p. 142 et « saynète d'illustration » p. 143, dans *La Ponctuation*, Nina Catach, Paris, Presses Universitaires de France, 1996 (2ème éd.), p. 9.

120. Paul Claudel cité par Nina Catach, *La Ponctuation* (1996), *op. cit.*, p. 63.

« Caprice » là, t'sais si y sont beaux [...] pis toute la patente, là. (19-20)

[*Collectif*]— Là, là, j'travaille comme une enragée, jusqu'à midi. J'lave. Les robes, les jupes, les bas, les chandails, les pantalons, les canneçons, les brassières, tout y passe ! Pis frotte, pis tord, pis refrotte, pis rince... [...] toujours la même maudite affaire [...] Chus tannée de mener une maudite vie plate ! une maudite vie plate ! une maud...(23-24)

Yvette Longpré— C'était la fête de ma belle-sœur Fleur-Ange, la semaine passée. Y'ont faite un beau party. On était une grosse gang. D'abord, y'avait sa famille à elle, hein ! Son mari, Oscar David, elle, Fleur-Ange David, pis leurs sept s'enfants : Raymonde, Claude, Lisette, Fernand, Réal, Micheline, pis Yves. Y'avait les parents de son mari : Aurèle David pis sa dame Ozéa David. Y'avait ensuite la mère de ma belle-sœur, Blanche Tremblay. Son père était pas là, y'est mort... Ensuite, y'avait les autres invités : [46 noms]. Bon, ben, c't'a peu près toute, j'pense...(82-83)

À l'échelle du texte, il y a des répétitions et des reprises de passages entiers :

—La rengaine de la « maudite vie plate » est reprise deux fois, en alternance avec le très lyrique « Dès que le soleil a commencé à caresser de ses rayons les petites fleurs... » de Lisette de Courval.

—L'« ode au bingo », introduite par la même de Courval, est rythmée par l'échange « Pis avez-vous gagné quequ'chose, toujours ?/ J'ai-tu l'air de quelqu'un qui a gagné quequ'chose ! ». Celle qui interroge est toujours Gabrielle Jodoin mais celle qui répond change.

—Et plus simplement, le rythme plus ou moins soutenu des échanges. On alterne entre de longs monologues et des échanges presque stichomythiques (répliques très brèves) avec des interventions du chœur des femmes comme intermèdes.

Le rythme est marqué par une ponctuation externe drue mais d'autant plus soutenu par une ponctuation interne, les « appuis du discours », très nombreux et caractéristiques du mode de production oral. Ils sont en proportion plus importante en français populaire et subissent la plupart du temps un écrasement phonétique du fait de leur situation inaccentuée dans la phrase. Ils sont évoqués maintenant plutôt que dans une approche lexicale ou syntaxique, car ils sont précisément hors structure et sont dépourvus de fonctions sémantiques et grammaticales au sens strict. S'ils ont un sens et une fonction, il faut plutôt les chercher du côté de la pragmatique. On trouve « Ben», « pis », « euh », « hein », « T'nez », « T'sais », « ça fait que ». Ils peuvent être placés en attaque ou en fin de phrase, ou bien à l'articulation d'un propos.

M. Tremblay n'emploie que cinq fois le fameux « t'sais » calqué sur l'anglais *you know* qui est pourtant un vrai « tic verbal » au Québec. Il est quasiment absent du texte. Il n'est pas particulier aux Québécois sinon en question de proportion. Même dans un échange où deux personnes se vouvoient, il apparaît comme ponctuation du discours, ce qui prouve encore une fois sa désémantisation et sa dégrammaticalisation.

Ces mêmes termes peuvent dans d'autres cas servir à exprimer la coordination, à remplacer certains adverbes et conservent leur importance syntaxique et sémantique : « pis » et « puis » au sens de « et » et « ben » au sens de « très ».

Les variations vocaliques (généralités et e muet)

Le texte de M. Tremblay offre comme exemple le plus caractéristique l'ouverture du /è/ en /a/ devant /r/, mais de façon anarchique.

—Il y a le radical « sarv- » comme dans « sarvice » et « sarvante » mais « servir » (pourtant chez un locuteur autre que Lisette de Courval), « marde », « marci », « énarver (conj.) », « narveuse », « parsonne », « farmer (conj.) » dont « mal-farmée ». Remarquons ici que cette dernière déformation phonétique a une incidence sur la sémantique et devient par là-même presque une figure de style.

—Cette particularité est déjà relevée par Ferdinand Brunot, disant qu'au XVIème siècle, on constatait deux tendances contradictoires : « Les dames et les courtisanes prononçaient /è/ au lieu de /a/, le peuple prononçait /a/ au lieu de /è/ ». Le passage de /è/ à /a/ devant /r/ était déjà un fait de l'ancien français. Ce n'est qu'au XVIIème siècle que s'est établie la distinction entre /è/ et /a/. « /è/, dit Vaugelas, est plus doux que /a/, mais il n'en faut pas abuser, comme font plusieurs ». En effet, la petite bourgeoisie avait tendance à imiter la Cour, c'est-à-dire à « parler pointu », prononçant « boulevert » pour « boulevard », et « il n'en fallait pas plus pour qu'on se récriât, et qu'on préférât boulevard. Ce n'est pas la seule fois que des gens du monde renoncent à leurs opinions préférées, sitôt qu'ils les voient partagées. »[121] Le « bien perler » relèverait donc d'un « chic » vulgarisé… c'est-à-dire d'un snobisme ringard.

—« Elle » se réduit le plus souvent à /a/ devant consonne et /al/ devant voyelle pour le pronom sujet ; il est cependant conservé comme pronom tonique (accentué) : 49 occurrences en régime prépositionnel (suivant « avec », « après », « à »), ou en forme détachée comme dans : « elle, a l'a la grosse étoile de vison » (48).

—On peut aborder ici la réduction du pronom sujet « il » et du pronom complément « lui ». « Il » est réduit à « y » : « y'est », « y'avait l'air fin ». Le « il » est uniquement conservé dans les paroles rapportées, empruntées ou devenues quasiment locutions : « s'il-vous-plaît », « être bien en s'il-vous-plaît » au sens d'« être très bien ». « Lui » est aussi réduit à « y » dans les régimes prépositionnels mais conservé en détachement : « j'y ai dit marci » mais « lui, y'est trop jeune » (51).

L'inverse, fermeture et non plus ouverture, existe aussi mais pour un seul mot qui reprend alors sa prononciation tendue de l'« Urope » du XVIIème siècle. Il s'agit de « perler » *vs* « parler ». Dans son *Histoire de la langue française*, Ferdinand Brunot a également noté ces incertitudes de prononciation entre prononciation parisienne et prononciation provinciale :

> Le fait le plus caractéristique en ce genre est la distinction faite entre les mots écrits par *eu*, dont les uns doivent être prononcés *oe* et les autres *u*. […] Il fallut assez longtemps pour déraciner l'usage, qui paraît avoir été très répandu et qui était fort commode pour les poètes de rimer *eu* et *u* (Oudin donne encore nœud et nu). […] Dans les mots suivants, qu'on lisait des yeux sans les avoir appris par l'oreille, ou pour lesquels on ne voulait pas suivre la prononciation populaire, *oe* et *u* hésitèrent longtemps : […] Europe, […] ; on les a souvent prononcés avec *u* jusqu'au début du XIXème siècle[122].

La prononciation en /wé/ du « oi ». Ce son est prononcé comme l'ancien français. On le remarque dans les pronoms « toé » (53 occurrences et aucune pour la forme « toi ») et « moé » (166 occurrences contre 9 pour la forme « moi »). Même remarque pour le

---

121. Ferdinand Brunot *Histoire de la langue française*, citant Vaugelas, tome IV, 1660-1715, Paris, Armand Colin, 1967, p. 174,175 et 176.

122. Ferdinand Brunot, *Histoire de la langue française* (1967), tome IV, *op. cit.*, p. 173-174.

nom « boésson ». Il y a même une réduction complète à /é/ pour le radical de croire : « c'est pas creyable » et « j'cré ben ».

Le /ou/ devient /u/ : « tu-suite », « tu-seule(s) », « tu-sortes de ». Mais le /ou/ devant /t/ prononcé se conserve : « tu vas toute gâter », « toute répéter », « après toute ».

La chute du /e/ n'est pas un fait populaire mais plus généralement un phénomène dû au mode de production oral. Il y a deux cas, celui où la chute est obligatoire (élision devant voyelle, en final de mot ou de groupe) et celui dit général (/e/ caduc si précédé d'une seule consonne et conservé si précédé de deux consonnes ou plus). Dans ce dernier cas, il faut noter que plus la situation est familière et plus le locuteur est situé bas dans l'échelle sociale, plus il y a de chances que les /e/ tombent. Cette chute se manifeste dans l'écriture par l'invasion d'apostrophes. M. Tremblay utilise beaucoup ce procédé graphique.

L'inverse, ajout, existe comme dans « exiprès » (45-58 et 60). Le « exeuprès » de la *Zazie* de Raymond Queneau n'est donc pas loin.

Autres particularités remarquables

Ce dernier phénomène (chute du /e/) peut entraîner des agglutinations, stigmatisées ensuite dans la graphie par la littérature. M. Tremblay n'y échappe pas : en employant ce fameux « chus », issu de « je » et « suis » (75 occurrences contre 2 pour la forme « je suis » employée par Lisette de Courval). Une question peut cependant se poser : pourquoi réserve-t-il cet usage au verbe « être » et ne l'étend-il pas, comme il serait logique de le faire, au verbe savoir ? « Je sais » en reste au stade de « j'sais » alors que certains écrivains le poussent jusqu'au « chais ». Peut-être parce que le « chus » est la valeur sûre du pittoresque québécois...

Une pratique orale populaire de la langue offre quelques beaux exemples de cuirs et de velours, liaisons fautives en /t/ et /z/ par analogie avec des formes correctes. Ces phénomènes sont généralement définis comme des hypercorrections, c'est-à-dire que le locuteur, consciemment ou non, croit bien faire et agit en toute logique. La prononciation des liaisons est généralement perçue comme positivement classante dans la mesure où, bien sûr, elles sont correctes. Les cuirs et velours sont donc précisément ce qui fait des Belles-sœurs des précieuses... ridicules.

—**Les cuirs :** « chus t'allée » (16), « je suis t'allée » (25), « j't'écoeurée » (23 et 90), « chus (pas) t'obligée » (25-34-95), « chus t'assez excitée/vieille » (86-98), « chus t'énarvée » (86), « tu dois t'être habituée [123].» (100)

Ce phénomène peut être défini comme relevant d'un processus analogique avec la conjugaison de la troisième personne du singulier : « chus t'allée », analogie de « je suis allée » avec la troisième personne : « il est-allé », ce qui donne « je suis t'allée » puis l'élision de « je suis » en « j'suis » puis en « chus » pour aboutir à « chus t'allée ».

—**Les velours :** « j'leu s'ai dit/donné » (21-38), « parlez-moé-s'en pas ! » (35-40), « fais-toé-s'en pas » (98), « entre s'amis » (48), « dix-sept s'opérations » (63), « leur sept s'enfants » (87).

On remarque une simplification des groupes finals /tr/ et /vr/ respectivement en /t/ et /v/ : « vot' sacoche », « d'aut'choses », « l'aut'boute », « pauv'fille ». Cependant, dans l'expression « eux-autres », les deux consonnes sont maintenues. On peut noter, au passage, que là aussi la lourdeur de l'expression est le fait d'un parler propre au Québec en ce qui concerne les fréquences d'emploi mais pas quant à l'exclusivité de cet usage. M. Tremblay utilise encore un lieu commun de la « parlure » qu'il caricature.

L'autre simplification majeure est celle du groupe /pl/ dans « plus » qui devient « pus ». La simplification est sélective et ne concerne que les fonctions de négation : 53 occurrences de la forme « pus » en fonction de négation et 49 occurrences de la forme « plus » en comparatif ou superlatif.

Le /l/ disparaît également, mais de façon attendue, quoique non systématique, dans le groupe /lk/ dans « quelqu'un » qui devient « quequ'un » et « quelque chose » qui devient « quequ' chose », « quelque temps » qui devient « quequ'temps ».

On remarque que le /t/ final est prononcé mais dans des cas particuliers : « toute » et dans les locutions dérivées « après toute ». Ce qui me fait dire que M. Tremblay insiste lorsqu'il veut que cela soit remarqué puisqu'il ajoute un « e », « boute », « litte » et « icitte » par analogie.

---

123. Le doute demeure quant à cette forme qui peut aussi être considérée dans un emploi pronominal du verbe : s'habituer.

Quand l'Urope se canayanise…

Pis l'Urope […] on en rencontre pas des Germaine Lauzon, par là ! À Paris, tout le monde perle bien, c'est du vrai français partout[124].

Hors Paris, il n'y a point de salut pour les belles [sœurs], *ni pour les honnêtes gens*[125].

Les définitions générales du joual sont peu nombreuses à prendre en compte les variations individuelles et situationnelles intrinsèques au parler joual. Laurent Santerre parle d'« une manière de parler […] qui […] peut se retrouver plus ou moins prononcée à différents niveaux. » Georges Dor semble compléter :

> Le joual n'est pas uniforme et il se manifeste aussi bien dans la syntaxe que dans la prononciation, allant de la picouille au joual de race, si je puis dire, d'où la difficulté de lui trouver des lois et d'en fixer les règles. Ainsi :
> « *Mon boss veut nouère* » est du joual picouille, car on n'y retrouve ni le *m* de « me » n le *v* de « voir ».
> « *Mon boss veut mouère* » est du joual de trait ; on y perçoit le *m* du « me » que l'on escamote.
> « *Mon boss veut me vouère* » est du joual d'attelage de parade, puisque le « me » est parfaitement audible, de même que le *v* du verbe voir, que l'on transforme toutefois en *ouère*, comme on le fait au Québec de la plupart des mots en « oir »[126].

M. Tremblay met quinze femmes sur scène. Elles correspondent toutes à un type avec néanmoins, sur le plan linguistique, deux grandes unités distinguables : il y a les « Germaine Lauzon », elle même érigée en type par sa complémentaire, et cette dernière Lisette de Courval, la « précieuse ».

Elles sont aussi des extrêmes sur le plan dramatique puisqu'elles ne se parlent presque jamais. Les composantes du trio familial Lauzon, Jodoin et Ouimet —puis Pierrette Guérin à la fin qui est en quelque sorte l'acmé du type— sont assimilables les unes aux autres puisqu'elles sont de véritables sœurs et qu'elles monopolisent la moitié des prises de paroles, soit un rapport d'environ 400/800.

---

124. Michel Tremblay, Le*s Belles-Sœurs* (1972), *op. cit.*, propos de Lise de Courval.
125. Racan écrivant à Mme de Thermes, cité par Lanson, *Choix de lettres du XVIIème siècle*, p. 54 et repris par R. Lathuillière, *La Préciosité, étude historique et linguistique*, tome I, Genève, Droz, 1966, p. 537.
126. Georges Dor, *Anna braillé ène shot* (1996), *op. cit.*, p. 40-41.

Dans le cas de Lisette de Courval, la comparaison permet de mettre en évidence des variations dites diaphasiques : quand elle ne se maîtrise pas, quand elle ne parle pas endimanchée, elle ne « perle » plus mais elle parle véritablement comme ses voisines de *party*.

Ce que le texte nous laisse voir de la prononciation est suffisant à la fois pour marquer la différence mais aussi pour la rendre ridicule :

> Les Précieuses de province [celle du Québec en l'occurrence] ont les mêmes travers, avec le ridicule supplémentaire de celles qui ne peuvent pas attraper l'air galant de la capitale[127].

Lisette de Courval joue un rôle qui n'est pas le sien, parle d'une manière empruntée et par là-même se ridiculise. Sans aller jusqu'à un cas de théâtre dans le théâtre, on peut affirmer qu'il y a une superposition des rôles.

L'étude des prises de parole de Germaine Lauzon est un concentré des remarques générales faites ci-dessus. Tout y est :

—La déformation vocalique : « marde », « marci », « parsonne », le « exiprès » ou le « 'coute ben », etc.

—Les particularités consonantiques : « litte », « icitte », etc.

—Toutes les simplifications dues à la chute du /e/.

—Les cuirs et les velours.

—La réduction ou l'absence du pronom sujet : « elle » devient « a » ou « al » et « il » devient « y ».

—Mais aussi un semblant de conscience linguistique lorsqu'elle dit à Linda, sa fille : « t'as vingt ans, pis tu sais pas qu'y faut dire 'un instant s'il-vous-plaît' quand on répond au téléphone. » (19)

Le rythme est relativement saccadé, les phrases exclamatives. Germaine Lauzon est la figure « cheap » par excellence.

Lisette de Courval apparaît comme l'opposé, avec la même force de dérision. À elle la prononciation correcte, voire hypercorrecte, à elle les formes *ortho*-graphiées, le « perler » du XVIIème siècle. Elle se permet de corriger les autres sur un point qui n'est pas de détail puisqu'il est question de grammaire !

> *Lisette de Courval*— J'ai découvert la charade mystérieuse dans La Châtelaine, le mois dernier… C'était ben facile… Mon premier est un félin…
> *Rose Ouimet*— Un flim ?
> Lisette de Courval— Un félin… bien voyons… « chat »…

---

127. R. Lathuillière, *La Préciosité, étude historique et linguistique*, tome 1, Genève, Publications romanes et françaises, Librairie Droz, 1966, p. 30.

Rose Ouimet— Un chat, c't'un félin…
Lisette de Courval— Bien… oui…
Rose Ouimet, en riant— Ben tant pis pour lui !
Lisette de Courval— Mon second est un rongeur… bien… « rat ».
Rose Ouimet— Mon mari aussi, c't'un rat, pis c'est pas un rongeur… Est-tu folle, elle, avec ses folleries !
Lisette de Courval— Mon troisième est une préposition.
Des-Neiges Verrette— Une préposition d'amour ?
Lisette de Courval, après un soupir— Une préposition comme dans la grammaire… « de ». Mon tout est un jeu de société…
Rose Ouimet— La bouteille !
Gabrielle Jodoin— Farme-toé donc, Rose, tu comprends rien ! (À Lise) Le Scrabble ?
Lisette de Courval— C'est pourtant pas difficile… Chara-de… Charade ! (43-44)

Mais il lui arrive, à elle aussi, de se reprendre : « c'est un ben… bien beau pays » (27), « moé… euh… moi » (44).

Elle leur explique ce qu'elles ne savent pas et se place dans une position de supériorité linguistique, ayant comme garantie son séjour en « Urope »… mais, au fait, est-il réel ou rêvé ? Cette supériorité, bien mal fondée, prend des allures de colonisation. Lisette de Courval, en apparence plus aisée que ses voisines, semble profiter en conséquence de la traite des fourrures puisque « elle, a l'a la grosse étole de vison » !
Ironie du sort. Lorsqu'elle exprime son mépris pour ce monde d'où elle croit être sortie… :

> Ces gens sont pus de notre monde ! Puis l'Urope ! Le monde sont donc bien élevé par-là […] à Paris, c'est du vrai français partout… c'est pas comme icitte… J'les méprise toutes. Léopold avait raison, ce monde-là, c'est du monde *cheap*, y faut même pas les fréquenter, y faut même pas en parler, y faut les cacher. (59)

… elle adopte les tics du genre « ben » et « pis », les fautes de morphologie verbale comme « c'est ben simple, vous m'émouvez jusqu'aux larmes » (35), les réductions phonétiques qui sont rendues visibles dans le texte par les apostrophes.

Il y a bien là deux caricatures de prononciation qui stigmatisent d'un côté le parler populaire québécois, le joual, et de l'autre, en le déformant de façon ironique, le parler européen. L'« Urope se canayanise » petit à petit à travers la prononciation de Lisette de Courval, ridiculisée en précieuse hors jeu.

Speak what ?[128]

L'analyse du texte prend deux directions principales : les interférences avec l'anglais —allant de l'emprunt au calque et en empiétant quelquefois sur l'approche syntaxique— et les autres particularités, c'est-à-dire le relevé des formes vieillies ainsi qu'une approche des différents registres de langue utilisés.

L'utilisation des dictionnaires s'est faite de la façon suivante : j'ai commencé par ouvrir les plus communs c'est-à-dire sans aucune spécialité pour prendre connaissance des termes existant en français courant : *Le Larousse* et *Le Robert* ; j'ai ensuite complété, si cela paraissait nécessaire et pertinent, par des recherches dans un dictionnaire anglais unilingue. L'analyse s'est poursuivie dans le *Dictionnaire historique du français québécois* de Claude Poirier pour enfin se finir avec le plus ciblé, quand les précédents n'avaient suffi : le *Dictionnaire pratique des expressions québécoises, le français vert et bleu* d'André Dugas et Bernard Soucy.

Le traitement systématique a été rendu possible grâce à un logiciel de traitement statistique et linguistique des textes littéraires.

Les interférences avec l'anglais

> *L'emprunt est le phénomène linguistique le plus important dans tous les contacts de langue [...] Il est nécessairement lié au prestige dont jouit une langue ou le peuple qui la parle (mélioration), ou bien au mépris dans lequel on tient l'un ou l'autre*[129].

L'emprunt est « un mot ou un morphème ou une expression qu'un locuteur ou une communauté emprunte à une autre, sans le traduire. Le terme emprunt est généralement limité au lexique ».

Le calque est une « forme linguistique causée par une interférence en situation de contact des langues. Selon Darbelnet, le calque est un mode d'emprunt particulier : il y a emprunt du syntagme ou de la forme étrangère avec traduction littérale de ses éléments. »[130]

---

128. Cette expression fait référence au titre d'un poème de Marco Micone, lui-même calqué sur le célèbre poème-affiche *Speak White* de Michèle Lalonde.

129. Jean Dubois, Mathée Giacomo, Louis Guespin, Christiane Marcellesi, Jean-Baptiste Marcellesi et Jean-Pierre Mével, *Dictionnaire de linguistique et des sciences du langage*, Paris, Larousse, 1994, p. 177.

130. Marie-Louise Moreau, *Sociolinguistique, concepts de base,* Liège, Mardaga, 1997. Pour l'entrée « emprunt », voir p. 136 et pour l'entrée « calque », voir p. 64.

Il faut donc entendre par emprunts les mots à prononciation et graphie étrangères, et par calque les emprunts traduits, en considérant une étape intermédiaire où l'on peut constater des métaplasmes. Ce dernier terme a trois niveaux sémantiques : phonétique, lexical et rhétorique et peut être défini de manière générale comme un « néologisme à la formation duquel la forme traditionnelle aurait fourni la substance principale[131]. » Cette définition tripartite est précisément ce qui peut mettre en évidence la qualité poétique de certaines déformations opérées par l'auteur.

Les emprunts

***All right**, adv.,

« Y'étaient short all right ! » (99) au sens de *certainly*, c'est sûr.

***Boss**, n. m.,

« Le boss m'a même dit [...] » (18). On trouve une intégration lexicale surprenante : « p'tit boss » (18).

***Bye**, loc.,

« C'est ça, oui... oui... bye ! » (21), forme familière de *good-bye*, déformation de *God be with you*, par contamination avec *good night*, bonne nuit.

***Club**(s), n. m.,

23 occurrences dont : « A vient nous voir au club quasiment tous les vendredis soir » (76), « Le club ! un vrai endroit de perdition ! » (78), « C'est ben l'fun les clubs ! » (78), etc. Au sens de bar ou de cabaret. Peut être synonyme de taverne. Vocable existant aussi en français depuis le XVIIIème siècle au sens d'association, de « regroupement de personnes autour d'une intérêt commun » qui, de manière tautologique, s'est vu attribué l'adjectif privé comme dans « club privé » désignant la plupart du temps une discothèque. Ce mot peut également être considéré comme métaplasme s'il est prononcé avec un /u/, c'est-à-dire comme une déformation phonétique de l'anglais prononcé /kleub/.

***Coke**(s), n. m.,

14 occurrences dont : « J'prends rien qu'un coke ! » (77) et « Sont pas mal chauds, tes cokes, Germaine » (96), etc. Réduction de Coca-cola, marque de boisson gazeuse. On peut noter que l'abréviation française courante est coca et que *coke*, nord-américain, est perçu en France comme étant un peu snob.

131. Georges Mounin, *Dictionnaire de la linguistique*, Presses Universitaires de France, 1974, p. 214.

***Fun**, n. m. ou adj.,

13 occurrences dont : « a trouve ça ben l'fun » (26) ; « fait le fun dans les parties » ; « avoir [ben] du fun », expression demi-calque, c'est-à-dire à moitié traduite de *to have fun : to have an enjoyable time*. Ajoutons également les propos de Claude Poirier qui insiste sur l'acception plaisir sexuel, *to have fun with* signifiant *to have sexual intercourse*. Si nous retenons ce point, c'est que l'expression, reprise maintes fois avec insistance, met en évidence une autre sorte de frustration et d'aliénation chez les Belles-sœurs.

***Job**, n. f.,

Au départ ce terme désignait de manière péjorative un travail insignifiant, pénible. Il a pris au Canada le sens général de travail, d'emploi et a changé de genre. Si l'anglais est masculin, l'emprunt est du genre féminin : une job aussi écrit une jobbe.

***Ok,** interj.,

L'origine américaine a longtemps été discutée. Il s'agirait des initiales du sigle *oll korrect*, altération de *all correct*, synonyme de *all right* au sens de « tout va bien », « ça va ». On trouve également la graphie « okay » ou « okeh ».

***Sandwichs**, n. m.,

« Des sandwichs au béloné » (24). Terme d'origine anglaise en référence à un certain Monsieur Sandwitch qui avait coutume de manger, en guise de repas, de la viande froide au milieu de deux tranches de pain.

***Slogan**, n. m.,

« Le slogan-mystère que ça s'appelait...Y fallait trouver un slogan pour une librairie » (46).

***Tv**, n. f.,

« La tv » (20). Il s'agit de l'abréviation de *television*. La forme d'abréviation par les consonnes est typiquement anglaise et l'usage est moins répandu en français que celui de télé. Ce terme, comme celui de club, peut avoir sa place parmi les déformations phonétiques de l'anglais puisqu'il est n'est pas prononcé /tivi/ mais /tévé/.

Il existe des emprunts moins fréquents en français standard et donc plus spécifiques au français québécois :

***Bargain** : n. m.,

« Trouver des bargains » (92). Ce terme désigne quelque chose acheté à bon marché ou moins cher que son prix usuel, un achat au rabais. On peut également trouver le verbe « barguiner », au sens de marchander.

***Cheap**, adj.,

« C'est du monde cheap » (59), « j'sais que chus cheap » (90), « une p'tite waitress cheap du Kresge » (95), au sens de « sans grande valeur » et ceci aussi bien pour une chose que pour une personne, ayant dans ce dernier cas mesquin et hypocrite pour synonymes.

***Chums**, n. m.,

« Elle reçoit ses chums... euh ... ses amis de garçons » (28). Il s'agit d'un emprunt à l'argot américain *chum-buddy* qui a le sens de copain. Pour une jeune fille, avoir un chum va signifier « avoir un petit-ami ».

***Cute**, adj.,

« Manon les trouvait ben cute » (37), « deux p'tites poupées ben cute » (45). Registre familier au sens de très joli, mignon, coquet ou charmant voire très attirant d'un point de vue physique.

***Face**, n. f.,

« J'y mettrais ma main dans'face » (57), « Ct'aussi ben de me dire en pleine face que ch't'une maudite menteuse » (58), « j'y ai sacré un coup de sacoche en pleine face » (96). La plupart du temps, la prononciation est française. Il a le sens général de visage et appartient au registre de gueule comme dans les expressions du type : « se prendre quelque chose en pleine face », « avoir une sale face », « se péter la face », etc.

***Gang**, n. f.,

« J'me tue pour ma gang de nonos » (24), « toute la gang » (37), « on était une grosse gang » (82), « toute une gang de maudites voleuses » (106). Le mot anglais *gang* est du genre masculin. Synonyme de bande, groupe pour des personnes ou « ensemble » pour des objets.

***Lunch** n. m,

« Pis j'vas faire un p'tit lunch » (52). Au sens de « repas léger », ou de « collation entre les repas ».

***Party**, n. m.,

« Un party » (18), « un beau party » (82). Existe aussi au pluriel : « dans les parties » (31 et 39x2). Le mot *party* est du genre féminin en anglais et est utilisé à la place de fête. On peut noter que l'orthographe « partie » est réservée au participe passé de partir, excepté dans l'expression « une partie de bingo » (86).

***Set**, n. m.,

« Un set de cuisine » (10), « un set de vaisselle » (20), « un set de chambre » (20), « un set complet » (20) au sens d'ensemble, de service, ou de batterie.

***Shape**, n. f.,

« Garder ma shape » (46). Pourrait être traduit littéralement par « garder la forme », mais correspond beaucoup plus à « garder la ligne ».

***Shop**, n. m.,

« A shop » (18-71). Utilisé à la place de magasin ou boutique.

***Short**, n. m. ou adj.,

Jeu de mot sur short qui est accepté en français en ce qui concerne le nom abrégé de *short trousers* comme dans « shorts rouges » (99), mais refusé ou renvoyé au rang de xénisme dans le sens de l'adjectif court : « y'étaient short all right » (99). La différence entre nom accepté et adjectif refusé par la norme est maintenue dans le texte avec l'accord du nom et l'invariabilité de l'adjectif.

***Waitress**, n. f.,

« Une p'tite waitress cheap » (95). Au sens de serveuse. Le masculin *waiter* sert lui aussi d'équivalent à serveur et à garçon de café.

Les emprunts déformés (dits métaplasmes)

***Béloné**, n. m.,

« Des sandwichs au béloné » (24). La graphie n'est pas constante chez M. Tremblay puisque l'on trouve « baloney » dans *La Grosse Femme d'à côté est enceinte*. Dans *Les Belles-Sœurs*, c'est béloné. Il s'agit d'un emprunt de l'anglais nord-américain *baloney*. Variante de *bologna* qui désigne les bovins dont la viande est commercialisée comme étant du bœuf de qualité inférieure.

***Braidage**, n. m.,

« Le p'tit costume bleu avec du braidage blanc autour du collet » (91). Vient de l'anglais *braid* avec intégration au lexique français par suffixation en « age ». Utilisé à la place de galon ou biais.

***Califournie**, n. f.,

« Pis ça va passer l'hiver en Califournie ! » (64), au lieu de Californie.

***Élévateur**, n. m.,

« A va faire poser un élévateur avec ses timbres » (61). Vient du terme anglais *elevator*. C'est par analogie de traduction du suffixe anglais « or » en « eur » que ce terme remplace ascenseur.

***Fancies**, adj.,

« Des belles tasses fancies » (51). La graphie est ici altérée comme si l'adjectif s'accordait, ce qui n'est pourtant pas le cas en anglais.

***Grimé,** adj.,

« Y'était ben grimé » (66), participe passé, fonction d'adjectif, sûrement emprunté à *grimed* avec glissement sémantique et soumission aux lois de la morphologie verbale française. Se dit d'une personne qui affiche une allure ou un air très grave.

***Lousse,** interj.,

« Lâchez-moé, lousse ! » (55). Il s'agit d'une déformation de l'anglais *loose* et a ici le même sens que : « lâchez-moi ! », « du large ! », « de l'air ! »

***Pinottes**, n. f.,

« J'ai acheté des pinottes » (16), « pis a va te donner des pinottes » (35). Déformation dans la graphie et dans la prononciation de l'anglais *peanuts,* cacahuètes.

***Poudigne**, n. f.,

« C'est une poudigne ou bedonc des beignes ? » (97). Vient de l'anglais *puding* du genre masculin. Déformation dans la graphie et dans la prononciation. Réfère à un gâteau sucré fait à partir de restes d'autres pâtisseries.

***Smatte**, adj., et adj. subst.

« T'es donc smatte » (47), « t'es pas ben smatte » (105), « la smatte d'la famille » (93), « chus t'obligée de faire la smatte » (95). Vient de l'anglais *smart* qui peut être aussi prononcé sans le /r/. Il serait, dans ce cas, à ranger dans les emprunts mais la graphie montre une volonté de visualiser une déformation par rapport à l'anglais. Smatte signifie ou intelligent, intéressant, ou bien habillé, à la mode.

***Stirio**, n. m.,

« J'ai un set complet avec le stirio » (20). Il s'agit tout d'abord d'une abréviation de « stéréophonie » ou « stéréophonique ». Ici, ce mot, déformé dans la prononciation et dans la graphie, renvoie à poste stéréophonique (dans une didascalie) puisqu'il est du genre masculin, contrairement au français qui renvoie à « chaîne stéréophonique » faisant de l'abréviation « stéréo » un nom féminin. On aura la même remarque sur le changement de genre pour radio, n. f. en français et m. dans le texte.

***Strapeuse**, n. f.,

« Tu vas pas rester strapeuse toute ta vie » (17). Il s'agit d'une dérivation de l'anglais familier *strapped*, peut-être en passant par une francisation de *to strap* en « strapper ». Se dit de quelqu'un qui a peu ou pas d'argent.

***Checquée**, adj.,

« Bonyeu, tu t'es checquée » (29). Vient de l'adjectif anglais *checked*. Se dit d'un vêtement dont le motif régulier est fait de plusieurs couleurs. Il y a donc glissement sémantique car ici cela signifie que Germaine est sur son trente et un, sur son trente-six !

***Urope**, n. f.,

6 occurrences dont : « Moi, quand chus t'allée en Urope... » (24), etc. On ne trouve « Europe » que deux fois (24-25). La prononciation est ambiguë car relève ou bien de l'anglais comme /yu/ ou bien de la forme archaïsante en /u/.

Les calques

> *Presque tout ce que je voyais était de l'anglais en français, ou du genre traduidu. [...] Bien sûr, cela faisait sens, mais sens aliéné, ça voulait dire autre chose et pas ce qu'on voulait que ça dise*[132].

***Chambre de bain**, n. f.,

« Les enfants sont entrés dans la chambre de bain » (38), calque de *bath-room*, salle de bain.

***Costume de bain**, n. m.,

« Chacun un costume de bain neuf... non, non, non, chus pas trop grosse » (20), traduction de *bathing costume* archaïsme anglais pour maillot de bain.

***Désappointer**, v.,

« Tu me désappointes ben gros » (56) vient de *to disappoint*, décevoir, *disappointment* traduit par désappointement et *disappointed* par désappointé. On trouve ce terme dans les dictionnaires français avec indication de l'origine anglaise.

***Être (ou) tomber en amour avec quelqu'un**, loc. verb.,

« On dirait quasiment qu'est en amour avec » (84), « j'étais en amour par-dessus la tête » (94), « elle [...] est quasiment tombée en amour avec ces oiseaux » (37). Il s'agit du calque de *to be* (ou) *to fall in love with*.

***Faire de l'argent**, loc. verb.,

« Mon mari fait un p'tit peu d'argent » (40), « Y faisait d'l'argent comme de l'eau » (90), « chus partie de chez nous pour faire de l'argent » (91), calque de *to make money*, au sens de gagner de l'argent.

---

132. Gaston Miron, *L'Homme rapaillé*, *op. cit.*, p. 236-242.

***Liqueur**, n. f.,

« Le p'tit a été chercher des liqueurs » (16), « téter des liqueurs » (35), « une bouteille de liqueur » (52) etc. (88 et 91). On peut simplement parler ici de glissement sémantique, liqueur désignant plus généralement les boissons gazeuses. Claude Poirier indique que ce mot est en usage au Québec, contrairement à soda qui ne l'est qu'en France. On trouve donc par analogie des « distributeurs de liqueurs », des « cannettes de liqueur », etc. On peut remarquer un glissement de sens étrange entre « boésson » et liqueur puisque liqueur semble synonyme de soda et que l'expression « aimer la boisson » signifie avoir des tendances à l'alcoolisme.

***Mégasiner**, v. et **mégasinage**, n. m.,

« Moman va aller mégasiner » (34), « C'est le jour du mégasinage » (24). Effet de style qui vient d'une altération de la prononciation de magasiner et magasinage qui sont des calques de *to shop* et de *shoping*. Le français a adopté ces formes étrangères et refuse les calques québécois. C'est un des exemples les plus cités lorsqu'on parle de la défense du français au Québec. M. Tremblay va plus loin que le linguistique puisqu'il introduit un effet de style : par le changement de voyelle, il donne au mot une connotation sociologique méritée (méga renvoie alors à société de grande consommation). Le mot mégasinage constitue en l'occurrence un métaplasme stylistique du calque magasiner.

***Plat(e)**, adj. ou adv.,

10 occurrences dont : « une maudite vie plate » (24), « ça doit être plat vrai ! » (25), « c'tait une farce plate » (62). Il s'agit d'une traduction de *flat* comme dans l'expression *fall flat* en parlant d'une plaisanterie ratée ou qui n'est pas drôle, *not amusing, not funny*. On peut également trouver *drab*, terne, dans le même sens.

***Salé**(es), adj.,

« Des histoires un peu salées » (53) et aussi similitude intéressante : « des fois sont pas mal sales » (53). Par analogie —je dirais gustative— on trouve **sucré(es)** : « des histoires sucrées » (49). Le premier vient de l'adjectif anglais *salty*, un peu vieilli. Lorsque employé pour qualifié une histoire ou une conversation, il signifie que cette histoire ou cette conversation est plaisante, drôle voire grivoise. Sucré, *sweet* en anglais, a à l'origine un autre sens, celui de mignon, charmant. L'assimilation des deux termes se fait donc au détriment du deuxième.

***Être supposé de**, loc. verb.,

« Robert est supposé de m'appeler » (16), « Rhéauna Bibeau et Angéline Sauvé sont supposées de venir » (41). Le calque est dans la construction prépositionnelle du verbe. En français standard, supposer serait directement suivi de l'infinitif. On y verra un calque de l'anglais *to be supposed to*.

***Marier quelqu'un**, v.,

« T'as pas envie de marier un colleur de semelles » (18), « J'plains assez Bernard d'avoir marié ça » (39), « Y court assez après elle depuis qu'y'a marié sa mère » (99). Le calque est dans la construction transitive directe, calque de *to marry someone*. Alors que normalement on dit « se marier » (verbe pronominal) ou « être marié avec quelqu'un ».

Les autres particularités lexicales : archaïsmes, régionalismes et créations populaires (non vulgaires)

***Achaler**, v. et **achalant(e)**, adj.,

« A va pas recommencer à nous achaler ! » (57), « Achale-moé donc pas ! » (55), « Es-tu achalante ! » (92). Synonyme d' insister en exagérant, d'agacer et donc d'insistante ou agaçante pour l'adjectif.

***Agace-pissette**, n. f.,

« Non, pour moé, là, les filles-mères, c'est des bon-riennes pis des vicieuses qui courent après les hommes ! Mon mari appelle ça des agace-pissettes » (100). Se dit d'une jeune femme volontairement provocante. Dans le même registre, on pourrait avoir « allumeuse ».

***Amanché**, pII. adj.,

« T'es ben amanchée là, ma fille » au sens d'être en mauvaise posture, dans une situation embarrassante, mal parti(e), ou plus familèrement mal barré(e). Le verbe amancher est généralement pris comme l'équivalent d'arranger.

***Astheur**, adv.,

11 occurrences dont : « astheur que les timbres pis que les livrets sont distribués » (35), « j'ai besoin de lui, astheur » (53), « Astheur est pris avec un p'tit sur les bras » (90), etc. A le sens de « maintenant » et littéralement de « à cette heure ». C'est un terme que l'on trouve graphié ainsi chez Montaigne et qui résulte d'une contraction phonétique : « à cette heure » devient « à c't' heure ».

***Astiner (s')**, v.,

« On est toujours après s'astiner pour rien » (82). A le sens de faire des efforts extrêmes, de se « désâmer ».

***Bedonc,** conjonct.,

« Une poudigne ou bedonc des beignes » (97). C'est une contraction de « ben » et de « donc » qui renforce la conjonction de coordination « ou ».

***Bon-rien,** n. m. et n. f.,

« Ton Robert, ct'un bon-rien » (17), « tu vas devenir une bon-rienne » (17), « c'est des bon-riennes » (100). Il s'agit d'une contraction de « bon à rien » et « bonne à rien ». Le processus de substantivation, qui relève donc d'une dérivation impropre, est remarquable et très abouti dans la mesure où l'accord, déplacé, se réalise au masculin comme au féminin, au singulier comme au pluriel.

***Brailler**, v.,

« Si j'me r'tenais pas, j'braillerais comme une vache ! » (22), « C'est pas mêlant, j'en braille ! » (50), « vous allez vous perdre, pis vous allez v'nir brailler dans nos bras, après » (78), « y'ont pas de misère à me faire brailler ! » (103). Dans tous les cas cela renvoie à « pleurer à chaudes larmes », qu'il s'agisse de désespoir ou de grande joie.

***Châssis**, n. m.,

« On devrait ouvrir le châssis, un peu » (36), « a'passerait par le châssis, ça s'rait pas long » (100). Utilisé au sens de fenêtre.

***Chenaille**, n. f.,

« Aller à la chenaille » signifie aller à l'aventure. C'est aussi l'ancienne forme de canaille et c'est dans ce sens qu'il faut comprendre l'insulte : « Envoye, chenaille ! » (92).

***Chicane**, n. f., et **Chicaner**, v.,

« Faire la chicane » (31), « commencer la chicane » (31), « on dit chicane dans'famille » (31), « la chicane va r'poigner » (69), « Y-a-tu eu une chicane ? » (70), « ça fait des chicanes à pus finir » (93). Au sens de dispute, de querelle de mauvaise foi ou non fondée. Le verbe est pronominal, **se chicaner** (24-56-82-70-25) ou transitif direct, **chicaner quelqu'un** (54-55). Ce terme figure dans les dictionnaires français courants et ne constitue donc pas une particularité québécoise, sinon dans la fréquence de l'usage (il n'est même pas relevé par Claude Poirier). Existent également les formes suivantes : « chicaneur/euse/ier/ière », adj. et n. et « chicanerie », n. f. On peut remarquer la volonté de distinction faite dans la pièce entre quereller et chicaner.

***Conter**, v.,

15 occurrences dont : « t'es pas obligée de conter ta vie de famille devant tout le monde » (29), « Même quand j'conte des

histoires tristes » (39), « j'étais pas là quand a t'a conté ça » (64), etc. Aujourd'hui, on dit plutôt raconter pour « faire le récit de quelque chose », « exposer une aventure de manière détaillée ». La forme conter paraît un peu vieillie.

***Demoiselle**, n. f.,

« Moé, une demoiselle si respectable ! » (51), « J'ai toujours été une demoiselle... seule » (53), « est ben que trop demoiselle pour ça ! » (100). On trouve également, en plus grand nombre, l'appellation mademoiselle mais demoiselle est connotée d'une certaine pruderie, quelquefois même avec moquerie.

***Désâmer**, v.,

« Désâmez-vous pour élever ça, pis que c'est que ça vous rapporte » (17), « j'm'esquinte, j'me désâme, j'me tue pour ma gang de nonos » (24), « a l'a l'cœur de téter des liqueurs pendant que j'me désâme » (35). La formation avec le préfixe privatif paraît logique : se désâmer, perdre son âme, au sens de tout donner, de travailler comme une bête.

***Dévergondée,** adj. subst.,

« Une vraie dévergondée » (67). Se dit d'une personne qui mène une vie licencieuse, de débauche. Le registre est plus élevé que celui de « catin », aussi employé dans le texte.

***Embolie**, p. II,

« Ça devrait être embolie » (22), erreur de prononciation de abolie. Recherche stylistique.

***Épais**, adj.,

« Moé, l'épaisse » (102). Il peut se comprendre comme le contraire de fin en français ou *fine* en anglais, au sans d'intelligent, de *clever*. Épais voudrait donc signifier bête ou idiot. Le terme existe en français depuis plusieurs siècles dans ce sens péjoratif lorsqu'il qualifie une personne. Il peut être compris comme synonyme de « sans allure ».

***Esquelette**, n. m.,

« C'est pour ça que j'ai l'air d'un esquelette » (22). Prononciation populaire de squelette par ajout d'un « e » dit prothétique.

***Etriver**, v.,

« Vous savez ben que j'dis ça rien que pour vous étriver » (51) au sens de lutter : « Nous disons comme en Normandie, faire étriver quelqu'un dans le sens de plaisanter, gouailler, gausser, railler, taquiner. En picard, contrarier[133] », précise Oscar Dunn en 1880.

***Fifi**, n. m.

Phénomène de réduplication qui, sur le ton de la moquerie, a le sens d'homosexuel ou d'efféminé et désigne quelquefois les Français de manière dépréciative.

***Folleries**, n. f.,

« Y'apprend toutes sortes de folleries au collège » (36), « Es-tu folle, elle, avec ses folleries ! » (43). Est une composition populaire par suffixation. Utilisé à la place de folie.

Garrocher (se), v.,

« Les p'tits s'garrochent après les oiseaux » (37). Au sens de jeter. L'expression « garrocher l'argent par les fenêtres » accentue la synonymie.

***Gâter**, v.,

« On la gâtait » (68), « Y faut toujours que quelqu'un vienne toute gâter » (17), « se gâter » (45). Semble recouvrir les usages français communs : avarier, pourrir ; « traiter avec trop d'indulgence », « faire des cadeaux » ; s'abîmer. Il est aussi employé dans le sens de gâcher dans « tu vas toute gâter ».

***Gémir**, v.,

« A gémissait sans bon sens » (50). Ce verbe est intéressant car il appartient à un registre différent de « chialer » ou « brailler », eux-mêmes employés. Il est aujourd'hui répertorié comme étant d'un usage littéraire au sens d'être accablé, oppressé ou souffrir.

***Gouttinette**, n. f.,

« Ça prendra pas gouttinette » (98). C'est un diminutif de diminutif qui insiste sur le peu de temps (cela renvoie à l'image d'une clepsydre).

***Grayé,** adj.,

« La mieux grayée en fait de brosses » (51). Au sens de « être bien équipé ». Peut être quelquefois graphié « greyé ».

***Guidoune,** n. f.,

« Maudite guidoune » (100). Le sens est proche de celui de prostituée et pour le registre de « poule » puisqu'il y a l'expression « guidoune de luxe ».

---

133. Oscar Dunn, *Glossaire franco-canadien et vocabulaire de locutions vicieuses usitées au Canada*, réimpression Leméac, Montréal, 1980, p. 92.

***Ici-dedans**, adv.,

« Y faudrait toute répéter vingt fois, ici-dedans ! » (18). Peut apparaître comme une redondance car il est remplaçable par « dedans » dans la totalité des cas. Il s'agit d'une forme vieillie déjà observable chez Molière.

***Jaser**, v.,

« Jasez, en attendant, jasez ! » (26), « Y vient juste jaser quequ'menutes » (53), « on va continuer à jaser » (91), « mais que c'est qu'a l'a à tant jaser » (98). Verbe onomatopéique très employé, au sens de parler, mais qui garde pour le lecteur une connotation péjorative, c'est-à-dire qui a le sens de « bavarder pour le plaisir de parler » ou de « dire des médisances », « faire la mauvaise langue ».

***Lavier**, n. m.,

« Un lavier neuf » (20). Prononciation populaire d'évier, héritée des parlers du nord-ouest de la France, région d'émigration principale.

***Magané**, p. II adj.,

« L'autre était toute maganée » (19). Se dit généralement d'un objet ou d'une personne qui a souffert. Est donc synonyme d'être abîmé(e) ou d'être fatigué(e).

***Mal-farmée**, p. II. adj.,

« Dans une maison mal farmée « (54). Variante de prononciation de mal fermée mais non sans raison : c'est là un signe de recherche poétique dans un jeu de mots avec malfamée.

***Niaiser**, v. et **Naiseux,** adj. subst.,

« Au lieu d'aller niaiser avec c'te niaiseux-là » (17), « c'est pas un niaiseux, vous saurez », « elle, la niaiseuse, elle épluchait les pétates » (94). Ce sont des dérivés de niais. Au sens péjoratif de naïf et synonyme d'épais.

***Nono(s)**, adj. et n. m.,

« Y'est pas si nono » (18), « ma gang de nonos » (24). Hérité des parlers poitevins, bourguignons et wallons comme terme d'insulte et de mépris. Le féminin serait « nonotte ».

***Nounoune**, adj.,

« J'savais que t'étais nounoune, mais pas à ce point-là » (17). Vient d'une réduplication de « noune » qui signifie étymologiquement « nigaude » ou personne nonchalante. Se dit le plus souvent d'une femme bête et naïve. Est certainement à envisager comme le féminin québécois de « nono ».

***Pâmé,** p. II adj.,

« Sont toutes pâmées devant elle ! » (93). C'est un héritage français, vieilli ou littéraire aujourd'hui, au sens de s'évanouir ou

« tomber en syncope ». On trouve, par exemple, l'expression « tomber en pâmoison », tant utilisée dans les récits épiques des batailles du Moyen Âge. Elle est ici au sens figuré : « être en admiration », « s'évanouir d'admiration ».

***Patente**, n. f.,

« Toute la patente » (20), « j'attendrais encore après ma patente pour hacher la viande » (25). Il s'agit au départ d'un terme de marine qui est l'ancien nom de la taxe professionnelle et qui désigne plus précisément un certificat sanitaire délivré à un navire qui quitte le port. Ce qui nécessitait souvent des délais assez longs d'où la récupération qui en est faite ici. Cela désigne aujourd'hui plus généralement un brevet, une autorisation d'exploitation et de manière encore plus générale, presque désémantisée, est devenu synonyme de chose, affaire, machin, truc, etc.

***Piasse(s)**, n. f.,

« Ça pense rien qu'à la piasse » (64), « Y gagne même pas soixante piasses par semaine » (17), « quand t'arrives dans les quatre-vingts piasses par semaine » (18), « ça me coûte quasiment deux piasses de timbres par semaine » (44), « à rentre dans sa grosse maison de cent mille piasses » (101). Prononciation populaire de piastres, répertorié comme ce qui désigne le billet de un dollar au Canada. Cette variation, comme c'est déjà le cas pour « siau » et pour « ben », est une habitude qui atteint l'orthographe du mot.

***Pitounes**, n. f.,

« On met nos pitounes gratis » (87), « J'mets mes pitounes à mauvaise place » (87). Les « pitounes » sont les pièces de monnaie fictive qu'on dépose sur les cartes de loto, de bingo, pour marquer les numéros gagnants. Il existe également « pitons » et l'expression « ne pas être la banque à pitons », c'est-à-dire ne pas être d'une richesse inépuisable.

***Poigner**, v., **repoigner**, v.,

« Poignez les oiseaux, là, maman est fatiguée » (37), « une fille qui a faite la vie pendant dix ans, ça poigne pus » (94), « Ma Carmen, a s'f'ra pas poigner de même, ok ! » (102), « les femmes, sont poignées à'gorge, pis y vont rester de même jusqu'au boute ! » (102), « Dites-moé pas qu'la chicane va r'poigner » (69). A exactement les mêmes acceptions que prendre en français ainsi que les mêmes capacités à préfixation, Il vient de poing et se prononce /ponié/. Existent les expressions : « se faire poigner », « être poigner à gorge » et une construction pronominale, « se faire pogner » au sens de se faire prendre, surprendre. Généralement, il assume tous les emplois de prendre. Dans ses textes plus récents, M. Tremblay utilise la graphie en « o ».

***Pourrite**, adj. subst.,

« Sa p'tite pourrite » (68). Néologie grammaticale (proche de l'hypercorrection) par substantivation du participe passé « pourri » auquel on ajoute une terminaison « te » comme marque du féminin.

***Portique,** n. m.,

« J'l'ai laissé rentrer dans le portique » (52), à comprendre au sens de vestibule, entrée.

***Sacoches**, n. f.,

« J'y ai sacré un coup de sacoche en pleine face » (96), « montrez moé vot'sacoche » (106), « J'veux toute voir vos sacoches » (106), « J'vas remplir ma sacoche » (107). On dirait plutôt sac à main ; M. Tremblay emploie d'ailleurs ce dernier terme dans les didascalies. L'utilisation de sacoche est donc une volonté de marquer le discours des femmes.

***Sarcasses**, n. m.,

« J'vas être obligée d'endurer ses sarcasses » (22). Il s'agit d'une déformation de prononciation du mot sarcasmes.

***Siau,** n. m.,

« Un siau de marde su' a tête » (90). Prononciation et graphie de l'ancien français de seau qui ont persisté dans les milieux populaires et familiers. André Dugas et Bernard Soucy indiquent que la prononciation est tellement répandue au Québec (il en est de même pour ben au lieu de bien) que la forme normée est souvent oubliée.

***Taverne**, n. f.,

« C't'un gars à'taverne qui avait besoin d'argent » (37). Peut être aujourd'hui perçu comme vieilli et est alors synonyme de cabaret. L'origine latine *tabarna* correspond étrangement à tabernacle, terme eucharistique repris au Québec comme sacre, juron (assez haut dans l'échelle) : « être en tabernacle » comme synonyme de « être en maudit », « être en calvaire ».

***Veillée,** n. f.,

« On va pas dans une veillée » (57). Un peu vieilli pour dire soirée ou tout simplement fête. Dans le texte, ce terme remplace « party » puisqu'il désigne la réunion de collage de timbres.

Formes plus ou moins figées, locutions :

***Avoir de la misère à faire quelque chose**, exp.,

« J'ai d'la misère que l'yable à réveiller mon mari » (23), « J'ai d'la misère avec ! » (26), etc., (59 et 103) au sens d'« avoir des difficultés à faire quelquechose », « avoir la tâche difficile ».

***Avoir la tête croche**, exp.,

« Vous avez la tête assez croche » (51). Au sens d'avoir des idées malhonnêtes, d'avoir les idées mal placées. On peut trouver un emploi adverbial comme dans « parler tout croche » au sens de maladroitement, incorrectement.

***Avoir son voyage**, exp.,

8 occurrences dont : « j'ai mon voyage » (15-17-18-27-56 et 93), « j'ai mon verrat de voyage » (48), « j'ai mon hostie de voyage » (105). Au sens de « en avoir assez », « en avoir marre », « en avoir ras le bol » ou encore être surpris, étonné, ébahi.

***Donner un tour de rein (se)**, exp.,

« J'me donne un tour de rein à porter des paquets gros comme ça ! » (24). Expression presque périphrastique pour exprimer l'épuisement, comme synonyme de s'épuiser, de « se désâmer », « travailler comme une bonne », « se fendre le cul en quatre ». Plus concrètement, un tour de rein est un lumbago. Se donner un tour de rein signifie donc se faire mal au dos.

***Être de valeur**, exp.,

« Moi, j'aime ça le bingo. C'est donc de valeur qu'y'en ait pas plus souvent » (87), « J'les plains pas pantoute ! C'est ben de valeur » (100). A le sens d'« être dommage », d'« être platte », d'« être malheureux ».

***Être (ou) se mettre sur son trente-six**, exp.,

« Y'est toujours sur son trente-six » (51), « J'me mets sur mon trente-six » (86). En France, on dit être sur son trente et un et le numéral trente-six est souvent réservé comme quantitatif indéterminé… et démesuré. Il y a ici mélange de deux idiomatismes. L'origine de ces expressions est vague. On a tenté d'expliquer trente et un comme étant une altération de trentain, un drap de luxe dont la chaîne était composée de trente centaines de fils et d'un supplémentaire en or ou autre fibre précieuse. On peut y voir également une référence au nombre de points au jeu du même nom. Certains optent pour le trente et unième jour du mois… au choix !

***Passer un papier à quelqu'un (en)**, exp.,

« J'vous en passe un papier » (33), « j't'en passe un papier » (54) au sens donner l'assurance de quelque chose à quelqu'un, garantir, affirmer. Compte tenu du registre, on pourrait bien le remplacer par « j'te l' jure ! ».

***Revirer à l'envers**, exp.,

« Ça revire la maison à l'envers pis ça repart » (23), « y'ont toute reviré à l'envers » (38), « J'ai manqué v'nir folle ! ça m'a toute revirée à l'envers » (53). Il y la préfixation du verbe qui à elle seule dénote une certaine idée de renversement de l'action, comme dans retourner. C'est une expression que l'on pourrait qualifier d'emphatique. Il faut remarquer qu'un emploi figuré est aussi possible.

***Sans bon sens**, adv.,

6 occurrences dont : « a l'avait payé ça cher sans bon sens » (20), « est malade pis capricieuse sans bon sens » (33), « a gémissait sans bon sens » (50), etc. Locution adverbiale formée par ellipse du verbe (sans avoir de bon sens) et qui signifie à peut près « comme il n'est pas possible », « comme il n'est pas permis ».

***Sur un vrai temps,** adv.,

« J'vous dis que ça s'embrassait sur un vrai temps » (28) au sens de réellement pour appuyer qu'un fait s'est véritablement déroulé, avec en plus une notion de durée.

***Tirer par la queue du manteau**, exp.,

« J'voulais pas y aller ! a l'a été obligée de ma tirer par la queue du manteau » (81). Expression métaphorique qui a le sens d'obliger quelqu'un à faire quelque chose contre son gré.

***Tomber sur les nerfs**, exp.,

« Arrêtez le radio, Germaine, ça me tombe sur les nerfs » (33), « A commence à me tomber sur les nerfs avec ses timbres » (46). En France on a l'expression équivalente « taper sur les nerfs », « sur le système [nerveux] » au sens d'agacer. Peut avoir comme synonyme « tomber sur la rate ».

Les sacres et le registre vulgaire

Les jurons, même considérés comme inintéressants par certains linguistes, sont ici à prendre en compte car sont révélateurs des particularités lexicales du Québec et s'utilisent en combinaison avec du lexique vulgaire, formant des expressions ou locutions expressives propres au pays. Le joual est souvent uniquement défini par ces termes par ceux qui le déprécient. La formation des jurons est intimement liées à une forme de censure sociale, qu'elle soit sexuelle ou religieuse. Les sacres sont autant de moyens de se libérer du tabou, du poids de la tradition. Au Québec, le registre d'emprunt sera en grande partie religieux et plus précisément eucharistique.

Le verbe de base est bien sûr :

***Sacrer**, v.,

« J'm'en sacre » (19), « J'sacre » (23), « sacre-moé patience » (93), « j'y ai sacré un coup de sacoche en pleine face » (96). Ce terme est répertorié dans les dictionnaires français courant comme étant en usage au Québec au sens de proférer des jurons, blasphémer. Le verbe, suivant le registre auquel il renvoie, peut quelquefois être synonyme de « s'en ficher », « s'en foutre ». On trouve également **sacre**, n. m., qui recouvre les usages de juron, blasphème.

Mais le sacre est une catégorie générale qui peut prendre plusieurs formes ; lesquelles peuvent se combiner en fonction de l'intensité désirée, le ciment étant essentiellement la « préposition d'amour » de Des-Neiges Verrette, soit la préposition « de », ce qui peut donner, entre guillemets bien sûr, de véritables chapelets de jurons : « maudit de calvaire de tabarnacle d'hostie de… ».

***Le bon Dieu**, n. m.,

6 occurrences dont : « Que c'est que j'ai ben pu faire au bon Dieu du ciel pour qu'y m'envoye des enfants bouchés pareils ! » (18), « J'me dis que le bon Dieu est bon » (35), « Si le bon Dieu a mis des pauvres sur la terre, faut les encourager ! » (40), « on le sait jamais quand est-ce que c'est que le bon Dieu va venir nous chercher ! Y l'a dit lui-même : je viendrai comme un voleur. » (65) (et 84-104).

***Mon Dieu**, interj.

« Mon Dieu, Madame Ouimet, des fois, j'trouve que vous avez la tête assez croche ! » (51), « Quand même j's'rais un peu en r'tard, mon Dieu, c'est pas la fin du monde ! » (54). On trouve également « Doux Jésus ! C'est donc effrayant ! » (65).

***Bonyeu, Bonyenne**, interj.,

« Ben, bonyenne, quand chus r'venue, madame Dubuc avait toute renversé » (34) ; « Bonyeu, vous y allez raide ! » (45). C'est la forme « sacrée » de Bon Dieu.

***Maudit,** adj., adj. subst., interj. et **maudire**, v.

Seule la forme « Maudit ! » atteint l'autonomie de l'interjection, les formes marquées en genre et en nombre sont des formes adjectivales. On trouve également l'expression « être en maudit » (22-24-56).

***Calvaire,** n. f ou m.,

Employé comme nom, « la calvaire » (101). « Joual-vert » est une forme atténué de « calvaire » ; la graphie est à s'y méprendre car la langue vulgaire est aussi appelée langue verte…

Expressions, interjections qui peuvent servir de sacres :

***Sacrer patience**, exp.,

« Sacrez-moé donc patience ! » (70), « sacre-moé patience ! » (93). Au sens de « laissez-moi tranquille ! », du registre équivalent à « foutez-moi la paix ! »

***Sacrer quelqu'un** (suivi d'un complément de lieu), exp.,

« J'aurais pu me sacrer en bas du balcon » (89), « M'as la sacrer dehors, frette, net, sec ! » (98). Au sens de « mettre à la porte », « ficher dehors », « jeter », « jeter dehors ».

***Sacrer son camp**, exp.,

« J'ai ben envie de sacrer mon camp » (58) au sens de partir, s'enfuir, « ficher le camp ».

***La bouche en trou de cul de poule**, exp.,

« Moé, j'trouve qu'y'a un peu trop l'air d'une fille avec sa p'tite bouche en trou de cul de poule » (85). Ceci désigne un « parler pointu » associé au français hexagonal.

***Les bas-culs**, n. m.,

« Les Français, c'est toute des p'tits bas-culs qui me viennent même pas à l'épaule » (103). Au sens d'« hommes lâches », de « mauviettes » ou « femmelettes ».

***Se fendre le cul en quatre**, exp.,

« Ton mari se fend l'cul en quatre pour pouvoir emprunter de l'argent » (48), synonyme de « travailler comme une damnée », de « forcer comme une bonne », de « se désâmer ».

***Câlisse !**, interj.,

« Ah'ben câlisse ! Angéline ! Que c'est que tu fais icitte, toé ! » (71). Il s'agit d'un métaplasme de calice, vase sacré. « Câlisser, crisser, sacrer » sont des synonymes de « foutre », « ficher ».

***La pincée !**, p. II subst.,

« Ah ben vous, par exemple, la pincée, lâchez-moé lousse ! » (57), « La maudite pincée » (59). Terme d'insulte toujours à l'encontre de Lisette de Courval et qui est synonyme de prétentieuse en référence à une manière de parler. On trouve l'expression « faire le bec pincé » au sens de « faire le (la) prétentieux (euse) ».

***Entéka**, interj. ou loc. adv.,

7 occurrences dont : « Entéka, j'vas lui téléphoner, là » (18), « Entéka, j'ai d'la misère ! » (26), « Entéka… à Pâques, Bernard a acheté une cage à moineaux » (37), etc. Réduction de « en tout cas ». Cette forme interjective est employée soit en attaque de phrase, ou en chute mais jamais en incise. Elle n'est pas complètement désémantisée et peut servir pour un usage normal de la locution adverbiale.

***Hostie !**, interj,.

Ce sacre caractérise le plus souvent un nom comme dans « j'ai mon hostie de voyage ! » (105).

***Pantoute !** interj. ou adv.,

11 occurrences dont : « J'comprends rien pantoute pis j'veux rien savoir [...] Rien ! Rien pantoute ! » (17) ; « J'les aime pas pantoute, les jaloux, chus pas capable d'les endurer ». Réduction de « pas un en tout(e) », « pas du tout ».

***Crisse !**, interj., et **Crisser**, v.,

Il s'agit d'un métaplasme de « Christ ». A partir de là a pu se former le verbe « crisser » : « Ben crisse, tu vas avoir réussi » (54), « ça te donne envie de tout crisser là » (102), etc. L'adjectif : « y'a pas une crisse de vue française qui va arriver à décrire ça ! » (101) et le nom : « Y m'a fait perdre dix ans de ma vie, le crisse ! » (94). synonyme de « sacrer », « jurer » ou « ficher/foutre ».

L'effet liste, peut-être fastidieux, permet de se rendre compte que le joual de M. Tremblay n'a rien d'un jargon franglais, ni d'un argot (parler caractérisé par un lexique qui nécessite initiation), mais qu'il ne constitue qu'une variante régionale et sociale de cette unité-langue, de ce vaste ensemble pluriel qu'est une langue, en l'occurrence la langue française. Pas de joual autonome incompréhensible mais un français populaire familier coloré Canada.

Le lexique, qui pour certains était la pointe de l'iceberg de la détérioration, ne semble pas ici « mortellement » contaminé par l'anglais ; on peut même voir certaines néologies intéressantes et enrichissantes. Il ne relève pas non plus uniquement d'un registre vulgaire ou ordurier.

Le Dictionnaire de Courval, *outil indispensable ?*

Ce qui importe ici ce sont les variations lexicales entre les deux extrêmes, entre les Germaine et les Lisette. Y a-t-il vraiment de grandes différences ? *Un Dictionnaire de Courval* serait-il un outil pertinent ?

Si Germaine Lauzon excelle dans le registre familier, dans les jurons, et ponctue toutes ses interventions d'une multitude d'interjections, elle n'en demeure pas moins compréhensible pour les autres et même pour Lisette de Courval.

Cette dernière emploie un vocabulaire en apparence plus recherché, plus surveillé : « une soirée récréative » (85), « un dénommé monsieur l'Abbé Rochon » (84) ; mais lorsqu'elle s'emporte, qu'elle s'abandonne à son émotion, elle illustre à merveille le proverbe : chassez le naturel, il revient (comme un joual) au galop. En effet, l'assimilation progressive, observée pour les faits de prononciation, peut être étendue au lexique.

Une remarque s'impose quant au symbole de la charade (déjà citée). Si les pauvres ménagères, simples, « épaisses », cherchent à comprendre les mots au premier degré, Lisette de Courval les utilise pour leur apparence, incarnant ainsi le portrait qu'a tiré Juvenel de la coquette : « Leur esprit [aux coquettes] s'arrêtent aux mots, et ne cherche pas à pénétrer dans les choses[134] ».

Ces deux attitudes ne sont pas sans rappeler les propos de M. Tremblay :

> Au lieu de vous frappez la poitrine ou de vous déguiser en pleureuses devant le langage que j'emploie, essayer une fois, une seule fois, de laisser de côté vos préjugés et écoutez ce que mes personnages ont à vous dire. Ne regardez pas la forme des mots mais ce qu'il y a dessous [...] c'est votre dernière chance[135] !

Lisette de Courval est celle qui n'est attentive qu'à la forme : elle tourne sur elle-même. Les débats linguistiques ne seraient alors, aux yeux de M. Tremblay, que des chats-rades qui se mordent la queue, passant à côté du vrai problème... Les discours métalinguistiques qui ne prennent en compte que la forme du langage sont alors présentés comme des impasses. C'est un appel au sens que fait ici l'auteur à travers ses personnages et par là même invite le spectateur à s'interroger sur l'engagement de sa pièce.

La critique rejoint également celle plus générale d'un retour à la réalité. Le discours méprisant des puristes et des « pro-français-de-France » est mis en position d'infériorité :

—quantitativement parlant car Lisette de Courval est seule face à toutes les autres femmes ; l'épisode de la charade fait défiler Rose Ouimet, Gabrielle Jodoin, Des-Neiges Verrette qui échouent toutes dans l'acte de communication ;

—et qualitativement : la précieuse est humiliée, ses propos sont ridicules et stériles.

---

134. Félix de Juvenel, *Le Portrait de la coquette*, 1659 (un pamphlet contre les coquettes dont les précieuses ne constituent qu'une sous-catégorie) cité par R. Lathuillière, *La Préciosité, étude historique et linguistique*, tome 1(1966), *op. cit.*, p. 32.

135. Michel Tremblay, « Mots dits/écrits », *Le Devoir*, 14 décembre 1974, p. 15.

Pour une *Grammaire de Mont-Royal ?*

Le joual pu être défini comme privé de toute syntaxe : « une langue désossée », une langue « en décomposition », une « absence de langue »· « des phrases qui boitent », c'est-à-dire une langue dépourvue de toute régularité dans l'ordre des mots. « Le joual ne se prête à aucune fixation écrite. Le joual est une décomposition ; on ne fixe pas une décomposition à moins de s'appeler Edgar Poe »[136]. La différence étant mise sur la différence entre fixité de l'écrit et mouvance de l'oral, je ne rechercherai pas à faire entrer le joual des *Belles-Sœurs* dans des grilles de syntaxe de l'écrit, mais préfère m'aider des recherches sur le français parlé telles qu'elles sont effectuées par Françoise Gadet, par le Groupe Aixois de Recherche en Syntaxe (GARS) et le Cercle Linguistique d'Aix-en-Provence (CLAIX) ; recherches qui prennent en compte la particularité de l'énonciation orale et mettent en évidence une structure qui n'est pas… si décomposée.

Les particularités morphologiques

La morphologie nominale et les pronoms

Pour les références, se reporter à la partie « lexique » où elles ont été détaillées.

Dans l'ensemble, la morphologie suit les règles françaises :

—Les emprunts et calques sont déterminés en français : « le fun », « un coke », « une shape », « un shop », « le béloné », « la Califournie », etc.

—L'intégration grammaticale du lexique étranger ou néologique s'effectue par la détermination (définie, démonstrative, indéfinie) du système français.

Quelques écarts sont pourtant perceptibles dans une mauvaise attribution du genre. Certains noms changent de genre en traversant l'Atlantique : « un stéréo », « une job », « un radio », « une gang », « un party », « une poudigne », etc.

Quant aux néologies populaires ou québécoises, le suffixe lui-même suffit pour deviner : « age » est masculin comme dans braidage ou renvoyage ; « aille » est féminin et est un suffixe familiarisant ; « eur (masc.)/euse (fém.) », etc.

136. Jean-Paul Desbiens, *Les Insolences du Frère Untel* (1960), *op. cit.*, p. 24.

Les dérivations[137]

On trouve plusieurs formations suffixales : « courailleuse », « strapeuse », « colleuse », « chicaneur », « colleur », « folleries », « chenaille », « gouttinette », « braidage » ; on pourrait aussi considérer la terminaison « oune » comme suffixe dans « guidoune », « nounoune » et « pitounes », suffixe donnant au radical le genre féminin.

—Des dérivations par féminisation : « pourri et pourrite », « bon-rien et bon-rienne », mais aussi « colleur et colleuse »,

—Des dérivations préfixales : « désâmer », avec le privatif « dé » comme sur le modèle « former et déformer » (perdre sa forme). Le verbe base n'existe même pas en français, il manque donc une étape car on devrait avoir « âmer » puis « dé-âmer » (perdre son âme). Ce sont deux créations en une. On trouve aussi « se désennuyer ».

—Des compositions lexicales : « agace-pissette », « bas-culs » qui appartiennent au registre vulgaire.

—La dérivation impropre, substitution d'une catégorie grammaticale à une autre, est un phénomène fréquent notamment dans le processus de substantivation : « la p'tite pourrite » où l'adjectif devient un nom. Mais il n'y a pas d'exemple d'infinitif substantivé du type « le manger », « le boire ».

Toutes ces dérivations ne sont pas exclusives entre elles, ce pourquoi certains termes peuvent relever de plusieurs processus dérivatifs.

Les pronoms personnels subissent avant tout une altération phonétique (voir ci-dessus). Il arrive cependant que le pluriel féminin « elles » soit remplacé par le masculin « ils » graphié « y ». On peut ajouter l'évidente fréquence du « ça[138] » qui permet « à des séquences variées de fonctionner comme sujet[139] » et le renforcement du démonstratif par « là » comme dans « c'te niaiseux-là ».

---

137. Pour une étude plus complète des procédés de formation, se reporter à la *Grammaire du français contemporain*, Jean-Claude Chevalier, Claire Blanche-Benveniste, Michel Arrivé et Jean Peytard, Paris, Larousse, 1964, p. 49 à 57.

138. Voir aussi les propos de Albert Henry sur l'emploi du « ça » comme marque d'expressivité dans *Études de syntaxe expressive*, Paris, Presses Universitaires de France, 1960.

139. Françoise Gadet, *Le Français populaire* (1997), *op. cit.*, p. 67.

La morphologie et la syntaxe verbale

Les créations verbales sont toujours des verbes du premier groupe : « magasiner (ou) mégasiner », « achaler », « brailler », « étriver », « garrocher », « peinturer », « revirer », « sacrer ». La forme participiale peut, à l'occasion, servir directement d'adjectif : « grayé », « embouchée », « magané », « achalant », « tannant », « mêlant », « amanché ».

La construction verbale montre quelques inexactitudes, souvent à l'origine du phénomène de calque : « être supposé de », etc.

Voici quelques écarts par rapport à la norme :

—Les accords sémantiques : « le monde sont », « ce monde-là [...], y faut pas les fréquenter » (59), « le monde reviennent » (23), « le monde, j'les mets dehors » (23), « le monde arrivent » (24), « du monde qui sont pas ben propre » (27), « le monde se lavent pas » (27), « le monde sont bien élevé par là » (79), « le monde doivent » (79). On ne trouve que très peu de formes normalement accordées, « le monde perle bien » (59), « le monde qui travaille là » (79). C'est un type d'écart courant à l'oral. M. Tremblay n'en abuse pas et, à la première lecture, on n'y prête pas vraiment attention.

—Les auxiliaires « avoir » et « être » sont parfois confondus aux temps composés. Voir, à ce sujet, à l'étude de Gillian Sankoff et Pierrette Thibault[140].

—Certaines conjugaisons sont déviantes et forment un doublet avec la forme reconnue comme correcte, « assisez-vous » (21-43-61-62), « éteindez » (33), « émouvez » (35).

—La forme « je vas/j'vas » au lieu de « je vais » est très fréquente. Il est intéressant de voir qu'elle n'est pas systématiquement à considérer comme une faute mais bien plutôt comme un reliquat du XVIIème siècle :

> *Je vais,ie vas*
> Tous ceux qui fçauent efcrire, & qui ont eftudié, difent, ie vais, & difent fort bien felon la Grammaire, qui conjugue ainfi ce verbe, ie vais, tu vas, il va ; car lors que chaque perfonne eft differente de l'autre, en matiere de conjugaifon, c'eft la richeffe & la beauté de la langue, parce qu'il y a moins d'equiuoques, dont les langues pauures abondent. Mais toute la Cour dit, ie va,

140. Gillian Sankoff et Pierrette Thibault, « L'alternance entre les auxiliaires avoir et être en français parlé à Montréal », dans *Langue française* n°34, « Linguistique et sociolinguistique », Paris, Larousse, mai 1977, p. 81-108.

> & ne paut fouffrir, ie vais, qui paffe pour vn mot Provincial, ou du peuple de Paris[141].

La simplification des conjugaisons passe aussi par la création de locutions verbales avec « faire + l'infinitif » et le futur périphrastique « aller + l'infinitif » ou encore « être pour + l' infinitif » : « on n'est pas pour coller ça tu-seules » (16), « j'étais pas pour les laisser continuer » (39), « on n'est pas pour laisser Germaine chicaner Linda » (55), « est-tait pour commencer ses études » (69), « chus quand même pas pour la tuer pour vous faire plaisir », « chus pas pour la laisser faire » (70), « chus pas pour dire à Linda pis à Lise… » (95).

Les temps

—Le futur et le conditionnel (les concordances temporelles : le cas de « si »).

Même si le futur périphrastique caractérise la plupart des formes, une trentaine de formes de futur simple persistent : « apprendra » (40), « aura », « aurez » (40-46 et 48), « comprendront » (94), « direz » (19-30-38), « envoleront » (36), « garderas » (21), « oublierai » (40 et 70), « pourra » (34-63 et 102), « prêtera » (47), « rappelleras » (93), « recommenceras » (32), « remarquerez » (28), « remettrai » (59-106), « reparlera » (91), « retourneras » (79), « reviendrai » (80), « sauras » (30-90 et 100), « sortirez » (106), « viendrai » (65), « viendras » (35), « voudras » (105), « voudrez » (38-97).

—Le conditionnel (presque quarante formes) ; on ne détaillera que les extensions d'usage par la concordance pour les subordonnées en « si » : « si j'arais » (46), « si Linda s'rait là » (35), « si j'arais pensé » (77), « si elles pourraient s'en aller » (81), « si ça serait le bon dieu lui-même » (84). Il s'agit d'un trait stigmatisant du français québécois.

—Le subjonctif, qui est plus rare en français parlé, est utilisé à cette échelle dans le texte c'est-à-dire à peine un vingtaine de formes dont certaines subissent une altération : « aye » (16-37 et 87), « voye » (24-57), etc.

Pour une syntaxe expressive

L'usage de la particule « tu », construction et fonction

On trouve 196 occurrences de la forme « tu » utilisée —très peu— comme pronom sujet et comme déformation de « tout »

141. Claude Favre de Vaugelas, *Remarques sur la langue française*, Genève, fac-similé de l'édition originale, Slatkine Reprints, 1970, p. 27.

(phénomène déjà évoqué). L'intérêt se porte spécialement sur son utilisation comme particule interrogative et/ou exclamative.

Cette utilisation apparaît être une caractéristique québécoise sur le choix de la forme mais pas sur le principe. En effet, la même dérive existe en Normandie, avec la forme « ti ». Cela viendrait d'une extension de l'inversion « t-il » comme dans « vient-il demain ? » réduit à l'oral en « t-i » et étendu à toutes les personnes. On trouve une seule forme de « t-i », graphiée « t'y » dans le texte, « mais v'là-t'y pas une espèce de vieux écœurant... » (96). Au Québec, l'extension analogique, si elle s'est d'abord faite sur le même modèle, est devenue par la suite la deuxième personne du singulier « tu ». Il y en a 45 dans le texte mais je ne mentionnerai que celles qui sont non-conformes, c'est-à-dire où le « tu » apparaît vraiment comme particularité régionale. M. Tremblay pousse l'analogie graphique jusqu'au verbe être dans « es-tu bonne celle-là ! » (47) alors que phonétiquement rien ne l'y oblige.

Les constructions interrogatives

(page) 18 : « j'peux-tu y dire de v'nir coller ? »
21 : « a vient-tu elle itou ? »
26 : « on peut-tu commencer ? »
41 : « faut-tu toute coller ? »
41, 44, 46, 47 : « j'ai tu l'air de quequ'un qui a déjà gagné quequ'chose ? »
51 : « y va-tu y avoir des prix de présence ? »
60 : « Ca se peut-tu ? »
70 : « Y'a-tu eu une chicane ? »
92 : « Ca fait-tu longtemps que t'attends ? »

Les constructions exclamatives

(page) 20 : « c'tu assez beau, hein ? »
33, 38 : « c'tu effrayant ! »
37 : « mais v'là-tu pas que les p'tits oiseaux sont arrivés ! »
37 : « ça prend-tu une saprée ! »
39, 43 : « es-tu folle, elle, hein ? »
47 : « es-tu bonne celle-là ! »
56 : « es-tu mal élevée, c't'enfant-là ! »
63 : « j'en ai-tu arraché, rien qu'un peu »
67 : « pis a l'a-tu vieilli, rien qu'un peu !
68 : « a vous en a-tu décroché, des prix !
92 : « es-tu achalante ! »
94 : « y m'en a-tu fait faire, des affaires »
102x2 : « J'l'ai-tu assez r'gretté ! »
102x2 : « faut-tu être bête ! »

Les interjections

Mot invariable qui marque l'irruption dans le discours d'une sensation ou d'un sentiment personnel exprimés avec vivacité[142].

Plusieurs formes interjectives peuvent être relevées. Elles n'ont pas de fonction grammaticale dans la phrase, aucun rôle syntaxique et sont souvent suivies d'un point d'exclamation dont la fréquence a été évoquée dans l'approche prosodique.

—Les cris ou onomatopées : « aïe », « ah », « ayoye », « euh » (comme marque d'hésitation et de correction : 28-44-51) et le « hein » souvent particule finale interrogative mais quelquefois exclamative. Le détail est le suivant : 44 occurrences dont 25 sont des termes finals, interrogatifs, des « n'est-ce pas » familiers.

—Les adjectifs seuls ou accompagnés d'adverbes ou de noms : « maudit », « damné », « maudite vie plate ».

—Les noms, souvent à la prononciation altérée (voir principalement dans la partie lexique, les sacres et jurons) : « câlisse », « pantoute », « entéka », « bonyeu », « bonyenne », « seigneur ».

—Les formes verbales (des impératifs en majorité) : « crisse », « farmez-vous ».

—Les phrases entières : « maudit (verrat) de bâtard que chus donc tannée », « c'est effrayant », « c'est pas (ben ben) mêlant », « j'ai mon (hostie de) voyage ».

—Le cas des adjectifs démonstratifs déterminant un nom ou assimilé, suffixé de la particule « -là », par analogie à la forme pronominale : celui-là, celle-là... C'est un phénomène oral dû au fait que la situation fait sens et que le démonstratif évoque quelque chose de visible, d'audible ou de sémantiquement accessible à l'interlocuteur : « C't' gars-là ! »

Autres remarques : les compléments de temps et de lieu, « à » et « dans », l'utilisation du « ben ».

Les noms de lieu ou de temps introduits par « à » ou « dans » perdent fréquemment leur article : « à soir », « dans cuisine », etc.

« Dans »

Il y a 93 occurrences cette forme. L'adverbe « dedans » est contracté mais distingable dans la graphie : « d'dans » (19-21-34-41).

---

142. Maurice Grevisse, *Précis de grammaire française,* Louvain-la-Neuve, éd. Duculot, Belgique, 1995, p. 239.

Il arrive que le déterminant du nom disparaisse quand il est précédé de la préposition, mais l'incohérence de ce phénomène est notable : « dans famille » (29) mais « dans la famille » (31), « dans maison » (37) mais « dans la maison » (51-28), « dans une maison » (36), « dans vie » (81) mais « dans la vie » (93).

La graphie « dans' » est aussi attestée dans le texte et, par l'apostrophe, elle révèle la disparition du déterminant par l'absorption articulatoire :

> 15 : « dans'cuisine »,
> 15-17-28-37-51-60-86 : « dans' maison »,
> 17 : « dans' journée »,
> 40 : « dans' famille »,
> 57 : « dans' face »,
> 86 : dans' paroisse »,
> 90 : « dans' brume »,
> 90 : « dans' vie ».

« A »

Il y a 218 occurrences de la forme. Je n'ai retenu que les formes prépositionnelles, quelques « à » étant assimilables à des « a », métaplasmes de « elle ». Par analogie à la forme temporelle « à midi » (18) et à la place du démonstratif « ce », on trouve « à matin » (15-34), « à soir » (16-18-31-20, etc.), puis pour un lieu : « à shop » (18-71). Si l'article avait été conservé on aurait eu la forme contractée « au ». Il y a un exemple isolé : « la faire manger à p'tite cuiller » (34). Cependant : « à l'école » (67-68) et « à la maison » (96).

Comme pour la forme « dans », le « a » peut être graphié suivi d'une apostrophe qui caractérise l'avalement articulatoire du déterminant. La pratique orale d'une langue apparaît avant tout pragmatique et informative, c'est-à-dire que la visée seule du message sélectionne les éléments articulés. Peu importe ici la détermination de la maison, la situation de communication fait sens :

> 15 : « à' porte »,
> 17 : « à' soir »,
> 37 : « à' taverne »,
> 68 : « à' maison »,
> 84 : « a' mode »,
> 85 : « à' télévision »,
> 102 : « poignées à' gorge ».

« Ben »

Il y a 290 occurrences du mot, mais quelques grandes catégories peuvent être distinguées :

—Comme tic verbal, en début de phrase, au même titre que « donc », « alors » et « pis » ou dans d'autres parlers un « euh » ou un « 'fin » (« enfin » tronqué par aphérèse),

—Comme adverbe d'intensité à la place de « très », « vraiment » : « c'est un ben ... euh... bien beau pays », « c'est ben mieux », « c'est ben simple », « c'est ben commode », « avoir ben raison »,

—Dans le sens de « bien » le contraire de « mal » : « ben savoir », « ben aimer », « ben se tenir »,

—Avec une remarque particulière pour les cas de réduplication qui correspondent à des phrases négatives :

> 30 : « t'es pas ben ben gênée »,
> 44-37 : « c'est pas ben ben mêlant »,
> 39 : « vous devez pas avoir le goût de rire ben ben souvent »,
> 87 : « ça va pas ben ben »,
> 84 : « j'laime pas ben ben »,
> 88 : « mais c'est pas ben ben l'temps ».

Les insistances de l'oralité, « la parataxe *pis* l'emphase syntaxique »

Parce qu'une étude syntaxique exhaustive de l'ensemble du corpus est impossible et disproportionnée par rapport au temps consacré aux autres points, j'ai ciblé l'analyse sur les pages 77 à 87, cette section comprenant la fameuse « Ode au bingo ».

Absence de marque syntaxique : la parataxe

> Dans une parataxe, deux phrases syntaxiquement indépendantes sont liées dans un rapport de subordination implicite grâce à l'emploi d'une courbe mélodique commune qui dispense de l'usage d'une conjonction[143].

Cet usage, souvent associé à l'asyndète (absence de coordination explicite), est très courant au XVIIIème siècle. Voltaire, dans *Le Dictionnaire philosophique* a utilisé ce « style coupé » car « il

---

143. Georges Mounin, *Dictionnaire de la linguistique* (1995), *op. cit.*, p. 248.

[préférait] la notation d'un fait brut à l'explication de ses causes [...] et [cherchait] à laisser le lecteur découvrir par lui-même la conclusion des faits présentés[144] ». Mais cela constitue avant tout un penchant naturel de l'oral, qui étant acte de communication en situation, peut se passer de marques explicites grâce à l'intonatif et au paralinguistique. Alliés au débit souvent rapide de la variante orale populaire d'une langue, les conjonctions et coordonnants auront tendance à disparaître s'ils ne constituent pas le centre du message à transmettre.

Il est incontestable que l'enchaînement des subordonnées dans la langue des Belles-sœurs relève plus de la parataxe que de l'hypotaxe, mais ne s'y réduit pas exclusivement. Ainsi aura-t-on les formes développées de « parce que », « puisque » et une multitude de « donc ».

La présentation sous grille (selon les méthodes du G. A. R. S.) est un bon moyen pour mettre en évidence le lien implicite.

L'exemple suivant : « Laisse-les donc parler. Y'aiment ça s'faire des drames à noirceur. Y savent ben dans l'fond que tu fais rien de mal au club » (80) peut s'analyser ainsi :

Laisse-les donc parler					
	[car]	Y'aiment			ça s'faire ...
	[mais]	Y savent	ben	dans l'fond	qu'tu ....

La plupart du temps, la marque syntaxique manquante relève de la cause ou de la concession. Françoise Gadet, en parlant plus précisément de la pratique orale du français, remarque qu'une étude grammaticale basée sur l'écrit aurait vu trois indépendantes. Mais le caractère oral et la prise en compte de l'intonation tendent à montrer un lien, qui relève alors du « syntactico-intonatif ».

Si la pratique orale de la langue française dans un milieu populaire se caractérise à la fois par sa grammaire à trou, ses insistances et ses mises en relief de certains syntagmes, elle possède aussi des solutions intermédiaires, des mots passe-partout, ou éléments polyvalents, tels le « que » et le « pis ».

---

144. J.-R. Monty, « Étude sur le style polémique de Voltaire », *Studies on Voltaire and the Eighteen Century*, cité par Brigitte Buffard-Moret, *Introduction à la stylistique*, Paris, Dunod, 1998, p. 78.

Les éléments polyvalents, le cas de « pis »

L'étude est donc centrée sur l'emploi multiple de « pis », sachant cependant qu'une approche plus poussée devrait également analyser le cas du « que ». Le choix s'est fait par rapport au degré de spécificité québécoise. Des études sur le « que » en français parlé ont été menées par Claire Blanche-Benveniste, d'une manière plus générale.

Ce propos s'appuie pour la démarche analytique sur l'article d'Alain Giacomi, Henrietta Cedergren et Malcah Yaeger.

Le texte de M. Tremblay comporte deux formes « puis », prononcées par Lise de Courval, contre 256 « pis » dont les utilisations sont diverses et disparates.

1-Le premier usage a une fonction de coordonnant entre des syntagmes nominaux ou des propositions indépendantes. Le « pis », dans ce cas, peut être remplacé par le « et ». Lors d'une mise en grille, on assistera à une accumulation sur l'axe paradigmatique (82) :

D'abord, y'avait	sa famille	à elle	hein !
	son mari		
	Oscar David		
	elle		
	Fleur-Ange David		
pis	leurs sept s'enfants		
	Raymonde		
	Claude [...]		
pis	Yves.		

2-Le deuxième usage a une fonction de coordonnant entre deux propositions subordonnées (suivit ou non de « que »). Il peut recouvrir une nuance circonstancielle de temps, de cause ou introduire simplement une relative ou une complétive (avec certains verbes).

—Complétive (35) :

J'me dis	que le Bon Dieu		est	bon
pis	qu'	y	va	m'aider à passer [à travers.

—Dans une structure présentative (37) qui n'est pas sans rapport avec la relative : « Les structures à présentatif (au sens large) mettent souvent en jeu des éléments introduits par *qui* ou *que*, en des schémas qui ne sont pas sans rapports avec les relatives[145]. »

145. Françoise Gadet, *Le français ordinaire* (1997), *op. cit.*, p. 134.

C't'un gars à taverne	qui		avait besoin	d'argent
pis	qui	y	a vendu	ça [pas cher.

3- Enfin, la troisième utilisation est plus spécifiquement orale et n' a pas d'équivalent écrit puisqu'elle relève des scories, productions spontanées et non-corrigibles, qui sont éliminées à l'écrit, production non-spontanée, relue et corrigée. Elle relève de ce qu'Anna Maria Martirena appelle les « marqueurs d'interaction ».

Le « pis remplisseur de pause » est assez présent. D'autres marqueurs « remplisseurs de pause » existent comme le « t'sais » dont l'absence dans le texte est surprenante, le « ben » que nous n'avons pas le temps de développer mais qui constituerait aussi un point intéressant à analyser chez M. Tremblay.

Le texte des *Belles-Sœurs* présente une certaine quantité de marqueurs d'interaction « embrayeurs de phrase », c'est-à-dire en début de réplique (76 occurrences sur les 256 totales). Il a souvent valeur d'insistance. Dans le sens de « en plus » et peut être renforcé de « même » : « elles sont aussi belles aujourd'hui, pis même, des fois, sont plus belles ! » (48), ou bien « pis surtout » (79) ou « pis toujours » (63), etc.

L'emphase syntaxique

> *On considère ici tous les énoncés dont la forme n'est pas analysable en un schéma sujet-verbe-objet : on regroupe donc sous ce terme un certain nombre de structures typiques de l'oral, qui échappent à l'ordre des mots canoniques, tout en relevant de plusieurs types*[146].

Les principaux moyens pour isoler d'une façon expressive un élément de la phrase relèvent d'un processus ou de dislocation.

Ces critères d'analyse cherchent à normaliser, à régulariser la situation de langue dite « désossée » qui est celle du parler populaire et donc du joual. Plus que d'insister sur la déconstruction de la langue par son usage oral, cette approche pose une certaine régularité et légitime donc des structures syntaxiques plus fréquentes à l'oral autrement qu'en les dépréciant.

—*La dislocation* se présente avec l'élément détaché à droite ou à gauche, repris ou non par un pronom. Le corpus offre un égal étalage

146. Françoise Gadet, *Le Français populaire* (1997), *op. cit.*, p. 74.

de ces formes. Il est très fréquent que le sujet grammatical soit un pronom et qu'il soit ensuite développé par le nom correspondant en guise d'adresse.

> « Tu peux t'en aller, si tu veux, Pierrette. » (81)
> « J'espère au moins que vous allez vous confessez, Angéline Sauvé ! » (78)

ou bien encore :

> « Les clubs, c'est pas la fin du monde. [...] C'est ben l'fun, les clubs » (78)
> « Y'aiment ça, s'faire des drames à noirceur. » (80)
> « J'aime ça, avoir du fun », « J'aime ça, aller là » (79)

On trouve fréquemment une dislocation à droite et une à gauche :

> « Moi, j'aime ça, le bingo ! », « Moi, j'adore ça, le bingo ! » (87)
> -etc.

Brigitte Buffard-Moret remarque que cette structure « se rencontre souvent à l'oral [...] parce qu'ils [les locuteurs] oublient qu'un syntagme nominal sujet dispense de l'utilisation du pronom personnel, elle devient la marque d'un niveau de langue familier, associée à d'autres éléments pareillement connotés[147] ». Parmi ces éléments connotés, il faut compter l'emploi du « ça » à la place de « cela ».

—*L'extraction* (aussi appelée phrase clivée) est peut-être le processus le plus présent : il y a 431 formes de « c'est ». Elle se caractérise par l'isolation d'un élément au moyen de structures présentatives. La plus fréquemment retenue est « c'est... qui/que » qui est polyvalente, mais on trouve aussi « y'a », « voilà », « ça fait » :

> « C'est l'diable qui parle dans ta bouche ! » (78),
> « ça fait que c'est pas le temps de nous chicaner » (80),
> « c'est moi qui va partir » (81),
> « La v'là qui r'commence avec son abbé Gagné ! » (84),
> « ça fait déjà pas mal de temps qu'ils se pratiquent » (85),
> « C'est le B14 qui me faut ! C'est le B14 que j'veux ! » (87), etc.

—Enfin, on peut remarquer une forme d'extraction que certains appellent la *phrase pseudo-clivée* et qui se caractérise par sa structure en « ce qui/que... c'est que... » C'est cette même structure qui sert à former l'interrogation « qu'est-ce que/qui... ? » qui se trouve

---

147. Brigitte Buffard-Moret, *Introduction à la stylistique* (1998), *op. cit.*, p. 80.

généralement tronquée dans le texte en « Que c'est que/qui ? » : « Que c'est que t'avais d'affaire à v'nir icitte, toé, à soir ? » (80), « que c'est que j'vas faire, mon Dieu, que c'est que j'vas faire ? » (81). On ne trouve quasiment aucun exemple de la forme déclarative.

Le texte exploite bien les caractéristiques linguistiques majeures du mode de production oral et du milieu social concerné aux niveaux phonologique, lexical et morphosyntaxique mais, confronté à des analyses scientifiques sur corpus réels, il apparaît souvent lacunaire. M. Tremblay offre une sélection stigmatisant la réalité de cette variante.

Lise de Rivarol... euh... de Courval !

> *Ce qui distingue notre langue des langues anciennes et modernes, c'est l'ordre de la construction de la phrase. Cet ordre doit toujours être direct et nécessairement clair. [...] Or, cet ordre, si favorable, si nécessaire au raisonnement, est presque toujours contraire aux sensations, qui nomment le premier l'objet qui frappe le premier [...] parce que l'homme est plus impérieusement gouverné par les passions que par la raison*[148].

Étonnante distinction qu'il s'agirait plutôt aujourd'hui de situer au niveau écrit/oral d'une même langue. L'inversion et la mise en valeur par des processus non canoniques sont devenues des marques du mode de production oral plutôt que des caractéristiques de langues étrangères (au français). L'antithèse raison/passion est une qualité intrinsèque à UNE langue ; antithèse qui reprend la distinction entre discours écrit, réfléchi, retravaillé et dont les scories ont été éliminées et discours oral, spontané, émotif et chargé sémantiquement par un contexte de communication qui échappe à la simple lecture.

Il faut distinguer oral et écrit comme deux variantes d'une même variable : l'unité-langue du français, ne réduisant ainsi pas langue à norme écrite mais la faisant composition et état d'une multitude de variantes définies selon des contraintes linguistiques, sociales et situationnelles (stylistiques) et dont le joual fait partie.

M. Tremblay pourrait illustrer ces remarques, dans la mesure où Germaine Lauzon représente de manière caricaturale l'étrangère à la syntaxe claire et Lisette de Courval la missionnaire du discours organisé, réfléchi et conforme à la norme académique. Il faut

---

148. Antoine de Rivarol, *Discours sur l'universalité de la langue française*, 1783, cité par Gilles Pellerin, *Récits d'une passion, Florilège du français au Québec* (1997), *op. cit.*, p. 131.

cependant nuancer, car chacune empiète sur le domaine de l'autre et le contamine.

Pour cette approche comparatiste entre syntaxe dite standard écrite et syntaxe dite populaire orale (toujours dans ce rapport de variation), je renvoie aux travaux dirigés par Claire Lefebvre qui introduit, en reprenant William Labov, la notion de variable et de variantes sociolinguistiques qui lui sont associées.

Considérant que « l'approche sociolinguistique est basée sur le fait qu'il existe plusieurs façons de dire la même chose », la déduction suivante s'impose : « des constructions formellement différentes ayant une même fonction référentielle peuvent avoir des fonctions sociales différentes ». La variation syntaxique montre que plus la structure se réclame de la norme et plus elle est proche de la norme écrite et dénote un style formel. Au contraire, plus la variation ira du côté de la spontanéité et des scories qui en résultent, plus elle dénotera un style informel.

C'est dans ce sens qu'il faut comprendre que « les versions standard et populaires d'une même construction peuvent être considérées comme des variantes d'une même variable [...] la variable est une entité abstraite qui jouit de deux ou plusieurs réalisations substituables dans les mêmes contextes, ces dernières sont appelées variantes ».

Mais, dans des contextes différents, ces réalisations peuvent avoir des effets pragmatiques différents car « le fait d'utiliser la forme appropriée au bon moment fait partie de la compétence à communiquer des membres d'une communauté linguistique »[149].

La sélection de ces variantes n'est donc pas libre mais contrainte par le social et le linguistique ainsi que par la situation d'énonciation et l'intention du locuteur. Dans ce cas, le terme de « co-variation » semble approprié chez un même individu (la sélection de telle ou telle variante définira un style) ou entre plusieurs individus (marquant ainsi l'appartenance à un niveau linguistique et donc social).

Le texte propose, dans l'ensemble, une exposition des compétences de communication d'une classe précise, dans une époque précise, dans un lieu précis. À l'intérieur de cette compétence, se trouve la définition d'un style individuel en fonction des contextes de l'acte d'énonciation. À une situation une variante : l'exemple du « s'il vous plaît » au téléphone et très caractéristique. Françoise Gadet pose

149. Pour les citations précédentes également voir : *La Syntaxe comparée du français standard et populaire,* tome 1 (1982), Claire Lefebvre (dir.), p. 38.

la même variation entre « langue du dimanche » et « langue de tous les jours ».

En effet, une langue, même socialement déterminée, se compose de plusieurs niveaux qui offrent autant de variantes que de situations, que d'individus et que d'intentions de ces derniers. Germaine Lauzon possèderait les variantes basilectales et Lisette de Courval les variantes acrolectales. Ceci vaut également pour la prononciation et le lexique :

> *Basilecte* : dans une situation de *continuum* linguistique, ce terme qualifie la variété la plus éloignée du pôle défini comme usage supérieur.
>
> *Acrolecte* : dans une situation de *continuum* linguistique, ce terme qualifie la variété la plus proche du pôle défini comme supérieur[150].

Il faut retenir de ces définitions d'une part, la notion de variété, développée ci-dessus et d'autre part, la notion de continuité.

Germaine Lauzon se pose, par le poids du nombre de ses prises de paroles (environ 129 contre 51 pour Lisette de Courval) et par le nombre des ses « presque sœurs », comme la référence linguistique du milieu qu'elle représente, plaçant ainsi sa rivale en position d'infériorité. Le schéma habituel est renversé afin que la norme du français de France apparaisse comme marginalisée (et ridiculisée). Cette pièce offre le négatif de la situation présentée dans le *Dom Juan* de Molière où la parlure de Sganarelle était la touche pittoresque : « C'est le laid personnifié et qui fait rire » écrivait Sainte-Beuve ou encore « Un être dérisoire : expression à la fois bouffonne et pathétique de notre condition » reprend A. Adam[151]. La langue bouffonne ici n'est pas le parler populaire mais le « perler » pointu de cette « Uropéenne » d'emprunt.

Germaine Lauzon est un type de personnage et de discours linguistique. À elle les tics verbaux qui ponctuent ses phrases et escamotent la continuité d'une syntaxe « à la Rivarol ». Sa première grande réplique donne le ton et se présente comme un condensé des remarques générales faites sur la variation syntaxique populaire. À elle les fautes de morphologie verbale, les fautes de constructions, les détachements. Linda, son double, tient le même langage (à cela près

---

150. Pour les deux définitions : Marie-Louise Moreau, *Sociolinguistique, concepts de base* (1997), *op. cit.*, p. 60 et p. 19.

151. *Dom Juan*, Molière, annexes critiques, Petits classiques Bordas, Paris, p. 120-121.

qu'elle vouvoie sa mère). Germaine Lauzon utilise le langage de l'émotion, non celui de la raison. Elle s'emporte facilement et, dans ses mouvements d'humeur, bouscule la syntaxe qui devient elliptique, expressive, par des phrases nominales, par des énumérations sans fin.

Lisette de Courval, quant à elle, se présente comme le porte-parole isolé du « français pur et académique ». Ayant voyagé en « Urope », elle se considère comme une courtisane parisienne aux bonnes manières au milieu de provinciales gauches et vulgaires.
En effet, à elle les négations complètes, les formes verbales correctes, les participes passés accordés, la syntaxe canonique…
Mais dès lors que l'émotion reprend ses droits sur la raison et la maîtrise presque écrite du discours oral, Lisette de Courval oublie sa mondanité :

> *Lisette de Courval*— C'est ben simple, vous m'émouvez jusqu'aux larmes. (53)

Ou bien encore, aux pages précédentes, les discours de Rose Ouimet et Lisette de Courval qui se superposent dans la reprise de :

> *Lisette de Courval*— J'ai-tu l'air de quelqu'un qui a besoin de ces affaires-là, moé… euh, moi ?[…]
> *Rose Ouimet*— J'ai-tu l'air de quequ'un qui a déjà gagné quequ'chose ? (48)

Son cri de douleur, l'aveu déchirant de la honte qu'elle a « d'eux-autres » est bien plus étonnant encore. Elle n'a jamais fait autant de fautes que dans cette tirade (p. 59). Elle rejette une partie de la société stigmatisée par son langage en adoptant ce même langage.

La pièce apparaît comme la ridiculisation des « baise-le-bon-parler-français », comme les appelle M. Tremblay, et révèle leur avalement progressif par la réalité jouale. Lisette de Courval, dans le deuxième acte, se fait meneuse de revue et lance l'« ode au Bingo » (86) : elle s'est prise au jeu… au jou… au joual.

Il est difficile d'étudier séparément phonétique, lexique/sémantique, morphologie/syntaxe et énonciation, car le découpage atomistique du matériau linguistique est quelque peu artificiel. De cette introspection systématique, il faut donc retenir la connaissance certaine qu'a l'auteur des mécanismes sociolinguistiques et de leurs utilisations à des fins autres que celle de simple témoignage objectif et scientifique.

CHAPITRE III ~LE COUP DE STYLET[152]

Le coup de stylet renvoie à la formule de Gustave Flaubert, « un style qui vous entrerait dans l'idée comme un coup de stylet[153] », comme un poinçon, comme un poignard. Le stylet c'est aussi à l'origine, ce qui sert à écrire, à graver dans des tablettes de cire ou de bois, le prolongement de la main de l'écrivain ; et chaque écrivain grave à sa manière, a son propre style. Je m'intéresse à la « marque Tremblay », dans les deux sens du terme : ce qui est reconnaissable chez lui et ce qui fait label (ce qui fait enseigne, ce qui s'enseigne). Mais comment s'y prendre pour isoler le style, un style, quand le terrain d'investigation est aussi complexe à délimiter ?

> Tout fait de littérature suppose des écrivains, des livres et des lecteurs ou, pour parler d'une manière plus générale, des créateurs, des œuvres et un public. À tous les points du circuit, la présence d'individus créateurs pose des problèmes d'interprétation [...] Autrement dit, il y a —au moins— trois fois mille façons d'explorer le fait littéraire[154].

Au moins trois fois mille façons ? Autant affirmer tout de suite l'impossibilité d'exhaustivité. Il conviendrait d'aborder ces trois facettes du style, à savoir l'auteur, le texte et le lecteur. D'autres

---

152. Les réflexions théoriques sur l'évolution de la notion de style sont extraites d'une partie de mon travail de Diplôme d'Études Approfondies Lettres et Art, *Le Coup de stylet, (Qu'est-ce) qui fait le style ?, Essai de définition d'une notion et d'une pragmatique*, Université de Provence, Aix-en-Provence, juin 2000.

153. Gustave Flaubert, *Correspondance*, « Lettre à Louise Colet », 24 avril 1852.

154. Robert Escarpit, *Sociologie de la littérature* (1958), Paris, Presses Universitaires de France, 1992 (8e édition), p. 3-4.

diraient émetteur, message et récepteur, le premier et le dernier étant compris comme individus dans un temps, un espace et une valeur littéraire donnés. L'approche stylistique doit prendre en compte les acquis de la linguistique de l'énonciation et de la pragmatique.

Du style linguistique au style littéraire

Se contenter de l'étude linguistique d'un texte littéraire serait s'arrêter à mi-parcours. Le style, en linguistique, est ce qui relève de la réalisation concrète, individuelle de la langue, autrement dit de la parole. J'ai voulu, dans la partie précédente, montrer l'expressivité et l'efficacité de cette parole. Mais de quelle expressivité et de quelle efficacité est-il question en art ? Sont-ce les mêmes qu'en linguistique : le but est-il seulement la communication, le transfert d'une information ? Le signe linguistique et le signe littéraire ont-ils la même valeur ? Je serais tentée de dire que le deuxième, s'il se superpose au premier, le déborde. Le langage littéraire est une plus value par rapport au langage quotidien. S'il se doit d'être efficace, ce n'est plus seulement —voire pas obligatoirement— en terme de communication (de lisibilité), mais en terme d'esthétique (d'art). Bref, ce qu'il convient de rechercher pour aborder la question du style littéraire, ce sont des formes *esthétiquement* significatives :

> Les faits stylistiques ne peuvent être appréhendés que dans le langage, puisqu'il est leur véhicule ; [...] il faut bien qu'ils aient un caractère spécifique, sinon, on ne pourrait les distinguer des faits linguistiques. [...] Par style littéraire, j'entends toute forme écrite individuelle à intention littéraire [...] le style est compris comme un soulignement (*emphasis*) (expressif, affectif ou esthétique) ajouté à l'information transmise par la structure linguistique[155].

Par où aborder l'analyse de cette valeur ajoutée ?

Le trois des trois fois mille façons de Robert Escarpit, autrement décliné en *intentio auctoris*, *intentio operis* et *intention lectoris* par Umberto Eco[156], est repris par Joëlle Gardes-Tamine qui propose trois niveaux d'étude soit trois stylistiques. Le *niveau poïétique* est celui qui « concerne la production du texte, mouvement des idées à

---

155. Michael Riffaterre, *Essais de stylistique structurale*, Paris, Flammarion, 1971, p. 28-29-30.

156. Umberto Eco, « Notes sur la sémiotique de la réception », *Notes sémiotiques*, Document du Groupe de Recherche Sémio-linguistiques, Paris, EHESS, CNRS, Institut National de la Langue Française, volume IX, 81, 1987, p. 11.

l'époque où l'écrivain a travaillé, conditions sociales, sources et intertextualité, biographie, sentiments, mouvements de l'inconscient. C'est à ce niveau que le style est défini comme intention et comme choix ». Puis vient le *niveau textuel*, « le niveau du texte lui-même, envisagé dans son organisation immanente [...] la conception du style comme récurrence de certains traits. » Et enfin, il est question du *niveau esthétique*, celui qui concerne la « réception de l'œuvre qui est dépendante de l'espace et du temps »[157]. Cette dernière implique une considération du style comme effet à réception.
Trichromie ou pas, ce qui importe est apparemment la question de l'autorité : à qui attribuer la valeur littéraire ? « Pour l'histoire littéraire, l'œuvre, c'est le style et le style, c'est l'auteur, ce qui a pu varier, entre autres choses, au sein même de l'histoire littéraire, c'est sans doute la réponse à la question : qui est l'auteur[158] ? »

Quelle esthétique ?

Dire que ce qui permet de sélectionner le signe littérairement pertinent est son rapport à l'esthétique déplace le problème sur la notion d'esthétique. Quelle définition en donner, quelles définitions ?

> Messieurs,
> Je vous déclare tout d'abord que le nom seul de l'Esthétique produit encore sur moi un effet d'éblouissement, si ce n'est d'intimidation. Il me fait hésiter l'esprit entre l'idée étrangement séduisante d'une « science du Beau », qui, d'une part, nous ferait discerner à coup sûr ce qu'il faut acclamer, ce qu'il faut détruire [...] ; et, en regard de cette idée, l'idée d'une « Science des sensations », non moins séduisante[159].

Cela revient à opposer deux conceptions de la valeur artistique : absolue dans le premier cas, relative dans le second. Ce qui sous-tend ces deux visions est le rapport au réel. Toute problématique artistique est alors appréhendée comme problématique du réalisme. Dans le cas d'une valeur absolue, le réel est considéré comme existant indépendamment de l'artiste qui doit alors mettre tous ses efforts à imiter ce réel, à tendre à la perfection de la *mimesis* du monde qui est

157. Joëlle Gardes-Tamine, *La Stylistique*, Paris, Armand Colin, 1992, p. 24.
158. Jean-Marc Lemelin, *Le Sens, de la transcendance à l'immanence ou pour une science subjective*, Montréal, Triptyque, 1994, p. 15.
159. Paul Valéry, *Préambule du Discours sur l'Esthétique*, dans *Œuvres complètes*, Paris, Gallimard, « Bibliothèque de la Pléiade », t. I, 1959, p. 1295-1296.

Unique et Indivisible, comme son Créateur. Ce monde ne dépend pas de la perception de l'artiste. Les règles, les recettes artistiques sont les mêmes pour tous ceux qui prétendent faire de l'art. Une telle conception relève, si l'on peut dire, du monothéisme du Beau et suppose une fusion entre vérité, réalité et beauté. Bref, dans ce cas, la position est tranchée : ou on suit les règles artistiques établies et on rentre dans le rang, ou on ne les suit pas et on est déclassé en tant qu'artiste comme l'est un hérétique en religion.

La deuxième définition relève de ce que l'on peut appeler le « syndrome de Cézanne ». Le monde représenté par les impressionnistes est une réalité intériorisée, une « réalité sensorielle » selon le terme de Noémi Blumenkranz, et plus le tracé fixe d'une platitude euclidienne. Le peintre, car c'est un mouvement principalement pictural, observe la réalité et traduit sur la toile les sensations que celle-ci lui procure :

> Influencés d'abord par le réalisme de Courbet, puis par les peintres du plein air [...], ces peintres [impressionnistes] partagent la même révolte contre les lois traditionnelles de la peinture et ne font confiance qu'à leur sensibilité, à leurs sensations et particulièrement à leur vision. Aussi ont-ils le souci d'observer de manière réaliste et sincère les phénomènes de la nature pour les restituer tels qu'en eux-mêmes[160].

L'art se veut alors une représentation subjective, nécessairement intériorisée du monde ou, pour reprendre les termes de Valéry, une mise en forme de sensations. Mise en forme qui doit provoquer d'autres sensations, d'autres effets, à l'œil, à l'ouie, au toucher chez celui qui « reçoit » l'œuvre : le mélomane, le spectateur, l'amateur de peinture, etc. Ainsi, comme a pu le dire le peintre Picasso, qui a subi l'influence de Cézanne : « la réalité, c'est la manière dont tu vois les choses. »

La spécificité de la communication esthétique n'est pas le passage d'une information mais le transfert de sensations, d'effets, un transfert de jouissance du monde. ...Et c'est bien là un grand péché.

Je propose, en fait, dans cette réflexion stylistique, de mettre en évidence ce qui *a priori* relève d'une *mimesis* mais qui n'est en fait

---

160. Noémi Blumenkranz, « Impressionnisme » dans *Vocabulaire d'esthétique*, Etienne Souriau, Anne Souriau (dir.), Paris, Presses Universitaires de France, 1990, p. 869-870.

qu'un effet de réalité, plus particulièrement du point de vue de la langue et de sa transcription : ce que j'ai appelé « la mimétique illusoire et l'illusion optique ». Le travail littéraire (littéral) du dramaturge a des enjeux plus importants que la simple mise en texte. Sa représentation typographique (alphabétique) du joual relève d'une « tentation du corpus » dans les différentes acceptions du terme. Enfin, la nouvelle figuration qu'il illustre est un type plus large de rapport au réel, type que j'attribue très généralement à la définition Pop du monde, à un « Parti pris du Pop Art ».

Mimétique illusoire et illusion optique

> *Le réalisme, au théâtre, se mesure [...] à la fois par l'intention : montrer la réalité brute, et par la forme, c'est-à-dire les moyens par lesquels les artistes choisissent de représenter le réel*[161].

La question qui se pose pour tout art est celle de sa capacité à reproduire, à imiter le monde mais aussi à s'en éloigner par la vision singulière qu'il en propose. Comment M. Tremblay traite-t-il la réalité ? Il est admis pour tous qu'il s'en réclame puisqu'il le fait ouvertement. Il convient d'abord de définir le réalisme comme intention d'auteur, de voir ensuite pourquoi le genre dramatique est celui qui sert le mieux cette intention et enfin de s'arrêter un instant sur ce qui permet, en plus du langage, l'identification du spectateur-lecteur aux personnages, soit la « catégorie belle-sœur ». Ce qui amène, en fait, à s'interroger sur les procédés qui rendent possible l'illusion de la réalité.

Les garanties du réalisme

> *Je pose donc comme fondement que l'imitation en tous poèmes doit être si parfaite qu'il ne paraisse aucune différence entre la chose imitée et celle qui imite*[162].

M. Tremblay a tout d'abord été perçu comme un dramaturge réaliste, voire même naturaliste, la distinction entre ces deux rapports à la réalité n'étant pas toujours très claire. On s'interroge sur le réalisme, mais y a-t-il aujourd'hui de notion plus galvaudée, plus relative que celle-ci ?

---

161. Louise Vigeant, « Visages du réalisme à travers l'histoire du théâtre », *Cahiers de théâtre Jeu,* « Le réalisme au théâtre », décembre 1997, n° 85, p. 56-64, p. 56.
162. Aristote, *Poétique*, cité par Alain Rey et Daniel Couty, *Le Théâtre*, Paris, Bordas, 1989, p. 48-49.

> La notion de réalisme, trop souvent étudiée en soi, ne peut se comprendre que dans l'évolution historique des littératures. Le réalisme n'est, à chacune de ses apparitions, qu'une volonté de retrouver l'humanité réelle dont s'est écartée la littérature d'inspiration livresque[163].

On pense ici à Honoré de Balzac et à Gustave Flaubert. Le réalisme est aussi associé à l'engagement politique lorsque l'on parle de réalisme socialiste ; réalisme qui renvoie alors à l'U. R. S. S. des années trente et qui est un investissement politique des arts, devant représenter l'être humain dans sa lutte sociale. On voit déjà des liens. M. Tremblay dit bien à plusieurs reprises que son entreprise en est une de représentation de la réalité qui l'entoure, le Plateau Mont-Royal ou quartier ouvrier de Montréal des années cinquante et soixante. « Mon but en vous l'offrant aussi crue, aussi exactement copiée sur la réalité, dit-il en parlant des *Belles-Sœurs*, n'est pas seulement de vous faire rire, mais surtout de vous faire réfléchir[164] ».

> Lorsque j'ai commencé à écrire *Les Belles-Sœurs*, à l'été 1965, les concours de millions de timbres-primes n'existaient pas encore. Je voulais décrire des femmes du milieu ouvrier de Montréal et je cherchais en vain un sujet « drôle et absurde » qui me permettrait de faire réagir mes personnages d'une façon réaliste. Mais, un jour, l'idée de ce tirage de timbres m'est venue après avoir vu, dans un autobus, une annonce de concours de vache... (Il s'agissait de compter le nombre de vaches qu'on voyait sur une belle photo en couleur et d'envoyer le résultat à telle compagnie de chocolat...) Je trouvais ce concours très drôle et très absurde. (Je m'imaginais toute une famille en train de compter les vaches sur la table de la cuisine...)[165].

Les années ont montré que sa production, prolifique, pouvait constituer, sans distinction de genre, une véritable *Comédie humaine* à la Balzac et enfin, son emploi du joual est dans la voie/voix de la lutte sociale. Du naturalisme, il faut retenir Émile Zola dont M. Tremblay se réclame plus directement que de Balzac, notamment en ce qui concerne la similarité des critiques qui lui ont été adressées au sujet de sa langue d'écriture. Le naturalisme est une école de la fin du XIXème

---

163. P. Van Tieghem, *Dictionnaire des Littératures,* Paris, Presses Universitaires de France, p. 3264-3265, 1968.
164. Michel Tremblay, programme de la deuxième création des *Belles-Sœurs*, 1971 (Ottawa).
165. Magazine *Maclean*, dans *Les Belles-sœurs* (1972), *op. cit.*, p. 152-153.

siècle qui fait suite au réalisme et qui va plus loin encore dans la représentation du réel, puisqu'elle prône une reproduction quasi-scientifique de la nature, « la formule de la science moderne appliquée à la littérature » selon les propres termes de Zola. Louise Vigeant en parle même comme d'un « réalisme pur ».

Je note, au passage, que la définition du naturaliste, celui qui prépare des animaux pour leur conservation dans des musées, n'est pas à considérer comme trop éloignée de l'entreprise littéraire, réaliste ou naturaliste, qui, consignant la réalité humaine, lui assure la postérité dans les bibliothèques. Balzac n'envisageait-il pas son œuvre comme concurrente à l'État civil ?

La distinction entre réalisme et naturalisme, pertinente à bien des égards, ne semble pas ici d'une importance capitale, car M. Tremblay ne la fait pas. C'est dans le sens large que j'entendrai réalisme, c'est-à-dire comme catégorie esthétique dans laquelle peuvent être rangées toutes les œuvres qui représentent la réalité par l'intention de leurs auteurs ; réalité le plus souvent caractérisée par la quotidienneté de la vie —les fameuses « tranches de vie »— et le milieu populaire. Cette notion générale permet aisément une réflexion sur le style. J'entends par là que le réalisme est très vite conscient de ses limites et que, bien loin de se revendiquer de la réalité elle-même, il se présente comme un effet de réalité. Émile Zola, pourtant chef de file du naturalisme, précise bien : « J'agrandis, cela est certain ; mais je n'agrandis pas comme Balzac, pas plus que Balzac n'agrandit comme Hugo. Tout est là, l'œuvre est dans les conditions de l'opération. Nous mentons tous plus ou moins, mais quelle est la mécanique et la mentalité de notre mensonge ? Or —c'est ici que je m'abuse peut-être—, je crois encore que je mens pour mon compte dans le sens de la vérité[166]. »

La parole à représenter ne peut, elle non plus, être rendue dans la totalité de son acte, car « parler n'a rien d'abstrait, c'est un comportement qui met tout le corps en mouvement[167] ». Écrite, la parole n'est plus que faits et effets de langue, le réalisme n'est plus

166. Émile Zola, « Lettre à Henri Céard, 22 mars 1885 », cité par Nadine Toursel et Jacques Vassevière dans *Littérature : textes théoriques et critiques*, Paris, Nathan, 1994, p. 163.
167. Yannick Resch, « Michel Tremblay et le bonheur de parler », *Littérature*, Paris, Larousse, n° 66, mai 1987, p. 91-101, p. 99.

qu'un élan vers le réel, un désir de réalité[168]. C'est ainsi que « Faire vrai consiste [...] à donner l'illusion complète du vrai », écrit Maupassant. J'en conclus avec lui que « les réalistes de talent, devraient plutôt s'appeler des illusionnistes. »[169]

Ce qui peut garantir la qualité de la « copie » relève à la fois de la forme de l'expression et de la forme du contenu. En effet, la langue, le joual, est un trait d'union entre la scène et la société québécoise tout comme le contenu des dialogues. Les échanges empruntent au plus pur quotidien, on y parle lessive, voisinage, on y échange les potins, etc. On peut penser aux éléments qui actualisent le discours et qui sont des références à la réalité québécoise de l'époque : la neuvaine radiodiffusée de Germaine Lauzon, le Bien-être social et le chômage, la voix mystérieuse de Duplessis, le nom des magasins (*Reitmans*), le Bingo et bien sûr les timbres. L'attitude face aux étrangers, qu'ils soient encore en Europe où qu'ils aient émigré au Québec, est aussi une réalité des années soixante et soixante-dix. Enfin, ce qui importe tout autant est le lieu de ces échanges, le plus banal qui soit : une cuisine.

Les intentions de l'auteur : son engagement, son *langagement*[170].

Est-ce que M. Tremblay est le premier, le seul à user du joual en littérature, au théâtre ? « Tous ceux qui ont fait un peu de recherche dans notre dix-neuvième siècle ont eu l'occasion de lire des textes qui étaient presque incompréhensibles, remarque Adrien Thério, non pas à cause du style mais à cause de la langue elle-même, du vocabulaire. Le phénomène joual a donc des racines très profondes. Il paraît plus moderne aujourd'hui parce qu'on lui a trouvé un nom et qu'on l'exploite pour le plaisir de l'exploiter. Autrefois, on s'en servait pour faire couleur locale, dans les dialogues. Aujourd'hui, on le fait entrer dans la syntaxe[171]. »

Le théâtre québécois ne commence pas non plus avec *Les Belles-Sœurs*, et je suis Jean Cléo Godin qui en situe l'origine avec Marcel

---

168. Lise Gauvin, « Faits et effets de langue : le réalisme comme désir », *Les Langues du roman, du plurilinguisme comme stratégie textuelle*, Lise Gauvin (dir.), Montréal, Presses de l'Université de Montréal, 1999, p. 53-71.
169. Guy de Maupassant, cité par Patrice Pavis, *Dictionnaire du théâtre*, Paris, Dunod, 1998, p. 284-90.
170. Voir l'ouvrage de Lise Gauvin, *Langagement*, Montréal, Boréal, 2000.
171. Adrien Thério, « Un joual fringant à la scène en 1968 », *Œuvres et auteurs québécois*, Montréal, Éditions Jummonville, 1968, p. 78-81, p. 78.

Dubé et Gratien Gélinas. C'est là, d'ailleurs, que naît la vocation du Michel de *Douze Coups de théâtre* : « Le mardi 10 décembre 1957 fut un très grand soir pour la télévision québécoise ; un des chefs-d'œuvre de notre littérature, *Un Simple Soldat* de Marcel Dubé, fut créé dans une fabuleuse réalisation [...] moi, j'étais muet d'admiration et de jalousie parce que c'est ça que je voulais faire dans la vie, décrire les autres, tout ce qui m'entourait[172]. »

Qu'en est-il de la période d'écriture et de création à la scène de la pièce ? Période qui porte en gésine l'œuvre tout autant que son auteur.

Au niveau romanesque, l'épisode de Parti pris, sur lequel je reviendrai, ne peut être passé sous silence avec la publication du *Cassé* de Jacques Renaud en 1964 puis de *Pleure pas Germaine* de Claude Jasmin l'année suivante. *Le Cassé*[173] est présenté comme le premier roman entièrement en joual ; joual qui est alors un moyen de se réapproprier le réel par les mots. « Le monde n'est pas exotisme : je voulais me l'approprier par les mots, nommer pour posséder[174] », confie le romancier. S'il ne fallait sélectionner qu'une année dans la décennie, ce serait incontestablement 1965 qui a vu la parution de *Prochain épisode* (roman) d'Hubert Aquin, de *l'Afficheur hurle* (poésie) de Paul Chamberland, de *L'Âge de la parole* de Roland Giguère et l'écriture des *Belles-Sœurs*. L'écart de trois ans avec la création est dû à la difficulté, pour le dramaturge, de trouver des comédiennes et un lieu acceptant de produire la pièce.

En 1968, M. Tremblay n'est pas le seul à faire monter le parler populaire sur scène. Il faut compter avec l'adaptation du *Pygmalion* de Bernard Shaw par Eloi de Grandmont au Théâtre du Nouveau Monde :

> Il était difficile d'imaginer que cette pièce puisse être traduite en français (en français et en patois) sans perdre une partie de sa saveur, de sa beauté. À la réflexion, c'était au Canada français qu'on avait le plus de chance d'en faire un succès, en réclamant les services du joual. [...] La pièce de Bernard Shaw montre bien

---

172. Michel Tremblay, *Douze Coups de théâtre*, Montréal/Arles, Leméac/Actes Sud, 1992, p. 123-124.

173. Voir une partie du travail de mon Diplôme d'Études Approfondies, Lettres et Art, « Les ouvertures esthétiques du *Cassé* de Jacques Renaud, Approche syntaxique », Université de Provence, département de linguistique, juin 2000. Mémoire déposé à la bibliothèque de l'Institut d'Études Créoles et Francophones (IECF) à Aix-en-Provence.

174. Jacques Renaud, *Le Cassé et autres nouvelles*, Montréal, Éditions Parti pris, 1977, p. 156.

> que l'éducation peut faire des merveilles. Ce que les Anglais ont accompli chez eux, pourquoi ne pourrions-nous pas l'accomplir ici[175] ?

Il y eut aussi *Le Cid maghané* de Réjean Ducharme, plus connu aujourd'hui pour ses romans. La parodie propose un va-et-vient incessant entre un français très classique et le joual. « *Le Cid maghané* nous faisait comprendre que le joual est plus différent du français que nous avons toujours voulu l'admettre. » Le travail sur la langue est doublé d'une satire des mœurs canadiennes.

On peut alors s'interroger sur le pourquoi de « l'effet bombe » produit par *Les Belles-Sœurs*. M. Tremblay n'arrive-t-il pas au milieu d'une tempête qu'il n'a pas provoquée ? C'est que sa pièce fait un pas supplémentaire, fait « réfléchir », comme il le souhaite, en étant du « joual tout pur » : « qu'un auteur écrive toute une œuvre en joual, qu'il se serve de nos meilleurs jurons, les mettent dans la bouche de bonnes mères de famille, c'était dépasser les bornes. [...] Jamais un auteur n'avait réussi à nous accuser de la sorte, à nous dénoncer du haut de la montagne. »[176]

M. Tremblay ne s'est pas concrètement engagé dans les mouvements revendicateurs de cette décennie. Ceci est d'autant plus étonnant que, finalement, c'est son œuvre, sa pièce, qui fait aujourd'hui figure de symbole. En effet, il n'a jamais été question pour lui de signer un quelconque manifeste. En utilisant la langue des quartiers populaires sur scène et surtout en lui attribuant un degré d'authenticité québécoise par rapport au français de France, à travers le personnage de Lisette de Courval, il renverse la situation de diglossie, il déplace les langages, et « rien n'est plus essentiel à une société que le classement de ses langages. Changer ce classement, déplacer la parole, c'est faire une révolution[177]. »

Idée que l'on retrouve dans les propos de Gaston Miron, célèbre poète et fondateur des éditions de l'Hexagone :

> La littérature n'est pas qu'une expressivité, elle est aussi un acte, son action en est une de dévoilement de l'aliénation et de son dépassement [...] Publier devient donc un acte aussi probant que l'action politique[178].

---

175. Adrien Thério, « Un joual fringant à la scène en 1968 » (1968), *op. cit.*, p. 78-81, p 79.
176. *Ibid.*, p. 78-81, p 79 et p. 80.
177. Roland Barthes, *Critique et Vérité*, Paris, Le Seuil :1966, p. 45.
178. Gaston Miron cité par Robert Major, *Parti pris : idéologie et littérature*, Montréal, Hurtubise HMH : 1979, p. 61.

Ce réalisme est engagé par une nécessité identitaire : il faut revenir à la réalité pour se définir ; réalité qui semble avoir été oubliée ou camouflée. Le joual participe en ce sens d'une nouvelle figuration, d'un nouveau réalisme, qui rompt avec la tradition puriste et bourgeoise.

Le but est d'ôter une double illusion, celle de ceux qui sont encore des Français canadiens et celle de ceux qui n'ont pas conscience de leur aliénation. Au début, il ne s'agit pas tant de promouvoir le joual pour le joual (même si, à l'occasion, cela est fait) mais d'assainir ce terrain « sacré » et miné par les anglicismes, afin de pouvoir construire une véritable identité québécoise qui ne baisse pas les yeux devant la culture française de France.

La bivalence, l'ambivalence même, de la définition identitaire québécoise est aussi visible dans l'interprétation qui fut faite de la célèbre phrase du Général de Gaulle, venu à Montréal en 1967. « Vive le Québec libre ! » est plus le résultat d'un politicien imprévisible — l'adresse à la foule n'était pas prévue— réagissant en reconnaissance de la propagande française menée au Québec contre la puissance anglophone et américaine des États-Unis. Mais le Général ne parle que de Canadiens français et pas encore de Québécois. La différenciation culturelle d'avec le reste du continent est ainsi garantie par la France, mais inversement qu'en est-il de la spécificité québécoise par rapport à l'ancienne puissance colonisatrice ?

> « VIVE LE QUÉBEC LIBRE ! »
> Une phrase sans sujet. C'est normal, puisque nous n'existons pas. Avec un complément d'objet direct cependant : Québec. Un adjectif qualificatif : libre. Un verbe transitif : vivre.
> … Vivre au Québec libre !
> … Vivre libre au Québec ?
> … Libre, Vive Québec ! ?
> De vivre, de Québec, de libre nous avons fait le nouveau triangle, la nouvelle trinité. En somme ce que tout jeune Québécois qui veut devenir écrivain doit savoir, c'est qu'on n'échappe pas sa condition de Québécois.

Sur le plan littéraire, la distinction est plus aisée avec les Anglophones puisque la langue n'est pas la même. Le choix du français comme langue d'écriture est une marque suffisante. Mais comment remettre Paris à sa place en gardant la sienne, puisque c'est du français dans les deux cas ? En marquant plus largement la différence et en revendiquant ce qui, jusqu'ici, a été caché ou mis entre guillemets : la langue populaire, lieu le plus dynamique et le plus typique des variations linguistiques :

> On a beau naître un jour dans les pages roses ou blanches d'un manuel d'histoire de la littérature française, croquer les madeleines de Proust, fréquenter Gide, admirer Michaux, imiter Simon, les racines québécoises deviennent peu à peu des lianes.[179]

Les écrivains font, en quelque sorte, leur « service-littéraire » — le front étant quelque part entre Montréal et Paris. Ce qui semble alors manquer aux Québécois c'est la reconnaissance de leur américanité par les Français. La période de crise est donc double : l'identité québécoise se réclame d'une certaine « francité » par rapport aux Anglophones mais également d'une certaine « américanité » par rapport aux Français.

Serge Rigolet, introduisant un entretien avec l'auteur, écrit : « il défend ses envies d'explorer et de faire connaître ce petit peuple québécois dont il est issu ». Je retiendrai de cette citation trois points essentiels : explorer et faire connaître, ainsi que la dimension autobiographique qui ne fait que donner plus de poids au réalisme. À la question : « pourquoi avoir choisi d'évoquer ce milieu populaire ? », M. Tremblay répond : « parce que j'y suis né : ce qui me semble la meilleure raison du monde. »[180]

Son théâtre peut se définir comme du théâtre populaire et « le concept de peuple [...] ne comprend que ceux qui louent leur force de travail. Peuple est la désignation générique pour les ouvriers, les paysans ». Le Théâtre populaire, catégorisé comme genre et associé à un engagement politique, peut aussi rappeler le théâtre « d'agit-prop » dans la période de l'entre-deux guerres, ou bien encore rejoindre le réalisme socialiste qui a pour mission, selon Bertolt Brecht, la « formation de distanciation de l'individu face à la société et de sa responsabilité de son état »[181]. Ce rapprochement, s'il peut paraître aventureux, est pourtant révélateur d'une époque où la littérature (l'art

179. Les deux dernières citations mises en évidence dans le texte sont empruntées à Jacques Godbout, « Écrire », *Europe*, « Littérature nouvelle du Québec », mars 1990, p. 115-122, p. 11.

180. L'entretien est retranscrit dans *Le Magazine Littéraire*, « André Malraux, l'art et l'histoire », « Supplément Québec 86 », Paris, octobre 1986, n° 234, p. 92-128, p. 108-109.

181. Les citations sont extraites du *Dictionnaire du Théâtre* de Patrice Pavis (1998), *op. cit.*, p. 725.

en général) se conçoit en grande partie comme engagée dans l'écriture d'un livre unique, le livre national défini comme suit par Jacques Godbout, non sans ironie d'ailleurs :

> Il n'y a au Québec qu'UN seul écrivain, NOUS TOUS. [...] La littérature québécoise est un texte unique qu'on déroule comme un tapis de Catalogne, chaque guenille colorée est un auteur, un livre ; nous n'en sommes pas encore à la littérature individualiste ou anarchique, chaque texte doit donc rentrer dans le rang sans quoi il tombe dans l'oubli. [...] La littérature québécoise est un long texte écrit par plusieurs auteurs qui viennent faire leur numéro puis se retirent, elle a un même ton, un même symbolique ; c'est une course à relais. [...] Un auteur québécois n'a donc de valeur que s'il participe de façon intense au TEXTE UNIQUE, mais aussi il ne pourra exister que s'il découvre les clefs du TEXTE NATIONAL[182].

Cette définition, certes exagérée car visant une dénonciation, comporte pourtant une part de vérité. L'œuvre du M. Tremblay de cette époque, si elle ne s'y réduit pas, participe aussi à la rédaction de ce livre national. Je dis de cette époque car l'évolution de son œuvre, symptomatique de l'évolution de la littérature québécoise, en est une d'individualisation. À tel point que d'un collectif dramatique qu'est une pièce d'où il se disait absent, il en est venu à l'autobiographie dans le roman comme au théâtre, il en est venu à se faire personnage de son univers fictionnel.

La fin justifie les moyens… du théâtre

Puisque son intention est de montrer la réalité d'une manière tellement efficace qu'elle suscite la réflexion, d'offrir des personnages auxquels les Québécois puissent facilement s'identifier, le théâtre semble le meilleur moyen d'y parvenir. La *mimesis* est plus flagrante au théâtre qui substitue à la réalité *in vivo* une autre réalité *in vivo*, celle des acteurs et de la représentation. Ce qui n'est pas le fait de la littérature au sens strict. Si, dans les deux cas, il y a bien fiction et obligation pour les spectateurs ou pour les lecteurs d'être des « bernés consentants » (Jean Genet), dans le cas du théâtre, cela est beaucoup plus direct. La « vraie vie » est plus facilement représentable avec des objets réels et des êtres de chair qu'avec de l'encre et du papier. C'est précisément ce qui fait la richesse d'un texte de théâtre qui doit rendre compte par écrit de ce qui est d'une nature tout autre. La littérature

182. Jacques Godbout, « Écrire » (1990), *op. cit.*, p. 116 et 119.

demande un changement de support, un *transfert des corps*, que le théâtre ne demande pas. L'effort de fictionnalisation est plus grand dans le premier cas, l'efficacité en est différée d'autant. Susciter une réaction collective nécessite une lecture commune —en commun— du monde que le théâtre rend possible, demande même, contrairement à la lecture au sens livresque qui est une expérience plus individuelle : lire, c'est « marcher seul dans le territoire des signes[183]. »

De plus, le joual, qui n'est au départ qu'une réalité orale, imposait la force d'identification de la scène pour être reconnu comme la langue du peuple québécois. Ce n'est qu'ensuite que la convention écrite a pu être acceptée comme étant du joual : « Le joual, écrit Robert Major, est surtout un phénomène de parole, ce qui se traduit assez mal en littérature, à moins d'adopter une écriture phonétique illisible pour le profane. Le joual littéraire n'a donc aucune réalité véritable sauf par entente tacite entre l'écrivain et son lecteur. L'auteur émaille son texte de quelques éléments tirés d'un niveau inférieur de langue, le parler des basses classes qu'on ne souhaite pas voir en littérature, appelle cela du joual puisque cela est bien connu, et le lecteur accepte cette convention[184]. »

Dans le texte, M. Tremblay évoque donc d'une manière réaliste (par la langue) l'aliénation micro- et macro-sociale (famille et société au sens le plus large). La langue est aliénée, truffée d'anglicismes, de jurons et de sacres, offerte dans sa vérité la plus orale. L'aliénation et l'impuissance dans la révolte de ces femmes suivent celles du langage. Les personnages n'ont comme épaisseur que celle des mots et de leurs usages. Du début jusqu'à la fin, le cadre est unique, le décor ne change pas : une cuisine. L'extérieur pénètre la scène par l'artifice du téléphone[185] —qui est un bon exemple d'existence par la seule parole. Le discours des interlocuteurs est inaudible, ce dernier se trouve créé par les mots de celui qui lui parle sur scène. Le téléphone rend plus tragiques et plus ridicules encore les propos tenus ainsi dans le vide. La société de consommation est également représentée, toujours dans la réalité de la vie quotidienne, par les fameuses « liqueurs » que sont les *cokes* et par le réfrigérateur, symbole premier des soucis d'une ménagère et fière victoire sur le confort des foyers moyens. La scène

---

183. Daniel Pennac, *Comme un roman*, Paris, Gallimard, 1992, p. 51.
184. Robert Major, *Parti pris : idéologies et littérature* (1979), *op. cit.*, p. 308.
185. Voir aussi les propos de Marie-Lyne Piccione, *Michel Tremblay, L'Enfant multiple* (1999), *op. cit.*, p. 56 et 57.

se veut une exposition de grande banalité. Dans ce décor, évoluent quinze femmes qui apparaissent, selon Jean Le Moyne, comme l'incarnation du mythe de la femme-mère. « On manque justement d'hommes ! » dit une des Belles-sœurs, ; ils ne sont pas loin mais la manière de les faire exister n'est pas innocente :

> Aucun homme dans *Les Belles-Sœurs*, sauf en creux, en tant qu'absence, manque, déception ; au téléphone (et la communication ne se fait pas), sur l'écran, dans la tombe. Les uns travaillent, mais petitement, de nuit, et la taverne est leur syndicat ; d'autres sont au chômage, ou malades. Certains sont souteneurs, comme le « maudit Johnny », ou lâches, comme celui qui a engrossé la petite Paquette[186].

La présence masculine est représentée par les propos des quinze femmes mais le plus souvent de manière négative et reflète une aliénation sociale et sexuelle. Le mari de Marie-Ange Brouillette apparaît comme un « cochon », le Robert de Linda n'est qu'un « niaiseux » sans compter « l'écœurant » qui traîne dans les salles de cinéma. Les seules éloges envers la gente masculine concernent les Européens, des Français, « des vraies pièces d'hommes ». Jean Marais semble être le chéri de ces dames (« En tout cas, moé, Jean Marais, j'y f'rais pas mal ! ça, c't'un homme ! » [103]) : mais est-il le garant absolue de la virilité tant recherchée ? L'ironie est certaine.

L'autre place-forte dupée par ce « joual de Troie » est celle de l'Église. La religion est évoquée par la neuvaine avortée de Germaine Lauzon, par l'homme de robe dont l'une des Belles-sœurs est amoureuse, par les petites histoires compromettantes sur des nones « pas très catholiques » ! Et bien sûr, par Pierrette Guérin, aimée de ces « bonnes » sœurs dans son enfance mais qui a, pourrait-on dire, mal tourné.

Les thèmes et les idées véhiculées dans ces dialogues qui « signifient par leur insignifiance même », aussi incongrus soient-ils dans leurs enchaînements, gardent une unité dans le réalisme temporel, apparent :

> L'action des *Belles-Sœurs* a la durée exacte de sa représentation ; le temps dramatique égale le temps réel. Aucun moment de la conversation ou de la « sous-conversation » des quinze femmes n'est escamoté. Du début à la fin de la soirée, les entrées ou les (fausses)

186. Laurent Mailhot, « Les *Belles-sœurs* ou l'enfer des femmes » dans *Théâtre Québécois*, tome 1, Montréal, Bibliothèque québécoise, 1998, p. 313.

> sorties, les paroles ou les gestes, les silences, les *black-out*, s'inscrivent à leur place, à divers niveaux il est vrai, dans un déroulement continu et linéaire, une sorte de mouvement perpétuel. La division en deux actes est pure convention, simple commodité : ils s'enchaînent sans hiatus[187].

Je reviendrai sur les enjeux de ces « divers niveaux » et de ce bref moment de « pure convention » qui dénonce l'artifice théâtral autant qu'il cherche à le masquer. (voir la structure temporelle de la pièce dans l'étude annexe)
Reste à voir le ciment « belle-sœur » que M. Tremblay a su utiliser pour passer de l'individuel au collectif, pour toucher un maximum de Québécois.

Le Québec : une Province de Belles-sœurs ?

La raison pour laquelle cette pièce a touché énormément de gens, c'est que chacun, au Québec, à défaut d'en être une, connaît ou côtoie une des Belles-sœurs.

> La catégorie *belle-sœur* —étrangère mais proche, alliée, ralliée, située à un point stratégique— permet un intéressant trait d'union entre l'univers social et l'édifice familial. D'ailleurs, s'il y en a peu, on parle beaucoup des belles-sœurs dans la pièce, et même de « la belle-sœur d'une de mes belles-sœurs ». [...] Cette suite de compléments déterminatifs souligne le procédé *à tiroirs* des liens de connaissance. [...] Les *belles-sœurs* sont les associées, les semblables, les *presque sœurs*[188].

La bulle familiale fait ligue contre les autres, les Anglophones de l'autre côté du boulevard Saint-Laurent, la *Main (street)*, et aussi, plus loin, les Français de France qui sont la risée de ces dames avec l'Italienne du quartier deshabillée. Ce trait d'union est l'élément essentiel de l'identification ; les Québécois sont une famille et, à travers la cuisine des Belles-sœurs, c'est la société québécoise toute entière dans son aliénation qui est représentée.

> La parenté est arrivée pour ne plus s'en aller. [...] Nous sommes toujours en famille et notre maudite

---

187. Laurent Mailhot, « Les *Belles-sœurs* ou l'enfer des femmes » dans *Théâtre Québécois*, tome 1 (1998), *op. cit.*, p. 318.
188. *Ibid.*, p. 314.

> famille nous réduit tous à la même expérience aliénante. Nous nous connaissons par cœur les uns les autres[189].

M. Tremblay se défend de vouloir représenter le Québec, disant qu'il était né pour « perpétuer une rue » (le rue Fabre) : « On ne m'a jamais entendu dire, dit-il, que je décrivais le Québec. J'ai souvent dit que je ne suis pas un pays, même pas une province, même pas une ville, même pas un quartier, mais une rue. » Ginette Michaud remarque pourtant très justement que c'est l'effet contraire qui se produit : « il s'agit bien pour Tremblay [...] en décrivant une rue et même une seule rue, [...] de décrire non seulement cette rue, mais bien le quartier, la ville, la province, le pays, et l'univers tout entier qui y seraient contenus. »[190]

La condition existentielle des personnages, pour Alain Michel Rocheleau, est à mettre en relation avec celle des Francophones du Québec. La rue Saint-Laurent est la métaphore d'un espace politique : « Ces femmes sont toutes porteuses d'une aliénation inéluctable que l'on retrouve d'ailleurs inscrite dans les propos tragiques de Marie-Ange Brouillette : « Moé, j'mange d'la marde, pis j'vas en manger toute ma vie'[191]. » L'identification profonde amène donc à produire un effet tragique. Les personnages de M. Tremblay, face à l'impuissance de l'aliéné, choisiront pour certains le suicide, pour d'autres le travestissement et d'autres encore la résignation, comme les Belles-sœurs qui entretiennent le cercle vicieux par leur solidarité dans la misère — « l'enfer médiocre ne se vit bien qu'ensemble »— se passant l'aliénation de génération en génération : Pierrette Guérin enrôle la jeune Lise Paquette.

> « C'est plutôt comique, mais c'est pas aussi comique qu'on disait ». En effet, cette pièce qui a passé pour être une comédie n'en est pas une. C'est un drame, presque une tragédie. Les gens allaient au « Rideau Vert » voir une comédie. Beaucoup riaient. Il y a, en effet, de l'humour dans Les *Belles-Sœurs.* Mais c'est un humour triste. C'est un humour qui fait sourire, parfois

189. Jean Le Moyne cité par Laurent Mailhot, *Ibid.*, p. 315.
190. Ginette Michaud, « Mille plateaux : topographie et typographie d'un quartier », *Voix et Images,* Montréal, n° 42, printemps 1989, p. 462-482, p. 463-464.
191. Alain-Michel Rocheleau, « Fracture et rupture identitaires dans l'œuvre de Michel Tremblay : un regard sur les personnages du Plateau Mont-Royal », *Anglophonia, french journal of english studies*, « Canada : fracture(s) mais non rupture » Toulouse, Presses Universitaires du Mirail, 1997, n° 1, p. 123-132, p. 131.

> rire, mais fait pleurer en même temps ; il est difficile de voir éventrer toute une classe de la société, cette classe à laquelle nous appartenons tous, plus ou moins, comme un animal, comme un cochon sur la scène, sans ressentir profondément en soi une tristesse qui va parfois jusqu'à l'écœurement[192].

Bien pire encore qu'une représentation de la misère, c'est de la misère ridicule, du rire, certes figé par la reconnaissance de soi, mais du rire. M. Tremblay, aussi fin observateur soit-il, n'en reste pas à une description objective mais, par son engagement, inscrit son théâtre dans une entreprise de catharsis par le ridicule, comme le faisait Molière en voulant corriger ses contemporains de leur vices par une caricature publique.

S'esquisse ici la nature même de son théâtre qui, n'étant qu'un simulacre, doit développer un art de l'illusion dans le but de produire des effets précis. Le joual apparaît comme une arme, mais aussi comme le lieu d'une recherche esthétique, possible dans la liberté qu'il reste à l'auteur réaliste de trouver les moyens de rendre le réel, se créant ainsi un style et dépassant le réel même : on peut faire sentir la réalité par des moyens qui esthétiquement s'en éloignent. C'est bien ce que semble dire Jean Cléo Godin :

> Depuis 1968, il me semble que nous sommes entrés dans une nouvelle ère du malentendu dont *Les Belles-Sœurs* nous ont présentés le cas le plus clair : parce que cette pièce décrivait crûment la réalité populaire —certains ne tarderont pas à parler de misérabilisme—, elle a été perçue comme une œuvre réaliste, alors que son esthétique la rapproche plutôt de Ionesco[193].

Eugène Ionesco pour qui « le réalisme [...] est en deçà de la réalité »...

---

192. Adrien Thério dans *Les Belles-sœurs* (1972), *op. cit.*, p. 149-151.

193. Jean Cléo Godin, « Les avatars du réalisme québécois », *Cahiers de théâtre Jeu,* « Le réalisme au théâtre », décembre 1997. 4, n° 85, p. 65-72, p. 71.

La tentation des corpus [194]

C'est parce qu'il est libre de choisir entre plusieurs chemins que l'homme est exposé à la tentation[195].

Puisque le texte retient plus particulièrement mon intérêt, j'en arrive inévitablement à la question de la rédaction et de l'écriture phonétisante. Le mimétisme, déjà défini comme illusoire, devient donc un effet de lecture, une réalité d'apparence typographique —plus justement alphabétique—, une « illusion optique ».

> L'univers de l'apparence est, au sens propre du terme, celui de « l'illusion optique », c'est-à-dire de l'ambiguïté. Ce qui le constitue n'est pas le réel mais le choix fait par le regard d'une structure visuelle signifiante. [...] La fonction d'apparence se définit dans les mêmes termes que la fonction poétique[196].

L'illusion du réalisme, dans *Les Belles-Sœurs*, est celle de la vie, l'apparence textuelle celle des corps qui parlent.

***

L'histoire veut que le texte en joual n'ait été produit que pour la publication et que, au départ, il n'était pas question de transcription de l'oral. Peu importe, la première édition de 1968 présente déjà tout ce qu'il faut pour que l'on puisse parler d'une véritable « tentation des corpus ». Pourquoi « des » ? J'entends le terme corpus, volontairement choisi, dans toutes ses acceptions, voulant montrer que, dans *Les Belles-Sœurs,* le joual permet un lien intéressant entre chacune d'elles. Il conviendrait cependant d'approfondir davantage cette réticulation sémantique, très riche à mon avis, qui rejoint les réflexions générales sur les rapports de l'art au sacré et au profane, sur les relations qu'entretient la pratique artistique —littéraire en l'occurrence— avec l'institution religieuse et l'institution sociale[197].

---

194. Version remaniée d'une communication présentée au *IX*^{ème} *Séminaire Européen des Jeunes Chercheurs en Études Canadiennes*, Brno, République Tchèque, Université Masaryk, 16 octobre 2000.

195. D. Fouilloux, A. Langlois et al., *Dictionnaire culturel de la Bible*, Paris, Cerf/Nathan, 1999, p. 245.

196. Anne-Marie Christin, « Rhétorique et typographie, la lettre et le sens » dans *Rhétoriques, sémiotiques, Revue d'Esthétique*, 1979, 1-2, Paris, Union Générale d'Éditions, 1979, 297-323, p. 315

197. Voir plus particulièrement Michel Meyer, *Petite Métaphysique de la différence, Religion, art et société*, Paris, Le Livre de Poche, 2000 et plus spécialement les parties : « Le corps comme différence originelle », p. 17 à 38 et « Pour une esthétique différentialiste », p. 101 à 113.

L'analyse est d'autant plus riche qu'elle concerne tant le contenu que l'expression des *Belles-Sœurs*, tant ce que raconte les personnages que comment M. Tremblay le leur fait raconter, littérairement parlant.

Le corpus, le corps, a donc plusieurs définitions et appartient même à certains registres spécifiques : on parle d'un corpus linguistique, d'un corpus d'œuvre, du corps de la lettre (vocabulaire typographique), etc. Globalement, on peut classer ces définitions selon qu'elles insistent sur le sème « matériel » ou sur le sème « organique ». On comprendra alors que l'imaginaire corporel soit sexué : c'est le corps féminin, la mère, qui est le trait d'union entre matière et principe de vie. Elle est, comme facteur limitant (au sens biologique), un maillon de première importance dans le processus de génération ; processus qui rend possible la hiérarchisation, à l'échelle restreinte de la famille comme à l'échelle plus étendue de la société. Cet imaginaire est très présent chez M. Tremblay puisque c'est une mère, La Grosse Femme, qui enfante un monde, celui des Chroniques du Plateau Mont-Royal et, *a posteriori*, celui des *Belles-Sœurs*.

Dans le premier grand ensemble (corps matériel), je ferai référence au joual comme matériau de l'écrivain. M. Tremblay, en choisissant le théâtre comme mode d'expression, doit se soumettre aux contraintes stylistiques du genre, ce que j'ai appelé « les exigences du langage dramatique : de réelles contraintes », en référence, bien sûr, au « discours contraint » de Philippe Hamon. Quelles contraintes ? Comment le dramaturge-écrivain s'en sort-il ? M. Tremblay construit savamment son « illusion optique » par un véritable « théâtre de lecture » dont le joual est le personnage principal.

Le deuxième axe définitoire, lié au précédent, est celui du corpus organique, autrement dit du corps comme principe d'organisation fonctionnelle et comme principe de vie (et de mort). Lorsque que l'on parle d'un corpus linguistique, d'un corps professoral, etc., on fait référence à l'idée d'ensemble hiérarchisé, susceptible d'être étudié (en grilles syntaxiques pour le premier cas ou en organigrammes pour le second). *Les Belles-Sœurs* et, plus généralement, *Le Monde de Michel Tremblay* sont organisés. Les personnages ont des fonctions actantielles schématisables (voir étude annexe). Le système de l'œuvre et des œuvres fait partie de l'illusion réaliste, c'est cela que j'appelle la « Création concurrente ». Concurrente à quoi, à qui ? Le principe de vie, son mystère, dans nos sociétés, est normalement attribué à Dieu ou à son équivalent. D'ailleurs, le terme corpus fait partie du vocabulaire biblique et eucharistique, sans perdre son ambiguïté fondamentale. Il est dans l'imaginaire chrétien ce qui permet au Verbe, à l'Esprit de s'incarner en prenant forme humaine, de faire du corps humain, « le temple de l'Esprit Saint ». Pourtant, l'histoire a souvent opposé esprit à corps, et ce dans une logique de sainteté morale : l'esprit est associé à la pureté (divine) et le corps à la faiblesse humaine, à la tentation du péché.

Les années soixante et soixante-dix ajoutent encore du poids au corps, le chargent d'une signification toute particulière dans le système de la société de consommation, véritable religion sociale.

Les exigences du langage dramatique : de réelles contraintes

L'art commence par le sacrifice de la fidélité à l'efficacité[198].

En choisissant le théâtre, M. Tremblay, s'il prend certaines libertés en faisant tourner la roue de Virgile à sa guise, doit suivre les règles élémentaires qu'imposent le genre dramatique et l'édition du texte de théâtre. La présentation des dialogues, plus paradigmatique que syntagmatique, ne permet pas de rendre compte de la richesse spatio-temporelle du langage, ni des cas de cacophonies, ni des changements de rythme. Seul l'appareil didascalique donne quelques maigres indications. L'auteur semble vouloir rattraper ce déficit en ce qui concerne la langue, car plutôt que mettre une didascalie liminaire du type : « prononcé joual », puisque il s'agit bien plus d'une manière de parler que d'une langue systématiquement différente, il innove et crée une forme d'expression qui définit ainsi son style, son « coup de stylet » personnel. Il semble que l'on puisse considérer la variation en trois étapes : une première qui relève de l'intention réaliste et de la volonté de rendre compte des « accidents du langage », selon le terme de Pierre Larthomas ; une seconde qui est véritablement les exigences du langage dramatique qui sélectionne le plus efficace, effectue des coupes, comme le fait d'ailleurs André Brassard de l'aveu même de M. Tremblay ; et enfin une troisième qui est le travail proprement artistique (poétique) de la langue et qui promeut le phénomène d'accident au niveau des « déformations du langage ».

La langue sera altérée dans la mesure où le référent de la représentation est un fait oral du milieu populaire, une pratique par définition imparfaite : « c'est du théâtre, du vrai, sincère avec les qualités et les défauts inhérents à la vérité-même[199] ». L'état d'oralité

198. Paul Valéry, « Poïétique », *Cahiers* (1974), *op. cit.*, p. 993.
199. Patrick Schupp, dans *Les Belles-sœurs* (1972), *op. cit.*, p. 145.

que la *mimesis* théâtrale tente d'atteindre est par définition accidenté, « parce que le temps presse, nous dit Pierre Larthomas, parce que parler constitue un acte complexe dont nous ne maîtrisons pas toujours les mécanismes, parce que le dialogue du fait-même qu'il est dialogue, suppose certains accidents, parce que nous ne savons pas toujours utiliser les ressources que nous fournit la langue[200]. »

Le théâtre accentue la variation puisqu'il appelle un autre accident, celui des limites textuelles en ce qui concerne l'édition, celui des limites temporelles en ce qui concerne la représentation. Tout ne peut être représenté :

> Disposant de peu de temps pour être identifié, l'univers dramatique concentre et donc déforme les processus sociaux [et par conséquent les faits langagiers] qu'il décrit. Il s'opère une stylisation et une modélisation de la réalité[201].

M. Tremblay semble saisir l'occasion de l'exagération incontournable, non pour la réduire mais pour l'amplifier, pour être plus efficace. Son travail consiste à oraliser pour le texte de théâtre un état d'oralité déjà socialement marqué : surenchère des caractéristiques de l'oral ?

Le langage dramatique, ce « langage *comme* surpris » (P. Larthomas), c'est-à-dire non spontané —mais qui s'il se veut réaliste doit feindre la spontanéité— est motivé pour des spectateurs, pour des lecteurs. Autrement dit, dans la représentation, le « quatrième mur » ne relève pas de la même convention que les trois autres qui constituent les limites du décor :

> Chaque réplique [...] a une valeur double, elle est apparemment dite pour un ou plusieurs des interlocuteurs qu'il doit renseigner, questionner, indigner, séduire, etc., mais en réalité pour des auditeurs silencieux qu'il feint pourtant d'ignorer[202].

Dans le texte, les adresses au spectateur ne sont pas explicites. Le spectateur est invité à voir une cuisine où (se) débattent quinze femmes dans la plus pure spontanéité sans qu'elles aient conscience d'être vues. Cependant, par moments, la mise en scène déréalise et ouvre ce huis clos par des jeux de lumières, des monologues, des

---

200. Pierre Larthomas, *Le langage dramatique, sa nature, ses procédés*, Paris, Presses Universitaires de France, 1997, 6e édition, p. 27.
201. Patrice Pavis, *Dictionnaire du théâtre* (1998), *op. cit.*, p. 288.
202. Pierre Larthomas, *Le langage dramatique, sa nature, ses procédés* (1997), p. 235.

chœurs. La lumière fragmente la continuité du réel, instaure différents points de vue, accentue le tragique ou le comique, perturbe ce qui aurait pu être une nature morte. Jean-Pierre Ryngaert a répertorié quatorze séquences qui dérogent à la continuité réaliste par le jeu scénique et les didascalies ; il s'agit, entre autres, de la tirade de la « maudite vie plate », de « l'Ode au Bingo » ou encore du chant final du « Ô Canada ». On peut noter que même si cela est plus percutant lors de la mise en scène, une lecture suffit à noter la rupture de la forme dialoguée qui devient alors chantée en chœur ou monologuée : actes de langage non-naturels et anti-réalistes.

Ces chants, qui lient la réalité d'une salle ou d'une lecture et son simulacre, semblent le contraindre (le public ou le lecteur) à la réflexion : sorti du théâtre va-t-il continuer à rire et à pleurer sur son aliénation, la nourrissant de fait (s'apprêtant à revivre l'impuissance des Belles-sœurs à se sortir de leur « maudite vie plate ») ou va-t-il faire en sorte que cela change ? M. Tremblay s'étant assuré l'identification du public par le sujet, le langage, les propos et les personnages, par ces procédés, force ce même public à la distanciation : « Si la société se voit et si surtout elle se voit vue, il y a par le fait même contestation des valeurs établies et du régime ; l'écrivain lui présente son image, il la somme de l'assumer ou de changer[203]. »

André Brassard semble s'inspirer des techniques cinématographiques et se rapproche ainsi du Théâtre dit du quotidien. Cette esthétique dramatique est issue du mouvement pictural français du Nouveau réalisme (1960-1963) dont les ramifications vont jusqu'au Pop Art américain. Il s'agit d'un théâtre de « la contingence généralisée », c'est-à-dire qui comporte des résonances politiques et historiques. Le sujet est indéterminé et l'on met en scène un « microcosme familial où se reflètent les aliénations, les dépendances par rapport à l'entreprise et à la société ». La comparaison est intéressante non seulement pour le choix du thème de l'absurdité de la vie quotidienne mais aussi pour les moyens utilisés : ce théâtre propose une « dramaturgie de la fragmentation », le texte est une succession d'accidents, de trous, d'entrechoquements incongrus, de mélanges au niveau des significations et d'enchaînements manqués. L'auteur opère un « travail d'entomologiste de l'écriture en vue de

---

203. Jean-Paul Sartre, *Qu'est-ce que la littérature ?*, Paris, Gallimard, 1948, p. 104-105.

créer une densité poétique ». On y voit, pour la mise en scène, un « auteur qui tranche dans le vif et isole, monte, nomme ses séquences ponctuées de pauses ou de 'noirs' »[204]. Cela lui permet d'évoquer le collectif et l'individuel par l'isolement. Le moyen essentiel en est la lumière.

C'est par une observation du réel et une connaissance des rouages du langage dramatique que l'auteur va créer, se définir par un style, par un choix dans toutes les possibilités de représentations qui s'offrent à lui. « Être réaliste, c'est aussi et peut-être seulement, être conscient des procédés esthétiques utilisés pour déchiffrer le réel[205] ». La convention, bien loin d'être invisible, est montrée comme convention : ce qui implique nécessairement que le public, déstabilisé dans ses habitudes, s'interroge sur la réalité et pas seulement au théâtre.

La frappe du typographe : théâtre de lecture

Les mots, surtout quand on les écrit, se vivent physiquement [...] Lire, c'est savoir interpréter les lettres[206].

Un théâtre littéraire, ceci n'est plus aujourd'hui d'une évidence absolue et les « littératurologues » dénoncés par Francine Noël ont été remplacés par les « théâtrologues », selon le terme analogique que propose Lucie Robert[207] pour désigner l'autre extrême, à savoir l'appréhension de la théâtralité qui exclut tout rapport au texte comme acte littéraire, toute étude linguistique d'une pièce de théâtre. Comment s'y retrouver entre le *Cours de linguistique générale* de Ferdinand de Saussure et son répondant *Cours de théâtristique générale* proposé par Ivo Osolsobe ? En effet, si pendant longtemps l'accent fut mis sur les rapports entre le théâtre et l'écriture, il l'est désormais sur les rapports du théâtre et de la scène. Dans le premier cas, il s'agit d'une attitude qui « privilégie le texte et ne voit dans la représentation que l'expression et la traduction du texte littéraire » et

---

204. Citations de Patrice Pavis, *Dictionnaire du Théâtre* (1998), *op. cit.*, p. 742 pour le théâtre du quotidien et p. 906 pour la référence à Michel Tremblay.
205. *Ibid.*, p. 284-90.
206. Jérôme Peignot, *De l'écriture à la typographie*, Paris, Gallimard, 1967, p. 142.
207. Pour l'ensemble de ce développement se rapporter à l'article de Lucie Robert, « Le statut littéraire de la dramaturgie » dans *La Littérarité*, Louise Milot et Fernand Roy (dir.), Sainte-Foy, Presses de l'Université Laval, 1991.

dans le deuxième cas, l'attitude est celle du « refus du texte. [...] le théâtre tout entier est alors dans la représentation scénique [...] le texte dramatique est ainsi considéré au mieux comme incomplet, ou plutôt comme incomplété, sa « complétion » ne pouvant être réalisée que par la constitution de ce deuxième texte sémiotique, la performance, qui devient le point de départ du théâtre. »[208] Mais ne sont-ce pas les deux pages d'une seule et même feuille, la pièce de théâtre comme forme sociale, représentée et publiée ? Cette dernière, pour fonctionner, ne réclame pas nécessairement qu'on en lise le recto et le verso ainsi compris —même si elle fonctionne différemment dans les deux cas. Ces deux points de vue, ces deux regards sur le théâtre, en sont des *modes de consommation* aussi valables et appréciables certainement l'un que l'autre et ce n'est pas sans un clin d'œil à l'objet d'étude, le joual, que je convoque Michel Vinaver :

> Comme le mulet qui participe de l'âne et de la jument, le texte de théâtre est un hybride. Il est littérature et il a pour destination principale un spectacle. Or, l'essence du spectacle est d'être un événement qui s'accomplit et qui s'épuise dans sa durée propre, alors que la chose littéraire est par essence enregistrement : imprimée, elle appelle à des retours successifs sans épuisement de sa capacité d'accueil[209].

J'ai choisi de restreindre l'étude au texte publié car c'est de ce point de vue que l'on peut définir la littérarisation du joual, son passage d'une variante populaire à un style littéraire, car « la publication d'un texte dramatique et son insertion dans le circuit de la lecture suppose un travail de littérarisation [...], un travail qui intègre la dramaturgie dans le corpus de la littérature en inscrivant dans la dramaturgie les conditions de la lisibilité littéraire[210]. »

Le passage à la lettre, ce transcodage de l'oralité, est un élément essentiel dans la reconnaissance littéraire de la variante linguistique. C'est par la lettre qu'elle atteint les Belles Lettres... qui ne sont qu'un agencement singulier, un pluriel singulier de lettres. M. Tremblay, ce linotypiste de formation, construit soigneusement les lignes-blocs de l'oralité qu'il veut représenter, travaille la matière textuelle à sa manière pour réunir des conditions de lisibilité littéraire qui lui sont propres :

---

208. *Ibid.*, p. 122.
209. Michel Vinaver, *Ecrits sur le théâtre* 2, Paris, L'Arche, 1998, p. 23.
210. Lucie Robert, « Le statut littéraire de la dramaturgie » dans *La Littérarité* (1991), *op. cit.*, p. 130.

> Il faudra attendre 1972 pour voir apparaître les « moman », « marci », « que j'aye » et autre « Urope », caractéristiques de la langue de l'auteur. Celle-ci [...] est une invention car il n'y a pas une seule façon d'orthographier la langue populaire [...] de fait, Tremblay passera quelques années à raffiner son système de transcodage de l'oral à l'écrit[211].

Pour que l'oralité devienne littéraire, il faut qu'elle s'inscrive textuellement, il faut littéralement que la parole « jette l'encre » :

> La voix qui peut faire sa syntaxe, sa rythmique, peut faire sa typographie. C'est pourquoi une poétique de la typographie, et du visuel, loin d'être étrangère à l'oralité, peut montrer la relation entre l'oral et le visuel. Et la faire. [...] Le geste, avec le corps et la voix, de divers côtés, est réintroduit dans le langage, ou plutôt dans le *continuum* anthropologique d'où le langage avait été extrait. Réduit au sens[212].

Ce langage « réduit au sens » serait un langage qui fonctionnerait de manière *digitale*, selon le terme de Gregory Bateson[213], ou de manière *symbolique* (au sens linguistique), selon le terme de Charles S. Peirce[214], c'est-à-dire dont les formes de l'expression ne seraient pas motivées par la réalité à laquelle elles renvoient et dont la fonction serait plus informative qu'expressive (c'est le cas du mot « arbre », du mot « table », exemples-types). Si Ferdinand de Saussure place les signes du langage verbal entièrement dans cette arbitrarité, Bateson et Peirce, qui ne s'occupent pas uniquement de signes linguistiques, proposent respectivement un fonctionnement *analogique* et un fonctionnement *iconique* du langage. Ces deux notions, si elles ne sont pas complètement superposables, car appartenant à des systèmes sémiotiques différents, ont en commun l'idée de ressemblance, de

---

211. Yves Jubinville, *Une étude de* Les Belles-sœurs *de Michel Tremblay*, Montréal, Boréal, 1998, p. 37.
212. Henri Meschonnic, *Le Signe et le poème*, Paris, Gallimard, 1975, p. 21-22.
213. Voir Gregory Bateson et Jurgen Ruesch, *Communication et société* (traduit), Paris, Seuil, 1988 et Gregory Bateson, V*ers une écologie de l'esprit* (traduit), Paris, Seuil, 1977 pour le tome 1, 1980 pour le tome 2. Se reporter également à la synthèse qu'en fait Marie-Christine Lesage dans le premier chapitre de sa thèse, *Modalités analogiques et structures imagées du langage dramatique actuel, Étude du* Syndrome de Cézanne *de Normand Canac-Marquis et de* Celle-là *de Daniel Danis*, Thèse de Doctorat, Département de littérature, Sainte-Foy, Université Laval, 1998.
214. Charles S. Peirce, *Écrits sur le signe* (traduit), Paris, Seuil, 1978.

motivation imagée entre le signe (linguistique en ce qui concerne le joual) et ce qu'il représente (une manière de parler). Mais ces deux perspectives ne s'opposent pas et ne s'excluent pas mutuellement : les formes d'expression sont souvent hybrides. En oralisant l'écrit, M. Tremblay aspire à une certaine analogie entre la langue écrite et ce à quoi elle réfère, le joual. Et inversement d'ailleurs, en graphiant l'oralité, il tire l'iconique vers le symbolique, vers l'abstraction de la lettre : c'est le paradoxe même relevé par Georges André Vachon : « Il n'est pas si simple de créer avec les seuls moyens de la langue écrite et sans tricher, un équivalent de la parole. Réussie, l'imitation tourne à l'illusion, l'écrit revendique la totalité du texte, qui se fige en littérature[215]. » Le signe linguistique écrit ne peut totalement être rendu au « *continuum* anthropologique » du langage et s'il y prétend, il n'est qu'une tension vers l'unité complexe qu'est la communication *in vivo* de la parole. Cette dernière ne convoque pas seulement le code linguistique mais le *hic et nunc* de l'énonciation, sa spatialité, sa mouvance, sa pragmatique : bref, sa qualité et son épaisseur subjectives.

> L'entreprise est impossible ; et l'écrivain garde toute sa crédibilité tant qu'il demeure en deçà de la réussite, quelque part entre l'effort et son terme. La présence de Proust, de Joyce, de Faulkner dans leur texte, c'est moins l'apparente perfection des effets, l'inimitable justesse du timbre, que la sensation à moi transmise, d'un effort, d'une tension, d'une décision jamais reprise, d'une énergie qui se dépense tout entière à transformer l'écrit en parole. C'est la sensation directe d'un travail[216].

Le code digital renvoie à la norme, à la fixité et au souci de compréhension, de lisibilité (codage binaire 0/1). Le code analogique, lui, renvoie par son souci d'adéquation à la réalité qu'il désigne, à adaptation, à non-normatif au détriment quelquefois de la lisibilité (codage par modulations).

Le code linguistique, d'autant plus s'il est graphique et parce qu'il est code, tend à rendre abstrait, à normer, à systématiser (au sens de théoriser et de généraliser) la complexité et la diversité du concret. Même en faisant preuve de la plus grande adaptation et de la plus

---

215. Georges André Vachon, « Le colonisé parle », *Études françaises*, Montréal, Presses de l'Université de Montréal, vol. 10, n° 1, février 1974, p. 66-67.
216. *Ibid.*, p. 66-67.

grande combinaison qui soient, les vingt-six lettres de l'alphabet, les différentes polices de caractères et les quelques marques de ponctuation qu'offre le code graphique ne seront jamais suffisantes pour prendre en charge la complexité de l'acte de communication : il est donc prévisible que l'a-normatif soit rattrapé par la norme, que le non-conventionnel devienne convention, en somme que l'icône vire au symbole : « La vérité monte d'un coup jusqu'au symbole[217] », disait Zola.

La question de la lisibilité. C'est là, il me semble, le carrefour de la création. Le travail graphique opéré par M. Tremblay n'a de sens que pour une lecture : « Scription ou duction, passance, l'écriture est le lien de l'oreille et de l'œil par la main. Il n'y a pas d'écriture sans lecture[218] ».

En voulant rendre compte au plus près de la parole populaire, en cherchant à rapprocher la langue de la nature qu'elle représente, M. Tremblay s'en éloigne cependant car, en brisant les conventions de lisibilité (qui peut être définie comme la transparence de la forme d'expression au profit de la clarté de la forme du contenu), il attire l'œil de son lecteur sur le matériau (le signifiant) du message. Le mot, perçu comme concrétion du langage, devenu « matière autant que signe, [...] possède [alors] l'opacité troublante d'une présence qu'aucun morcellement ne dissout[219] ».

Oui, le travail d'écriture des *Belles-Sœurs* opacifie le sens du message à un non-initié, au profane. Cela veut dire aussi que l'on s'habitue et que l'on reconstruit inévitablement une convention de lecture avec le temps et la récurrence de certains traits : « Il n'en reste pas moins vrai, pourtant, que la typographie expressive constitue, par opposition à la typographie invisible, une manipulation d'écart, et que si le social ne lui impose plus sa loi, elle s'en donne une à elle-même en chacun des textes où elle travaille »[220].

On a beau dire que tout écrivain recrée sa langue, cela me semble plus manifeste dans les cas de transcription de l'oralité où le fil

---

217. Émile Zola, « Lettre à Henri Céard, 22 mars 1885 », cité par Nadine Toursel et Jacques Vassevière dans *Littérature : textes théoriques et critiques*, (1994), *op. cit.*, p. 163.
218. Jean-Marc Lemelin, *Le Sens, De la transcendance à l'immanence ou pour une science subjective* (1994), *op. cit.*, p. 33.
219. Anne-Marie Christin, « Rhétorique et typographie, la lettre et le sens » (1979), *op. cit.*, p. 311.
220. *Ibid.*, p. 306.

d'Ariane de la lecture est tendu, tordu, coupé parfois. Tout cela pour justifier, une fois de plus, que le texte des *Belles-Sœurs,* comme texte de théâtre qui pousse le mimétisme jusqu'à l'analogie graphique, qui pousse la mise en scène jusque dans les pages, le spectacle jusqu'aux mots, est un texte de création et d'innovation littéraires par excellence.

La structure musicale, sur laquelle je reviendrai, appuie également l'idée de transcription du son : le texte de théâtre est alors une partition. La présentation dialoguée s'y prête d'ailleurs tout à fait bien, l'abondance de ponctuation et le travail du rythme y sont aussi visuellement marqués :

> Que nous le voulions ou non, des sons sont enclos dans nos signes. [...] Les accents ne sont-ils pas comme des adieux, les dernières notations musicales de notre alphabet déchiré ? [...] Et la ponctuation ? Qu'est-elle d'autre, sinon la mise en musique des pages[221] ?

Michel Tremblay « drama-démiurge » : sa Création concurrente

Le seul artiste réaliste serait Dieu, s'il existe[222].

Drama-démiurge, j'entends par là que l'artiste, parce qu'il crée et qu'il donne l'illusion de la vie, usurpe pour un temps les fonctions du Créateur. Son monde, même fictif, peut bien être défini comme une réalité parallèle, comme une Création concurrente. Il s'agit ici de voir quelles sont les implications de la création littéraire comme principe de vie. Bref : comment Michel Tremblay souffle-t-il la vie dans les lettres.

« Lingua corporea »

Je renvoie bien entendu à ce qui vient d'être dit au sujet de M. Tremblay typographe et de son travail quasi-plastique de la langue. Le signifiant, chez lui, ne s'efface pas pour laisser place à l'information, au contraire, il attire l'œil du lecteur par sa nouveauté et son « anormalité ». Ce qui peut rendre la lecture difficile. Le langage littéraire de M. Tremblay, comme tout langage littéraire en somme, réfère tant à sa propre réalité qu'à une réalité extérieure : c'est le caractère autotélique de la littérature. Le signe, trop visible à la lecture, agit alors comme une dénégation du réalisme. Et ce, donc,

221. Jérôme Peignot, « L'image et le verbe contre l'écrit », *De L'Écriture à la typographie* (1967), *op. cit.*, p. 136-137-138.
222. Albert Camus, *Discours de Suède*, 14 décembre 1957, Paris, Gallimard, 1958, p. 45.

contre l'intention première du dramaturge qui est obligé d'en venir aux mots, les siens, pour rééquilibrer expression et contenu de son message, pour revendiquer son hybridité d'écrivain-écrivant : « Ne regardez pas la forme des mots mais ce qu'il y a dessous [...], c'est votre dernière chance[223] », dit-il à ses détracteurs.

Il est linguiste à sa manière puisque cette pièce, dialoguée, peut être comprise comme un corpus linguistique, comme un recueil d'énoncés. C'est bien d'ailleurs ce qui m'a permis de faire le deuxième chapitre de cet ouvrage. Mais il ne fait pas que recueillir, il analyse la langue de ses personnages par sa graphie mi-phonétisante. L'écriture alphabétique, même correcte, parce qu'elle est syllabique, est déjà une analyse, un découpage de la chaîne parlée en sons. Ici, ce découpage est personnel : on n'est ni dans un cas d'orthographe normative, ni dans un cas d'A. P. I. (Alphabet Phonétique International) mais dans un entre-deux, dans un semi-lisible qui lui permet, tout en bouleversant les habitudes du lectorat, de se garantir le minimum vital de reconnaissance pour l'œuvre. Le joual n'est ni le bérénicien d'un Ducharme, ni la langue Humpty-Dumpty d'un Lewis Carroll : langues imaginaires entièrement récréées, purs idiolectes, certes expressifs mais hermétiques au sens. M. Tremblay, lui, ne passe pas complètement de l'autre côté du miroir...

Cette densification de l'écriture peut être comprise comme une compensation à la vacuité du signe linguistique ordinaire, comme une tentative de rendre le langage à ce *continuum* anthropologique qui est avant tout kinesthésique, c'est-à-dire comme une manière de remettre la langue à sa place originelle qui est dans le corps humain et plus précisément dans la bouche.

« *Mater et Materia* »

La distribution des rôles fait de la parole une affaire de femmes. Et la femme « est essentiellement liée au bas matériel et corporel : elle est aussi ambivalente que lui. La femme rabaisse, rapproche de la terre, corporalise, donne la mort ; mais elle est avant tout le principe de la vie, le ventre[224]. » La matière et la femme sont fondamentalement liées à travers l'image de la mère, ce corps générateur d'autres corps. Dans la tradition judéo-chrétienne, la femme est aussi ambiguë puisqu'elle est à la fois une Ève qui a

223. Michel Tremblay, « Mots dits/mots écrits » (1974), *op. cit.*
224. Mikhaïl Bakhtine, *L'Œuvre de François Rabelais et la culture populaire au Moyen-Age et sous la Renaissance*, Paris, Gallimard, 1970, p. 240.

succombé à la tentation et une Marie qui porte l'enfant du Créateur. Ces deux figures sont pleinement réalisées dans le personnage de la Grosse Femme éponyme du roman, à la fois « écriture d'une naissance » et « naissance d'une écriture »[225]. Le roman, pur produit textuel, est la consécration littéraire du joual, l'aboutissement du travail de l'écrivain-dramaturge. On peut noter l'étape de *C't'à ton tour Laura Cadieux* en 1977, ce roman-monologue qui est une exploitation assez approfondie du dialogisme d'une parole, celle de Laura, qui absorbe tous les dires des autres personnages.

L'ambivalence de la femme est aussi celle de l'écriture : principe de vie et menace de mort à chaque avancée, reconnaissance et perte à la fois. Le principe de vie, c'est la valeur organique du corpus compris comme ensemble organisé et cohérent. En effet, M. Tremblay offre non seulement un recueil de différents énoncés, mais il les présente comme parties d'un tout, comme composantes d'une œuvre signifiant par sa totalité. La pièce n'est pièce que lue globalement, elle n'est une tranche de vie que parce qu'elle donne l'illusion de la vie dans sa totalité évènementielle. C'est en ce sens que l'on peut parler de création concurrente puisque la magie de l'écriture n'est pas tant dans l'incarnation de différents personnages que dans l'incarnation d'un monde en évolution, c'est-à-dire défini par les tensions qui le meuvent. Donner l'illusion de la vie, c'est plus donner l'illusion du mouvement que servir une vie momifiée et des paroles de taxidermistes. Mouvement. Mais l'écriture est fixe, n'est d'ailleurs que fixité, c'est son rôle premier que de conserver, consigner intact, c'est la caractéristique qui lui donne tout sa valeur d'archive. Dilemme. L'écrivain doit créer l'illusion de la vie par un moyen qui lui est fondamentalement hostile. Tout comme le sculpteur qui, au moyen de son « burin-stylet », doit donner des ailes au bronze, M. Tremblay doit donner vie au plomb de l'imprimerie et « il serait difficile de trouver substance plus morte que le plomb. Le plomb est le cadavre de la matière[226] ».

D'un autre côté, la femme, la mère, tout comme l'écriture de la vie sont indissociables d'un sentiment de perte, de défaillance : le corps, matière organique, se définit tout autant par sa capacité de vie

225. Voir Richard Duchaîne, *Écriture d'une naissance, naissance d'une écriture :* La Grosse Femme d'à côté est enceinte *de Michel Tremblay*, Montréal, Nuit Blanche, 1994.
226. Jérôme Peignot, « L'image et le verbe contre l'écrit », dans *De L'Écriture à la typographie,* Paris, Gallimard, 1967, p. 132-134.

que par sa finalité de mort. La difficile lisibilité dont il a été question relève de cette défaillance du joual écrit : on perd parfois le sens, on s'égare, se retrouve toujours sur le fil d'un nouvel évanouissement, d'un nouveau ravissement par l'écriture.

> De nos yeux qui dévorent les lignes, nous sommes comme un souffle : nous attisons la fournaise des mots. Lire, c'est aussi avancer, basculer d'un mot dans l'autre, bouler sur les lignes, faire la roue. [...] Lire, c'est étouffer, demander grâce, une trêve parce que c'est trop beau[227].

La compréhension du lecteur qui va et vient entre des mots qu'elle reconnaît et d'autres qu'elle doit créer en les découvrant est la condition même de ce que Roland Barthes appelle le texte-jouissance, celui qui « met en état de perte, [...] qui déconforte, [fait] vaciller les assises historiques, culturelles, psychologiques du lecteur [...] met en crise son rapport au langage[228] ».
De la lecture comme jouissance à la satisfaction charnelle il n'y a qu'un pas, celui du plaisir de la langue dans son ambiguïté définitionnelle : à la fois système de communication et organe de déglutition. Par un glissement qui ne doit rien au hasard, la nourriture passe de l'alimentaire au littéraire. On pourrait même appeler ce processus la « confusion des plaisirs de la bouche ».

> En se consacrant à l'articulation des sons, la bouche, la langue et les dents se déterritorialisent. Il y a donc une certaine disjonction entre manger et parler — et, plus encore, malgré les apparences, entre manger et écrire [...] l'écriture transforme davantage les mots en choses capables de rivaliser avec les aliments[229].

On ne peut rêver plus complète incarnation de la parole qui, par l'écrit, se fait offrande à la consommation littéraire. Dans ses récits autobiographiques, M. Tremblay ne manque pas de confondre régime alimentaire et régime littéraire, tous deux agencés par la mère :

> Si tu lâches pas ce livre-là, j'te le fais manger !
> —C'est toi qui me l'as prêté !
> —Fais-moi-lé pas regretter ! J't'avais demandé de pas trop lire dans le char !
> —Chus pas capable d'arrêter, c'est trop bon !

---

227. Jérôme Peignot, « L'image et le verbe contre l'écrit », *De L'Écriture à la typographie* (1967), *op. cit.*, p. 141.
228. Roland Barthes, *Le Plaisir du texte*, Paris, Seuil, 1973, p. 23.
229. Gilles Deleuze et Félix Guattari, *Kafka, pour une littérature mineure*, Paris, Les Éditions de Minuit, 1975, p. 36.

—Voyons donc ! c'est pas du gâteau au chocolat !
—C'est meilleur !. [...]
Le Balloney ou Eschyle ?
Choix difficile. [...]
Ouvrir un livre demeure l'un des gestes les plus jouissifs, les plus irremplaçables de la vie [...] mais jamais je n'avais imaginé avoir un jour envie de mordre un livre.

La voracité du jeune Michel est à son comble :

> Je dévorais tous les télé-théâtres que Radio-Canada produisaient à l'époque : installé avec ma mère devant la télévision, un verre de Quick dans une main et des gâteaux Royal dans l'autre, je dévorais tous les jeudis et tous les dimanches soirs Dubé et Molière, Tchékhov et Françoise Loranger[230].

On peut toutefois remarquer qu'il s'agit de télé-théâtre et pas de livre proprement dit : la télévision permettant, en quelque sorte, de lire la bouche pleine. Tout y est ici : culture, nourriture et giron maternel.

Le « *fun system* »

On a affaire à un système de consommation de la matière, quelle qu'elle soit. Et la consommation n'est pas neutre, elle provoque des sensations en répondant à un désir. C'est consommer qui fait jouir plutôt que la matière consommée en elle-même. Ce n'est pas le chocolat qui est bon dans le gâteau mais c'est le fait de le manger. Ce n'est pas le mot comme ensemble de lettres qui procure le plaisir, c'est sa lecture...

Il est donc question du « *fun system* », pour reprendre un titre de Jean Baudrillard, en tant qu'il est caractéristique d'un système de consommation. Or, à cette époque plus qu'à toute autre, le système de consommation par excellence est celui de la société. Les *Belles-Sœurs* est d'ailleurs une œuvre qui critique cette société, qui en dénonce les forces aliénantes tout en en étant un produit, car l'institution littéraire fonctionne également sur le schéma d'une société de consommation, où le client est lectorat : « il est logique pour un art qui ne contredit pas au monde des objets, mais en explore le système, de rentrer lui-même dans ce système[231] ».

230. Michel Tremblay, *Un Ange cornu avec des ailes de tôle*, Arles, Actes Sud, 1994, respectivement, p. 116, 143, 206 et 107.
231. Jean Baudrillard, *La Société de consommation*, Paris, Gallimard, 1970, p. 177.

Comment fonctionne-t-il, ce système ? Il est tout d'abord *procès de signification et de communication*, c'est-à-dire l'équivalent d'un langage, les « objets/signes [y sont] ordonnés comme différences significatives d'un code ». Il est ensuite *procès de classification et de différenciation sociale*, les objets/signes y sont alors des « valeurs statuaires dans une hiérarchie »[232]. Globalement, consommer tel ou tel objet répond à un besoin particulier et surtout est un classement social : d'où le rôle des marques qui n'ont, la plupart du temps, que cette valeur. A qualité égale, c'est le produit de marque qui classe son monde ! Pour la pratique langagière, il en va de même. Telle forme plutôt qu'une autre satisfait d'abord aux exigences de la communication, cela est vrai : « j'ai pas dit quereller, j'ai dit chicaner ! » précise l'une des Belles-sœurs. Mais le choix de la forme a aussi une valeur sociale qui sera exploitée plus explicitement dans la pièce pivot de corpus théâtral de M. Tremblay, *L'Impromptu d'Outremont* en 1980. Ce sont ces différences, dites diastratiques, qui ont permis d'opposer Lisette de Courval et Germaine Lauzon. Même propos pour M. Tremblay qui, choisissant d'écrire en joual, cherche certes à faire passer un message, mais surtout à bouleverser la hiérarchie littéraire traditionnelle en y imposant une marque jusqu'alors reniée, celle du joual, la sienne.
L'écrivan consomme le monde en écriture qui est à son tour consommée par un lecteur, selon les processus sémasiologique et onomasiologique de la communication langagière. Mais qu'est-ce qui est transféré ? C'est une jouissance du monde que l'écrivain traduit en mots et que ces mots doivent provoquer à leur tour chez le lecteur : il y a communication des sens plutôt que du sens (définition par excellence de la communication esthétique…)

L'œuvre de fiction —le drame de Germaine Lauzon— et son procès de création —l'acte de langage de M. Tremblay— fonctionnent de manière concentrique à travers la figure du hasard ; hasard de l'attribution des timbres sans laquelle pas de drame, pas de pièce. Ce hasard renvoie à la question de l'autorité : qui dit « Au commencement était… » ? On peut penser ici aussi au *Deus ex machina* de la fin qui fait pleuvoir « à gros timbres ». A qui les personnages doivent-ils la vie ? Le problème est double, comme le montre l'étude actantielle. Au niveau de la réalité théâtrale (niveau de la représentation) les personnages doivent leur existence au

232. *Ibid.*, p. 79.

dramaturge : quand on va au théâtre, on va voir une pièce de... Mais, au niveau fictionnel, au niveau du représenté, c'est la société qui définit les individus. Le livreur de timbres, vaguement évoqué, est là au nom d'une société et pas n'importe laquelle puisqu'il s'agit de la société de consommation dans toute sa splendeur :

> Y m'a dit que la compagnie pour qui qui travaillait était ben contente que j'aye gagné le million de timbres-primes... que j'étais ben chanceuse. (16)

Dès la première phrase, tout est livré avec les timbres : « Misère, que c'est ça, moman ? » Toute la logique de la pièce, toute la logique de la société et toute la logique de l'époque tiennent dans le système de la consommation, dans ce *fun system* où le bonheur passe par la possession, mais où les possesseurs sont possédés par ce même système qui produit autant le besoin que sa satisfaction. Évidemment que la société est « ben contente » puisque ces timbres sont une monnaie d'échange, ne sont qu'un barreau de plus à l'échelle de la consommation. Ils vont permettre à celle qui les possède de posséder davantage... mais en étant, en fait, elle même possédée. Germaine Lauzon n'est qu'un pion : la société lui livre ses désirs en caisses et lui dicte leur satisfaction en catalogue. La « grande » liberté qui lui est donnée est de prendre ce qu'il y a —c'est la contrainte du *fun système*.

Pour le niveau Tremblay-lecteur (ou spectateur), c'est la même chose. Il faut faire avec ce que le texte donne, se laisser diriger dans sa lecture-jouissance, c'est-à-dire communier avec l'auteur, ouvrir le livre en étant de bonne foi, sinon cela ne marche pas.

Jean Baudrillard fait remarquer que ce que recherche vraiment ce « consommateur-collecteur-anthropoïde », à travers la jouissance à tout prix et le statut social, c'est le salut[233].
La consommation de masse se fait sur fond de démocratisation, c'est-à-dire dans une optique de très large distribution, d'accès pour tous au confort jadis réservé à l'élite... Société de consommation égale démocratisation du salut : tout se brade, même la religion, même Jésus. Le hasard de l'attribution des timbres est ambigu parce qu'il est élitiste. Un million : grande quantité certes mais petite distribution car il est réservé à Germaine, seulement. La chance des uns est une

233. Voir *Bingo as salvation ? A comparaison of Michel Tremblay's* Les Belles-Sœurs, Michael Schellenberg, mémoire de maîtrise de l'Université d'Ottawa, 1997.

fatalité pour les autres. Marie-Ange Brouillette n'y voit d'ailleurs qu'une injustice : le vol des timbres entend la réparer.

> *Marie-Ange Brouillette*— C'est pas moé qui aurais eu c'te chance-là ! Pas de danger ! Moé, j'mange d'la marde, pis j'vas en manger toute ma vie [...] On peut dire que la chance tombe toujours sur les ceusses qui le méritent pas ! Que c'est qu'a l'a tant faite, madame Lauzon, pour mériter ça, hein ? Rien ! Rien pantoute ! Est pas plus belle pis pas plus fine que moé [...] ! ça devrait pas exister, ces concours-là ! Monsieur le curé avait ben raison, l'aut'jour, quand y disait que ça devrait être embolie ! [...] C'est pas juste ! [...] J'travaille comme une damnée, c'est pour ça que j'ai l'air d'un esquelette ! Elle, est grosse comme une cochonne. [...] C'est ben simple, ça me brûle ! ça me brûle ! [...] J'veux pas crever dans la crasse pendant qu'elle, la grosse madame, a va se « prélasser dans la soie et le velours » ! (21-22)

De quel Dieu vient cette chance-grâce, de quelle religion Marie-Ange Brouillette est-elle la damnée ? Celle du temple social qui, bien loin d'être égalitaire, a ses élus et ses exclus avec la particularité, toutefois, de récupérer en son sein ceux-ci mêmes notamment au moyen d'appareils tel le Bien être social dont parle Thérèse Dubuc. Germaine Lauzon n'a rien fait pour mériter son salut, il lui arrive gratis, comme « tombé du ciel ». C'est révoltant !

La jalousie ainsi formulée (« esquelette » *vs* « grosse cochonne/madame ») est un pas de plus dans l'incarnation de l'opulence et de son contraire, la frustration. Germaine Lauzon semble faire profit de tout, elle est grosse de son million de timbres. Le vol peut apparaître comme un dépeçage « de la bête » qui crie, à la fin, telle une « cochonne » qu'on égorgerait. Le vol est empreint de cannibalisme, c'est la mise à mort d'un individu par consommation de ce qui le définit essentiellement dans cette société, son corps. Le pillage de la « plantureuse Germaine Lauzon [par] la maigrichonne Marie-Ange Brouillette [...] c'est la chair même que l'on découpe, que l'on dévore[234] ».

L'opposition permet également de distinguer deux types, le puritain et l'homme consommateur. Et la société de consommation apparaît comme la religion, dans une logique inverse : c'est celui qui consomme à son propre profit qui est fidèle (client), et celui qui ne

---

234. Laurent Mailhot, « Les *Belles-Sœurs* ou l'enfer des femmes », *Théâtre Québécois* (1988), tome 1, *op. cit.*, p. 313.

consomme qu'avec frugalité, sans gaspillage ni spéculation, qui est en retrait, véritable damné de la société :

> A l'inverse [du puritain], mais de la même façon, l'homme consommateur se considère comme devant-jouir, comme une entreprise de jouissance et de satisfaction [...] C'est le principe de maximisation de l'existence par multiplication des contacts, des relations, par usage intensif de signes, d'objets, par l'exploitation systématique de toutes les virtualités de la jouissance. [...] c'est la « *fun-morality* », où l'impératif de s'amuser, d'exploiter à fond toutes les possibilités de se faire vibrer, jouir ou gratifier[235].

Le discours des Belles-sœurs livre une véritable panoplie de ces multiples possibilités : les nombreux « *party* » ; le Bingo et autres concours du même acabit comme la charade, la voix mystérieuse ou le concours des objets grossis ; les voyages dont celui aux Îles Canaries et aux Chutes Niagara, lieux de vacances pour tout bon consommateur qui se respecte ; et bien entendu, cette Bible kitsch qu'est le fameux « cataloye ». Le kitsch est plus une catégorie culturelle que des objets proprement dits ; il est visible partout chez M. Tremblay et André Brassard pour la mise en scène. Il s'agit « communément de toute cette population d'objets 'tocards', en stuc, en toc, d'accessoires, de bimbeloterie folklorique, de 'souvenirs', d'abat-jour [...] tout le musée de pacotille qui prolifère partout[236] » ; objets dont rêve et se délecte notre Germaine au début de la pièce. Toute occasion est bonne pour avoir des « prix de présence », même la « soirée récréative » des « enfants d'la paroisse » qui va se terminer par un... bingo : « Vive les chiens de plâtre, vive les lampes torchères ! Vive le Bingo ! » (87)

L'engouement pour la consommation, boulimie sociale, est généré par la nécessité du recyclage : il faut être au goût du jour pour ne pas être déclassé. Quelle opportunité de recevoir des timbres qui permettront une complète remise à neuf de la maison ! Mais qui dit recyclage ne dit pas entière nouveauté : recycler c'est aussi réutiliser un objet dans une autre fonction que celle qui lui était premièrement assignée. Le recyclage culturel est une consommation-digestion de la culture, une « création à partir de ». Cette dynamique permet à la culture de masse de s'autogénérer, de reclasser constamment ce qui

---

235. Jean Baudrillard, *La Société de consommation* (1970), *op. cit.*, p. 112-113.
236. *Ibid.*, p. 165.

vient d'être déclassé. Le mouvement Ti-pop, dont il va être question, insiste précisément sur ce point, car il est avant tout un détournement du passé, une laïcisation par « kitschisation » des signes de la religion.

« *Try Jesus* » : soldes chez *Divin Shop*

Tout s'essaie donc, même Jésus. « *Try Jesus* » —Essayez (avec) Jésus— est un slogan américain authentique. Le Social et ses actants détrônent le Divin et en revendiquent toutes les fonctions : le statut, le salut, les mythes, le Verbe, la Création, les Écritures, la Providence, etc. Pour lier réflexion sur le corpus, sur le joual et sur le sacré, on peut se demander ce qui s'est passé entre l'hostie véritable d'une Eucharistie premier degré et l'« ostie » ou « stie » comme sacre du joual, qui n'est plus qu'une figure —de style ?— eucharistique. Le joual, défini plusieurs fois comme travail analogique, iconique de la langue, comme tentative de M. Tremblay pour rendre au plus près la réalité de la parole, parce qu'il écrit, parce qu'il est le véhicule des émotions de ces corps-jouissants —le langage du *fun system*— a maille à partir avec cette religion, avec les Écritures, fussent-elles recyclées.

> La sécularisation de la littérature, l'institution littéraire, passe par des lois et des règles, des mythes et des rites qui sont l'équivalent d'offices et de services, voire de sacrements et de sacrifices confrontant le sacré et le profane[237].

Ainsi définie, l'institution littéraire est un organisme (un corps) qui gère le marché de la consommation des œuvres littéraires. L'offre répond-elle à une demande ou est-ce l'inverse ? Il semblerait que dans une société conservatrice, la demande fût soumise à l'offre qui n'est plus qu'un étal de livres sélectionnés en fonction de certains critères. L'offre est un corpus hiérarchisé résultant d'une mise à l'index. On peut s'interroger sur la notion de création —en terme de modernité— dans un tel système. La modernité est une incongruité, c'est-à-dire une inconvenance pour le système en place, elle apparaît comme une rupture esthétique, comme un coup d'état par le renversement des valeurs établies. Mais on peut noter que la force révolutionnaire d'une

---

237. Jean-Marc Lemelin, « La (dia)grammatique de la lecture », *Le Sens, de la transcendance à l'immanence ou pour une science subjective* (1994), *op. cit.*, p. 29.

telle modernité travaille à une nouvelle institution, à un nouvel état, à un nouveau corpus.

> Le problème du style est inséparable de l'institution, c'est-à-dire du rapport entre le corps (confessionnel, professionnel, professoral) et le texte ; rapport qui se lie et se lit ou s'incarne dans le corpus, celui-ci pouvant être défini interdiscours où la forme devient une norme. Comme interdiscours, l'institution littéraire impose le système esthétique et le régime poétique, en constituant un corpus et en adoptant un registre rhétorique, plus ou moins selon les avatars de la mode et du milieu[238].

A bien des égards, la pièce de M. Tremblay, par son écriture, relève d'une esthétique révolutionnaire. Aux docteurs « es têtes » de la bourgeoisie, il propose une écriture du corps et de toutes ses caractéristiques, considérant peut-être la remarque de Gérald Godin en 1962 comme un appel :

> Par notre formation, sans doute, nous nous sommes le plus souvent attachés aux âmes qu'aux choses et aux faits, de telle sorte que notre littérature ne sent rien, n'a pas d'odeurs. [qualité organique] Cette dimension de l'authenticité a toujours été méprisée. Parce que tout ça n'est rien quand on a la sainteté, sans doute[239].

Engagé et révolutionnaire dans la forme, « langagé » : voilà qui rappelle une hybridité célèbre, celle de l'écrivain-écrivant de Roland Barthes ; hybridité qui est très utile pour comprendre comment l'institution littéraire réussit à intégrer ce qui s'oppose à elle, comment la culture en place consomme la contre-culture. En somme, comme le Dieu des Chrétiens a besoin d'un Diable, comme le Paradis n'a de sens qu'opposé à l'Enfer. L'écrivain joualisant, à cette époque, est perçu comme celui qui a vendu l'âme de la littérature au joual, qui la profane. Il reste cependant dans le système des valeurs traditionnelles, au pôle opposé certes, mais dans le système. L'écrivain, même déchu, reste un ange… *Un Ange cornu, avec des ailes de tôle*, avec des ailes de plomb.

> L'écrivain participe du prêtre, l'écrivant du clerc. […] Bref, d'un point de vue anthropologique,

---

238. *Ibid.*, p. 29.
239 Gérald Godin, *Livres et auteurs canadiens* (1962), dans *Écrits et Parlés I*, édition préparée par André Gervais, Montréal (Québec), L'Hexagone, 1993, p. 142.

> l'écrivain-écrivant est un exclu intégré par son exclusion-même, un héritier lointain du Maudit : sa fonction dans la société globale n'est peut-être pas sans rapport avec celle que Cl. Lévi-Strauss attribue au Sorcier : fonction de complémentarité, le sorcier et l'intellectuel fixant en quelque sorte une maladie nécessaire à l'économie de la santé. Et naturellement, il n'est pas étonnant qu'un tel conflit (ou un tel contrat, comme on voudra) se noue au niveau du langage ; car le langage est ce paradoxe : l'institutionnalisation de la subjectivité[240].

La critique a parlé d'incantation jouale, d'exorcisme par le joual. L'écriture jouale prend, sous cet éclairage, des allures de grimoire, au sens étymologique du terme : grammaire (ensemble des règles pour écrire et parler une langue) mais aussi écrit indéchiffrable (illisible pour le non-initié). L'incantation, qui désigne tout d'abord un enchantement par des paroles, fait aussi partie du vocabulaire religieux de la prière. Le joual, ainsi perçu, relève à la fois de l'insistance d'une prière et du charme de l'enchantement. Ce qui peut rejoindre plus largement la dialectique du joual précédemment évoquée.

La revendication identitaire populaire, l'importance de la femme et la mise en avant du corps passent par le détournement du sacré. Le joual en littérature est la forme de ce détournement et les sacres qu'il comporte en sont la force. Ces traits sont ceux d'une époque, celle des années dites Pop. Michel Meyer, qui étudie les rapports de la religion, de l'art et de la société, fait du corps la première étape identitaire, la « différence originelle ». Selon lui, il est tout à fait prévisible que le corps ressurgisse comme problème dès que le sentiment identitaire change, évolue :

> La forme qu'impose l'histoire aux sociétés humaines est la différence : ce qui est n'est plus ou n'est plus tout à fait identique à ce que c'était. Les différences que creuse l'histoire au cœur des sociétés font apparaître ou réapparaître des termes que les identités enfouissaient en elles et qui s'autonomisent. C'est la raison pour laquelle le corps resurgit comme problème

240. Roland Barthes, « Écrivains et écrivants », *Essais critiques*, Paris, Seuil, 1964, p. 152-154.

lorsque l'histoire s'accélère, comme on l'a vu dans les années soixante du XXème siècle[241].

Le joual, une occurrence « type pop »

Le type prévoit les propriétés essentielles que l'occurrence doit actualiser pour être jugée comme réplique satisfaisante, indépendamment de ses autres caractéristiques. C'est ainsi que les occurrences d'un type possèdent des caractéristiques individuelles que l'on ne fait pas entrer en ligne de compte dans l'évaluation de la réplique, pourvu qu'aient été respectés les traits pertinents établis par le type[242].

Le réalisme, parce qu'il est critique, s'oppose à la vision de la réalité proposée alors par les tenants de la culture ; « nouveau réalisme » qui en appelle au peuple, à la culture de masse, à la société de consommation et plus à l'élitisme bourgeois et religieux. Je propose de voir comment se construit ce nouveau réalisme, montrant que l'art dramatique était bien le meilleur choix pour y parvenir en littérature de la manière la plus efficace (les romans en joual ont vite été abandonnés) d'une part, car il est un canal culturel plus populaire et d'autre part, car les exigences du langage dramatique imposent déjà un certain dépassement de la réalité par son exagération. Il est ensuite question d'élargir au mouvement pictural du Pop Art puis à sa récupération québécoise en Ti-pop pour inscrire la nouvelle vision de la réalité que propose M. Tremblay au théâtre dans la nouvelle figuration que propose l'art à cette époque.

Un réel, passé outre.

Le dialogue de théâtre [...] devient insupportable dès qu'il n'est pas réduit, animé, bourré conventionnellement[243].

Le langage dramatique déforme la réalité par sa nature même qui est d'être efficace, l'auteur opérant dans son écriture une concentration des effets.

Cet éloignement inéluctable se double, chez M. Tremblay, d'une volonté personnelle qui promeut le phénomène d'accident du langage,

241. Michel Meyer, *Petite Métaphysique de la différence, Religion, art et société*, Paris, Le Livre de Poche, 2000, p. 33.
242. Umberto Eco, *La Production des signes* (1976), Paris, Le Livre de Poche, 1992, p. 21.
243. Henri Becque, *Théâtre I*, Les Éditions G. Grès et Cie, 1924, non paginé.

déjà concentré par le théâtre, au stade de déformation non seulement dans la fréquence (les énumérations qui n'en finissent pas), mais aussi dans la création, dans le détournement même de certains mots : « mégasiner », « mal-farmée ». Cette exagération nécessaire et volontaire a souvent des effets comiques, c'est-à-dire que le spectateur ne s'identifie plus complètement, il prend autant de distance face au personnage que le texte face à la réalité, que la langue des comédiennes face à la langue réelle des individus qu'elles représentent. Le comique naît de l'exagération du réel. Le problème de cette pièce c'est qu'elle n'est ni une comédie, ni une tragédie et que le spectateur rit aussi de lui-même. « *Les Belles-Sœurs*, ce n'est ni une pièce comique, ni une pièce dramatique [tragique] : c'est une pièce qui grince entre les deux[244] ». « Si nous rions, écrit Adrien Thério, nous rions constamment jaune. C'est, je crois, que nous comprenons tout à coup la grande misère et aussi la petitesse de ces pauvres gens qui ne peuvent être que nous. [...] nous voulons sortir, mais nous restons. Comment se fuir soi-même ? [...] Et voici qu'une grande pitié nous enveloppe. Nous avons pitié de nous-mêmes[245]. » Si la dureté du réel permet une catharsis par le tragique, son exagération peut permettre une catharsis comique par le biais du ridicule.

Il est évident que M. Tremblay n'en reste pas à la concentration des effets légitimée par la nature du langage dramatique, il joue avec, s'éloignant ainsi volontairement du réel par des moyens stylistiques. En revenant sur ses intentions, on s'aperçoit que dès le départ il cherchait un certain dépassement du réel et qu'à son grand étonnement c'est la réalité qui l'a rattrapé : M. Tremblay, réaliste ? par ironie du sort.

> Je venais peine de terminer le premier acte de ma pièce lorsqu'un dimanche matin de septembre, en ouvrant un journal, je tombai sur une page où on annonçait un grand concours à l'issue duquel on ferait tirer un million de timbres-primes ! J'étais abasourdi ! Mon concours que je considérais comme le *summum* de l'absurde devenait réalité ! Ma première surprise passée, je me dis que si ce *summum* de l'absurdité devenait vraiment réalité, ma pièce n'en serait que plus juste[246].

---

244. Jean-Claude Germain, « J'ai eu le coup de foudre » (1968), dans *Les Belles-sœurs* (1972), *op. cit.*, dossier de presse, p. 121-125.
245. Adrien Thério, « Un joual fringant à la scène en 1968 » (1968), *op. cit.*, p. 80.
246. Magazine *Maclean*, dans *Les Belles-sœurs* (1972), *op. cit.*, p. 152-153.

Que la critique soit positive, ou négative, chacun s'accorde sur un certain dépassement du réel, par l'excès : « le réalisme poussé jusqu'à l'obsession aboutit fatalement jusqu'à la caricature[247]. »

Les effets sont plus nombreux qu'à l'ordinaire (les répétitions et les reprises). Le jeu des tempos et des rythmes double la dynamique dramatique : le deuxième acte est plus rapide, le rythme accélère pour soutenir une tension dramatique montante et on oscille entre des échanges brefs et de longs monologues, entre des échanges extraits du quotidien et des parties chantées. Dans un entretien avec André Brassard, M. Tremblay évoque le problème du rythme : « Chaque artiste a son rythme, dit-il. Quand j'écris une pièce, la seule chose que je ne contrôle pas, c'est le rythme. [...] Je sais où je vais à 95%. La seule surprise que je permets, c'est de trouver le bon rythme. C'est ce que je préfère : trouver les mots qui donnent le rythme à une réplique afin qu'elle soit bonne[248]. » Le parallèle avec la musique est souvent évoqué : il se définit comme un chef d'orchestre interprétant le livret du monde, à sa manière, à un tempo qui lui est propre. Cette hybridité de structure, déjà manifeste avec ses appels conjoints à la tragédie et à la comédie, est aussi une hybridité entre catégories artistiques puisque c'est sur le schéma de la cantate que *Les Belles-Sœurs* se construit. Tout cela concourt à remettre en cause le réalisme. La musicalité de la langue, dont parle Jérôme Peignot, est d'autant plus soutenue par le choix de la partition :

> *The notion of musicality keeps recurring. Sometimes you cannot but feel that you are not watching a play at all, but a prose cantata. The form is exactly like a cantata. [...] This narrative is told through a number of solos, duets, trios and choruses, progressing in the structure exactly the way of cantata does*[249].
>
> La notion de musicalité ne cesse de réapparaître. Parfois, on n'a pas l'impression que l'on regarde une pièce, pas du tout, mais une cantate en prose. La structure est exactement celle d'une cantate. [...] la narration progresse à travers solos, duos, trios et chœurs, exactement comme dans la structure d'une cantate. (trad. pers.)

---

247. Martial Dassylva, *La Presse,* 29 août 1968.
248. Michel Tremblay, entretien radiophonique avec André Brassard à l'occasion du trentième anniversaire des *Belles-Sœurs,* Radio Canada, 1998.
249. Zeilda Heller dans *Les Belles-Sœurs* (1972), *op. cit.,* dossier de presse, p. 156

Que faut-il entendre par cantate ? Il s'agit d'un opéra en miniature mais qui reste une « pièce vocale assez étendue, écrite pour une ou plusieurs voix, avec accompagnements de quelques instruments. Les airs et les ensembles y alternant avec les récitatifs. » Cette forme est le plus souvent associée à la musique sacrée, mais il existe des cantates profanes pour le concert. Bivalence qu'il convient de retenir et qui nourrit un certain regard sur la religion. Pourquoi avoir choisi cette forme plutôt qu'une autre ? Peut-être parce qu'elle sert les intentions de l'auteur, « la cantate demeur[ant] un modèle de concision et de possibilités de variétés dans l'expression, puisque, en raccourci, elle peut contenir toutes les formes vocales et instrumentales. »[250] D'ailleurs, lorsqu'il s'agit, pour lui, de travailler le dialogisme romanesque, il opte pour la fugue, plutôt que pour la cantate. Le choix de la forme musicale sert l'efficacité souhaitée. C'est ainsi que Laurent Mailhot voit dans ce mélange des genres (tragédie, comédie, revue populaire, réalisme, absurde, etc.) et des arts (musique, théâtre, écriture) une rupture de « la structure dramatique conventionnelle [entendons traditionnelle], et jusqu'à la convention avant-gardiste[251]. »

Si « le joual n'est pas ici une couleur locale, un parti pris littéraire, mais bien au contraire une nécessité de l'expression, le seul instrument de dramatisation possible[252] », il faut bien admettre que cette nécessité est utilisée à des fins esthétiques.

Le réalisme de M. Tremblay est un réalisme stylisé —comme l'est tout réalisme— mais qui a l'honnêteté et la nouveauté de s'offrir comme tel : « Par cette dramaturgie inhabituelle, le mérite de Tremblay est d'avoir su échapper au seul réalisme par des procédés théâtraux [et langagiers] franchement avoués[253] ». Le joual qui était déjà une construction théorique linguistique devient ici une construction esthétique, littéraire :

> Toutefois, et si juste qu'il sonne, le *joual* de Tremblay reconstruit, recomposé, retranscrit, reste une

---

250. *Larousse de la musique*, Paris, Larousse, 1982, tome 1, p. 228.
251. Laurent Mailhot, « *Les Belles-Sœurs* ou l'enfer des femmes » dans *Théâtre Québécois*, tome 1 (1988), *op. cit.*, p. 213.
252. André Major, « Un exorcisme par le joual », *Le Devoir*, 21 septembre 1968.
253. Jean-Pierre Ryngaert, « Du réalisme à la théâtralité : la dramaturgie de Michel Tremblay dans *Les Belles-Sœurs* et *A toi pour toujours, ta Marie-Lou* », *Livres et auteurs québécois*, Éditions Jummonville, Montréal, 1971, p. 97-108, p. 99.

> langue littéraire et donc artificielle. [...] Entre ces dialogues où fleurissent les « passe-moi le sel » se réclamant d'une esthétique hyperréaliste et l'inventivité « lireuse » d'une langue riche en jeux de mots et allusions, le fossé paraît infranchissable[254].

Les remarques de R. Lathuillière sur la préciosité sonnent aussi vraies pour le joual :

> Elle [la préciosité] est, en tant que telle, une pure construction littéraire, une caricature grotesque des faits. Elle est par conséquent dessinée en des portraits-charges où le sens de l'analyse et de la nuance est sacrifié au profit du symbole et de la schématisation : les traits sont forts et puissants, mais uniformes et peu nombreux[255].

S'il y a réalisme c'est finalement en référence à un phénomène relativement flou comme les nombreuses définitions divergentes l'ont montré et M. Tremblay y voit autant de libertés offertes à sa création. Il se pose en dramaturge des sensations plutôt qu'en scientifique réaliste. Cela explique l'exagération et le dépassement du réel, alors représenté d'un point de vue émotionnel et non rationnel. L'émotion apporte le poétique. Et de ses dépassements, il en est bien conscient, lorsqu'il confie lors d'un entretien : « André [Brassard] fait un travail d'assainissement de mes textes : il nettoie le superflu. Je souhaite un Brassard à tous les dramaturges[256] ».

La stylisation du réel est due aux moyens et aux manières entrepris pour le représenter qui sont des choix, c'est-à-dire propres à une personne ; choix qui individualisent, particularisent inévitablement ce qu'ils représentent.

C'est dans cette optique de stylisation du réel qu'il faut comprendre les propos suivants :

> Longtemps perçu comme réaliste, le théâtre de Michel Tremblay, au contraire, a toujours proposé une vision distanciée de la réalité. L'utilisation fréquente de procédés anti-réalistes (chœurs, flash-back), de personnages marginaux (artistes de cabarets,

---

254. Marie-Lyne Piccione, *Michel Tremblay, l'enfant multiple* (1999), *op. cit.*, p. 28. Elle parle à ce sujet d'une « culture omniprésente » qui peut donner aux ouvrages de Michel Tremblay des allures encyclopédiques.
255. R. Lathuillière, *La Préciosité étude linguistique et historique,* tome 1 (1966), *op. cit.*, p. 39.
256. Entretien radiophonique avec André Brassard à l'occasion du trentième anniversaire des *Belles-Sœurs,* Radio Canada, 1998

> homosexuels, travestis, petites canailles, fous, etc.), place nettement son œuvre hors des sentiers battus[257].

Considérer M. Tremblay comme créateur d'un nouveau réalisme, dans ses procédés, dans ses méthodes d'appréhension du réel et dans son engagement —un réalisme que l'on peut alors dire politiquement stylisé— c'est l'inscrire dans des courants esthétiques contemporains comme l'hyperréalisme dans ses excès.

> Rétrécissant ainsi leur champ de vision, ils [les artistes réalistes] isolent chaque objet de leur curiosité ; quand ils reculent le reste de la rue n'est plus qu'un brouillard, jusqu'au prochain éclat qui les requiert de s'approcher : vision discontinue, grossissante, d'un univers qui tourne au fantastique [...] Par le grossissement du détail, le réel est brusquement frappé d'un *Verfremdungseffekt.* Vu de trop près, le réel est infiniment distant[258].

Roland Barthes remarque aussi qu'« aucune écriture n'est plus artificielle que celle qui a prétendu dépeindre au plus près la nature[259] ».

Les critiques négatives insistent surtout sur ce passé outre considéré comme une offense :

> Cette grossièreté et cette vulgarité procèdent de la théorie archiréaliste suivant laquelle le « *joual* » est la langue naturelle et nationale des Québécois et qu'en conséquence, lorsqu'on met en scène des gens d'une certaine classe de la société québécoise, il faille, quoi qu'il en coûte, user du langage [...] qu'ils emploient. En partant d'une telle prémisse, il est presque fatal que l'on exagère le langage [...] et qu'on ne sache ni où, ni quand s'arrêter. [...] J'ai déjà dit en d'autres circonstances combien la préciosité vers le bas pouvait être artificielle[260].

Le jugement est histoire de goût et de purisme, mais ce qui importe c'est que l'écriture de M. Tremblay est efficace et que le débat de la Querelle du joual se soit porté sur la forme d'expression de la littérature et plus simplement sur le doute de son existence. C'est à ce

---

257. Lise Gauvin et Gaston Miron, *Ecrivains contemporains du Québec*, Paris, Seghers, 1989, p. 507-508.
258. R. Ricatte, *La Création romanesque chez les Goncourt*, Paris, Armand Colin, 1953, p. 282, dans *Le Réalisme*, Philippe Dufour, Paris, Presses Universitaires de France, 1998, p. 303.
259. Roland Barthes, *Le Degré zéro de l'écriture*, Paris, Gonthier, 1965, p. 59.
260. Martial Dassylva, *La Presse,* 29 août 1968.

titre, je crois, que l'on peut faire de M. Tremblay un pivot entre littérature de libération et littérature de la libération. 1968, c'est la fin du mouvement Parti pris, la phase agonique de l'avant-garde, dans une certaine mesure l'aboutissement du combat. La création des *Belles-Sœurs* au théâtre du Rideau Vert, c'est déjà leur reconnaissance dans le corpus de l'institution littéraire québécoise, leur place dans l'office. De plus, l'esthétique dont se réclame cette pièce, populaire, hyperréaliste, n'a rien de spécifiquement québécois. Elle est le tableau d'une collection qui passe outre la Province de Québec, puisqu'elle concerne toutes les nouvelles figurations de la société de consommation.

Le Parti pris *du Pop Art ?*

> *Seule une typographie savante peut permettre de créer une littérature qui soit à l'heure du Pop'Art*[261].

La richesse de l'œuvre de M. Tremblay doit être mise en rapport avec l'arrière plan esthétique de l'époque. J'ai retenu deux mouvements marquants, un littéraire au départ, Parti pris[262], l'autre majoritairement pictural, le Pop Art, et leur synthèse au Québec qui a été nommée Ti-pop.

Parti pris est tout d'abord une revue qui propose des textes militants aux accents marxistes. Le mouvement envisage la libération du point de vue national : se définir comme Québécois tant par rapport aux Anglophones (canadiens, britanniques ou des États-Unis) qu'aux Français (canadiens ou de France) et du point de vue social : la lutte est celle de la culture populaire contre la culture bourgeoise.

> La seule résolution de nos problèmes sociaux ne peut s'accomplir efficacement que dans une lutte de libération nationale, parce que ces problèmes se nouent dans notre condition de peuple dominé, « colonisé » par Ottawa. [...] La révolution nationale dans sa forme ne sera sociale que si elle vise à détruire les puissances d'oppression qui aliènent la majorité de la nation : le

261. Jérôme Peignot, « L'avenir », *De l'Écriture à la typographie* (1967), *op. cit.*, p. 157.
262. Voir l'ouvrage de référence qu'est devenu *Parti pris littéraire* de Lise Gauvin (1975), *op. cit.*

> capitalisme américain et anglo-canadien, et même canadien français[263].

C'est donc en 1963 qu'un groupe de jeunes intellectuels, étudiants en lettres et en philosophie à l'Université de Montréal, se constitue et se nomme « parti pris », proposant comme support idéologique une revue du même nom. Mouvement d'avant-garde plutôt qu'école dans la mesure où il s'agit simultanément d'une rupture avec les valeurs traditionnelles et de l'affirmation du présent en l'état en vue d'un futur meilleur. Ils ont comme but avoué la création du M. L. P., « Mouvement de Libération Populaire ». Tout y est : le cliché sur le Mont-Royal, le manifeste qui est seulement publié en 1964 —mais Lise Gauvin fait justement remarquer que la revue est un « manifeste ouvert ». Le front de libération a ses soldats identifiés. Reste à voir quelques armes ils ont et quel(s) usage(s) ils en font. La photo laisse percevoir une certaine monture, un cheval, un joual.

Paul Chamberland, qui a beaucoup œuvré comme militant par l'écriture, justifie le « choix de la révolution » en l'opposant au choix de la révolte, non sans une volonté de dépasser ce qui est associé au terme révolte : l'échec des Patriotes. Si l'élan peut être rapproché à bien des égards, il est clair que cette fois-ci doit être la bonne et qu'il ne saurait y avoir de débâcle. Il insiste sur le caractère volontaire et réfléchi de l'acte révolutionnaire qui vise un dépassement de la condition d'aliénation par la connaissance objective des causes de son existence :

> La connaissance objective des conditions de l'oppression et des moyens d'affranchissement définit la supériorité du révolutionnaire sur le révolté. Le révolutionnaire se dépasse comme pure négativité face à l'oppresseur et à son ordre de valeur[264].

Le point de départ pour atteindre l'état de liberté souhaité est bien la prise de conscience de la non-liberté, de l'aliénation. La liberté comme le résultat d'un processus de libération n'a de sens, d'ailleurs, que dans une situation contraire à son but. On rejoint ici ce que dit Renato Poggioli sur « l'état d'aliénation » qui est l'arrière plan de toute avant-garde :

> *Decadence and avant-garde only appear when, in a given historical condition or a determinate social*

---

263. Paul Chamberland, *Un parti pris anthropologique*, Montréal, L'Hexagone, 1983, p. 17.
264. *Ibid.*, p. 15.

> *framework, there arises a conflict between two parallel cultures*[265].
>
> La décadence et l'avant-garde apparaissent seulement quand, dans des conditions historiques particulières ou un cadre social déterminé, s'élève un conflit entre deux cultures parallèles. (trad. pers.)

Parti pris peut, en ces termes, être défini comme mouvement d'avant-garde[266]. Les cinq années d'existence de la revue montrent bien l'effervescence et la lutte, ceci dans l'esprit d'une négation du passé ; négation qui est aussi reconnaissance. Ce fut le rôle de l'idéologie Ti-pop. Le scandale est donc nécessaire, comme phase activiste, antagoniste dans la forme et nihiliste dans le contenu, pour atteindre l'étape suivante, le dépassement de la négation, la construction du libéré. On peut se demander où s'arrête l'entreprise de Parti pris, car elle est souvent réduite aux trois premières fonctions. Est-ce que c'est à Parti pris de construire la littérature du Québec ou simplement de lui construire son nid ? Où s'arrête le rôle d'une avant-garde ? La phase agonique, la dernière, est en fait une autodestruction du mouvement d'avant-garde, le résultat de son aporie fondamentale : le dépassement perpétuel, le toujours en avant. «Nous sommes en contradiction avec nous mêmes : notre changement consiste à nous rendre compte que tous les changements sont illusoires, sans en exclure le nôtre[267] », écrit Octavio Paz, ses propos valant pour toute avant-garde.

La littérature doit, pour ce groupe, montrer avec violence l'état d'aliénation et non le discuter. Il ne s'agit pas de produire une littérature qui a pour objet l'aliénation, il s'agit de produire volontairement une littérature de l'aliénation au moyen d'un langage aliéné. L'emploi du joual n'a au début d'autre fonction que d'exposer un état désolant mais véritable :

---

265. Renato Poggioli, *The Theory of the avant-garde*, The Belknap Press of Harvard University Press, Cambridge, Massachusetts, London, England, 1982 (édition originale en italien, 1962), p. 108 [où l'une de ces cultures domine l'autre en l'ignorant].
266. *Ibid.* Poggioli distingue quatre phases dans la vie et mort d'une avant-garde : *activistic moment*, *antagonistic moment*, *nihilistic moment, agonistic moment* Voir également Matei Galinescu, « Avant-garde : some terminological considerations », dans *Literarische Avantgarden*, Manfred Hardt (dir.), Wissenschaftliche Buchgesellschaft, Darmstadt, 1989, p. 90-112.
267. Octavio Paz, « Présence et présent », dans *Preuves*, « Baudelaire et la critique d'art », n° 27, mai 1968, p. 14-15.

> Vous n'avez pas le droit de parler aux écrivains joualisant comme si c'était eux qui avaient inventé le joual [...] aucun de nous n'a jamais voulu ériger le joual en langue définitive, terminée, choisie et parfaite. Au contraire. Nous n'avons que voulu montrer ce qu'était la langue des Québécois. Je dirais que le joual, dans la littérature québécoise, c'est tout simplement de la littérature-vérité[268].

Si M. Tremblay n'a jamais revendiqué son appartenance à ce mouvement, il fut pourtant un lecteur assidu de la revue, au moins dans les premières années. L'emploi qu'il fait du joual est donc en connaissance de cause, les propos qu'il tient à ce sujet, l'attitude critique qu'il adopte vis-à-vis de la société bourgeoise l'associent inévitablement aux écrivains de Parti pris[269].

En se penchant davantage sur les positions esthétiques exprimées dans la revue, on peut mettre en parallèle la pratique du joual avec la nouvelle figuration artistique qui « fait rage » à cette période et qui peut très généralement être qualifiée de figuration pop.

***

Les années soixante et soixante-dix sont passées à la postérité comme étant les décennies Pop Art mais renvoient, dans ce cas, tant au Nouveau réalisme (mouvement français), qu'à l'Hyperréalisme dit aussi *Super realism*, qu'au Pop Art proprement dit (d'abord britannique puis américain). Il n'est pas rare de voir un artiste, ou une partie de son œuvre, porter plusieurs étiquettes. La « démarche Pop », selon Isabelle Lecomte-Depoorter, correspond à « une période (1947-1970) de l'art figuratif, née du constat de l'émergence d'une nouvelle société de consommation qui fournit à la fois le sujet, le matériau, et la manière de créer »[270] et qui se définit par une volonté de distanciation entre l'artiste et son œuvre. M. Tremblay ne s'est-il pas exclu, lui aussi, de son œuvre, laissant le champ libre à ses personnages ? C'est en tout cas ce que dit Jean-Claude Germain à la réception de la pièce

268. Gérald Godin, Le Devoir, 6 novembre 1965.
269. Notamment Laurent Girouard, Claude Jasmin, Jacques Renaud, Gérald Godin, etc.
270. Isabelle Lecomte-Depoorter, *Le Pop Art*, Paris, Flammarion, coll. Grammaire des styles, 2001, p. 4.

en 1968. La remarque ne serait plus vraie aujourd'hui car le dramaturge-romancier s'est introduit dans les textes :

> L'auteur des *Belles-Sœurs,* Michel Tremblay, est complètement absent de sa pièce. Après l'avoir lue —ou entendu lire— on ne sait rien sur lui, mais on sait tout, enfin tout ce qu'il faut savoir sur la grosse Germaine, sa fille, ses sœurs et ses amies[271].

Le retour à la réalité quotidienne, sociale, correspond à un refus de la définition de l'homme par Dieu. L'art pictural et l'art verbal, longtemps au service de l'Église, se libèrent et posent le culte de la banalité dans toute sa rengaine humaine. La quête identitaire est à comprendre comme une re-sémantisation sociale du monde :

> Ce qui réunit les nouveaux réalistes est une nouvelle approche perceptive du réel, proche d'un constat ou d'une vision sociologique du monde [...] Le rapport à l'objet, chez les nouveaux réalistes, n'est pas un geste iconoclaste, mais la prise de conscience d'une réalité poétique ou artistique déjà présente dans la cité[272].

Il faut envisager le Pop Art, le Nouveau réalisme et l'Hyperréalisme comme des variantes ou des équations, parfois divergentes, mais dont toutes les réalisations sont des asymptotes par rapport l'axe de la réalité. A vrai dire, elles se réclament non pas tant de la réalité elle-même que de sa représentation sociale : ce qui intéressent les artistes Pop, ce sont avant tout les objets comme signes sociaux. Des œuvres et des artistes, je retiendrai le Nouveau réalisme d'Arman et son principe de récupération des déchets dans son tableau *Poubelle ménagère* de 1960, collage de tout ce que peut contenir une poubelle de cuisine : papiers en tout genre, emballages alimentaires, paquets de cigarettes, boîtes de conserve, poussière, chiffons, etc. et qui pourrait bien être la poubelle de « Germaine Lauzon, ménagère ». Je retiendrai aussi, pour le procédé de création, ses célèbres accumulations telles *Home sweet home* de 1960, accumulation de masques à gaz dans une boîte sous plexiglas et *Nail Fetish* en 1963, statue faite d'un amas de revolvers. Cette technique peut être mise en parallèle avec l'utilisation du joual dans les longues énumérations qui sont des accumulations linguistiques et non plus picturales. On n'est

271. Jean-Claude Germain, « J'ai eu le coup de foudre » (1968) dans *Les Belles-Sœurs* (1972) *op. cit.*, dossier de presse, p. 123.
272. *Groupes, mouvements, tendances de l'art contemporain depuis 1945*, Collectif, Paris, École Normale Supérieure des Beaux Arts, 1990, p. 115.

pas dans une ressemblance de fait mais d'effet. Ce qui est commun c'est l'effet de saturation qui, du point de vue du langage, a pu être observé dans la « liste des invités au party d'Yvette Lonpré ».

> [Accumulation :] Terme appliqué à Arman, artiste du nouveau réalisme. Dans un inventaire quasi méthodique des matériaux, aussi bien du quotidien que du peintre ou de l'artiste en général, il s'approprie le réel de l'objet pour en dégager une poétique autre à partir d'un effet de saturation[273].

Des hyperréalistes, je retiendrai les résines de Duane Hanson, dont la *Supermarket Lady* de 1969-1970, statue grandeur nature d'une ménagère bedonnante, coiffée de ses rouleaux, cigarette aux lèvres et poussant un caddie de supermarché où l'on retrouve, avant consommation, presque l'intégralité de la *Poubelle ménagère* de Arman. Être hyperréaliste c'est chercher à représenter la réalité au plus près mais il y a dans ces cas-là un effet contraire, celui déjà mentionné du *V-effekt* de Bertolt Brecht que l'on peut retrouver dans des œuvres comme le *Trafalgar square* de Richard Hamilton en 1965-1967, quasi-effacement de l'image par grossissement excessif du grain d'une photo. Que penser du concours des objets grossis dont parle Yvette Longpré, « Vous savez, là, les affaires qu'y posent de proche-proche-proche, là, pis qu'y faut deviner c'est quoi… » (48) ? Ce dernier artiste est le plus souvent classé dans la colonne Pop Art britannique et de lui encore, je mentionnerai *Qu'est-ce qui rend les intérieurs d'aujourd'hui si différents, si sympathiques ?* de 1956 qui montre le salon typique de l'*american way of life :* corps bodybuildés et dénudés de deux figures fraîchement découpées dans des magazines, confort électroménager (télévision, magnétophone, aspirateur). On note qu'en guise de raquette, notre sportif musclé porte une sucette dont l'emballage donne le ton puisqu'il arbore un Pop d'un rouge clinquant, rappelant ainsi l'origine du terme[274]. Du Pop Art, on ne peut oublier Andy Warhol dont le procédé de sérigraphie peut se rapprocher des accumulations, tant en ce qui concerne les portraits, *Multiplied Jackies* en 1964, soit 35 photos identiques de Jacky Kennedy juxtaposées, que les produits de consommation courante telles les *200 boîtes de soupe Campbell* de 1962 ou la

---

273. *Ibid.*, p. 159.

274. Le terme Pop a été utilisé pour la première fois dans un tableau par Eduardo Paozzoli, *I was a riche man's plaything* [J'ai été le jouet d'un riche] de 1947, collage de publicités qui contient tous les éléments du Pop y compris l'incontournable bouteille de *coke*.

Grande boîte de soupe Campbell déchirée, de la même année. On peut retenir aussi l'importance qu'occupe la bouteille de Coca-Cola, *Coca-Cola Bottle*, 1962. Déjà présente chez Eduardo Paolozzi, on la retrouve mise en croix chez H. C. Westermann dans *Le Blanc pour la pureté* de 1959. Cette dernière œuvre montre bien l'appréhension du monde par son aspect le plus social, le plus quotidien : le *coke* revendique la trinité sans aucun scrupule. M. Tremblay a su utiliser ces images.

J'évoquerai également *La Lessive* de Michel Journiac[275] de 1968. Cette œuvre-sculpture, qui fait partie de la deuxième époque de création de l'artiste, utilise la technique du textile plâtré. Elle nous propose tout simplement fils à linge et vêtements étendus. On croirait entendre les Belles-sœurs se plaindre de la corvée du linge :

> [*Collectif, plusieurs voix*]— Là, là, j'travaille comme une enragée, jusqu'à midi. J'lave. Les robes, les jupes, les bas, les chandails, les pantalons, les canneçons, les brassières, tout y passe ! Pis frotte, pis tord, pis refrotte, pis rince... C't'écoeurant, j'ai les mains rouges. J't'écoeurée. J'sacre. [...] J'me lève, pis j'prépare le déjeuner. Toujours la même maudite affaire ! Des toasts, du café, des œufs, du bacon... J'réveille le monde, j'les mets dehors. Là, c'est le repassage. (23)

Il paraît évident que cela a eu de l'influence sur la culture québécoise, d'autant plus quand on sait qu'en 1965 a eu lieu, à Montréal, une exposition d'artistes Pop américains, Nouveaux réalistes et artistes montréalais nommée *Art Referendum* à la Galerie Labo et dans les commerces alentours, au milieu des marchandises. Louise Letocha a noté ces affinités :

> La figuration Pop offre cette ambiguïté d'une illusion de la référence à des objets de fabrication industrielle et à un contexte urbain : mais en magnifiant l'importance de l'instrument de multiplication de l'image ou encore du système qui en fait le plus usage : la pub. Il est possible alors de repérer des affinités entre

275. Se reporter à son ouvrage, *24 heures de la vie d'une femme ordinaire*, Paris, A. Hubschmid, 1974. Le titre, emprunté en partie à Stefan Zweig, tire sa particularité du terme « ordinaire ». On comprendra l'importance de la femme dans l'esthétique Pop, femme-objet en Pin-up ou femme-mère au foyer, ménagère. Cela n'est pas étranger au monde de Michel Tremblay.

> les motifs de la figuration Pop'américaine et celle composée au Québec[276].

Qu'est-ce donc que cette figuration composée au Québec ? Quelles formes y prend le Pop ? Les principaux critiques en furent Claude Jasmin, Yves Robillard et Pierre Maheu. S'ils ne s'accordent pas toujours, ils « considèrent globalement le phénomène Pop comme le symptôme d'un nouvel état de la culture, la conséquence du rayonnement de la culture industrielle et des nouvelles technologies de communication. [...] et soutiennent un point de vue qui inscrit la pratique artistique dans une réflexion sur le rapport entre l'art et la société, qui préconise une véritable intégration de l'artiste et de l'œuvre à l'espace culturel et social[277]. »

Que dire de plus ? la qualité artistique n'est plus l'autonomie de la forme qui se suffirait à elle-même, qui fonctionnerait en vase clos, mais la fonction de la forme artistique (qu'elle soit picturale ou verbale) est de produire un effet et plus précisément d'être efficace socialement.

Une excellente synthèse du Pop Art au Québec a été faite par Serge Allaire qui associe Pop Art, Ti-pop et PQ (Parti québécois, indépendantiste). En effet, les artistes québécois ont défini le Pop Art en fonction de leur situation. Claude Jasmin ira même jusqu'à marquer nettement la différence entre ce Pop d'ici et le Pop d'ailleurs... d'autant plus à cette période du Québec et quand l'ailleurs est ou européen (français ou britannique) ou américain. Il semble que la revendication identitaire québécoise, si intense, ait parfois empêché de reconnaître directement et ouvertement ces influences...

Du Pop Art québécois je retiendrai plus particulièrement l'artiste Arthur (pseudonyme d'André Montpetit) qui proposa en 1967, en collaboration avec M. Antoine Nadeau, *Le sous-marin jaune de la force de frappe québécoise.* Il offrit au Québec et aux Québécois ce que les critiques ont unanimement reconnu comme étant la figure emblématique d'un véritable art québécois.

> L'œuvre dont le titre fait référence au *Yellow submarine* des Beatles, mesure 4,8 mètres de long et est réalisée à partir d'un kayak de fabrication artisanale. Peint

---

276. Louise Letocha, « Une figure déniée », dans *Mises en scènes de l'avant-garde*, Montréal, Cahiers du département d'histoire de l'art de l'UQAM, 1987, p. 50.
277. Serge Allaire, « Pop Art, Montréal, PQ » dans *Les Arts visuels au Québec dans les années soixante*, Francine Couture (dir.), Montréal, VLB, tome II, 1997, p. 161.

> en jaune, déposé sur des tréteaux et transformé pour l'occasion à l'aide de différents rebuts, il est présenté comme un prototype de sous-marin. En guise de bouée de sauvetage, les artistes ont utilisé un siège de toilettes sous le couvercle duquel on trouve, si on s'avise de la soulever, une fente pour verser l'aumône et, fixée à la face intérieure du couvercle, une bénédiction papale (authentique !) portant la signature du pape Jean XXIII. Un tuyau de poêle décoré d'un ruban à gland fait office de périscope. Attachée à la cabine, une trompette projette l'image du cardinal Léger et des images pieuses : l'image d'un Sacré cœur portant l'inscription : « pourquoi me blasphémez-vous ? » et une figurine de plâtre peint représentant une *pietà*. Les câbles du pont sont faits d'anciens chapelets. Enfin, la cabine du navire accueille « le Saint-Esprit en personne », [...] une perruche vivante. Sur la coque figurent des inscriptions : d'un côté, « Force de frappe québécoise », et de l'autre, « Par la foi nous vaincrons »[278].

Cette œuvre sert à faire le lien entre le Pop Art et le Ti-pop. A l'origine, le Ti-pop, par son association avec Parti Pris, relève plus d'une conception littéraire, mais, défini comme une attitude, il concerne alors tout le champ artistique. Ce qui le caractérise essentiellement c'est le détournement de la religion qui prend des allures de chute vertigineuse : on ne peut aller plus bas ; chute vertigineuse d'autant plus que l'outrage est grossi jusqu'au gigantisme et s'affiche en pleine rue. Ti-pop mais :

> Qu'est-ce donc que le Ti-pop ? Eh bien le Ti, c'est le Québec, comme dans « chez Ti-Jean Snack Bar », « Ti-Lou Antiques », ou tout simplement comme dans « allo ti-cul ». Et le pop, c'est si on veut le pop'art. Mais il ne s'agit pas spécialement d'art. C'est plutôt d'une culture qu'il s'agit, notre vieille culture qui se mérite bien le titre de culture ti-pop. Le Ti-pop c'est une attitude ; fondamentalement elle consiste à donner une valeur esthétique aux objets de la culture Ti-pop. Vous y êtes ? Un Sacré cœur en carton tout sanglant, avec la mention « pourquoi me blasphémez-vous ? », une affiche électorale du temps de Duplessis, le cœur du frère André dans le formol mais aussi les poupées du film de Godbout *Le Monde va nous prendre pour des sauvages*, l'artisanat naïf, voilà autant d'objet à l'attitude Ti-pop. [...] L'attitude Ti-pop, qui transforme ces objets sacrés

278. *Ibid.*, p. 193-194 (reprenant les propos d'Yves Robillard).

> en objets de conscience esthétique, les rend profane, est donc une attitude profanatrice[279].

On pourrait maintenant ajouter les Saintes Vierges qu'André Brassard a accumulées derrière Germaine Lauzon feuilletant son catalogue. Elles renvoient plutôt aux vitrines de souvenirs de Lourdes ou de l'Oratoire Saint-Joseph qui les déclinent dans toutes les tailles. La voix de la religion se met au goût du jour et emprunte les canaux radiophoniques, Duplessis ne sert plus qu'à gagner un concours n'ayant rien à envier au kitsch de celui des timbres et enfin, « cerise sur le Sunday » (au sens de jour du Seigneur, bien entendu !), Pierrette Guérin qui passe du couvent au bordel ou encore l'histoire de cette religieuse prise en flagrant péché de chair :

> *Gabrielle Jodoin*— Voyons donc, Mademoiselle Verrette, faites-vous pas prier pour rien, là... D'abord, vous savez ben que vous allez finir par nous la conter, vot'histoire...
> *Des-Neiges Verrette*— Bon... correct, d'abord... C'tait une religieuse qui s'était faite violer dans une ruelle...
> *Rose Ouimet* – ça commence ben !
> *Des-Neiges Verrette*— Ça fait que le lendemain, on la retrouve dans le fond d'une cour, toute éfouerrée, la robe r'montée par-dessus la tête... A gémissait sans bon sens, vous comprenez... ça fait qu'y'a un journaliste qui s'approche pis y demande : « Pourriez-vous, ma sœur, nous donner quelques impressions sur la chose horrible qui vient de vous arriver ? » ça fait que la sœur ouvre les yeux pis murmure : « Encore ! encore ! ». (49-50)

Mais qu'en est-il encore plus précisément du joual, objet premier de l'étude ? Parce qu'il est défini entre autres par sa vulgarité et ses sacres, il relève aussi du blasphème. Utiliser les sacres (jurons québécois) en littérature revient à désacraliser la langue littéraire, à la laïciser et c'est bien son côté le plus subversif, d'autant plus quand — grand malheur !— il est écrit, c'est-à-dire quand il revendique une place dans l'écriture, les Écritures. Écrire l'injure est bien pire que de la dire, c'est l'inscrire dans la durée. Je rejoins ici ce que j'ai déjà pu évoquer comme étant la force scripturale du théâtre de M. Tremblay. La recherche graphique relève ici d'un travail quasi-plastique de la langue. L'artiste qui me permet de faire le lien entre littérature et arts plastiques est Pierre Ayot qui utilise le joual dans ses gravures. En

---

279 Pierre Maheu, « Laïcité 1966 », *Parti pris*, « Québec (bleu) 1966 : urgence d'un socialisme décolonisateur », Montréal, vol. IV, n° 1, septembre-octobre 1966, p. 56-78, p. 73-74.

effet, ses titres en langue populaire sont intégrés à l'image : « les œuvres de 1968-69, par la référence au quotidien, à la banalité du geste, renforcées par les titres joualisants qui empruntent au parler populaire, appartiennent sans conteste à l'attitude de provocation, à l'esprit ti-pop[280]. »

Situer *Les Belles-Sœurs* de M. Tremblay entre Parti pris et Pop Art reviendrait à les associer au mouvement Ti-Pop. Cela est possible dans le sens où le dramaturge adopte bien cette attitude critique vis-à-vis du passé, où il use de matériaux typiques du Pop (*coke*, objets triviaux, référence au confort quotidien d'une ménagère prise entre son téléphone, sa radio et son frigo), où il emploie des techniques de la fragmentation (autonomie de certaines séquences) qui rappellent le collage, des techniques de l'accumulation tant au niveau du langage que des objets : « un million de timbres, on rit pus ». Le drame tout entier est construit sur ce principe de l'accumulation : coller, coller, coller pour collectionner.

Revenons un instant sur ce que représente la bouteille de *coke*. Outre sa référence à la consommation américaine, le *coke* est, dans sa nature, une boisson qui désaltère des dames à la gorge sèche, non de coller des timbres, puisqu'elles ont des plats d'eau, mais qui ont chaud d'être là à jaser. Elles font preuve d'une immense dépense d'énergie à ne rien faire, elles sont « *bored but Hyper* » pour reprendre les termes d'Andy Warhol. Et cette chaleur dont elles sont les victimes, ce sont les calories de leur insignifiance quotidienne qui brûlent et font de la cuisine un fourneau tout entier : « cette chaleur est souvent un indice dans la littérature québécoise contemporaine, écrit Pierre Nepveu, d'une excitation qui surgit au milieu même du non-sens[281]. » Un peu comme une course folle qui demanderait beaucoup d'efforts physiques pour finalement tourner en rond. C'est ce qui définit précisément le parcours sémiotique de cette pièce. (Voir étude annexe)

280. Serge Allaire, « Pop Art, Montréal, PQ » dans *Les Arts visuels au Québec dans les années soixante* (1997), *op. cit.*, p. 202.

281. Pierre Nepveu, *L'Écologie du réel*, Montréal, Boréal, 1998 (1988), p. 150. Voir aussi à cette page la référence faite à Andy Warhol.

Du Tremblay, genre…

> *Genre : Mot issu du langage ado, désormais passé dans la vie courante. La réalité réellement réelle est très dangereuse, aussi vaut-il mieux la nommer comme si elle appartenait à une catégorie plus large qui paraît plus inoffensive. Voir comme, réalité, saveur (à~) et style*[282].

Accordons-nous le sourire de cette définition, pas si inoffensive que cela, finalement. Après avoir haché menu le texte des *Belles-Sœurs*, lui perçant les portes de la littérature à coups d'analyses linguistiques, après avoir ouvert ces portes sur le champ artistique de l'époque de création, on peut se demander ce qu'il reste des intentions, des intuitions de départ. Y a-t-il un style propre à M. Tremblay perceptible dans ce texte ? Certainement, mais à un M. Tremblay, *genre*… c'est-à-dire appartenant à une catégorie plus générale, à un type. Le rapport qu'il a à la réalité relève d'une catégorie plus large de rapport à la réalité ; catégorie qui a la largeur d'une société, d'un point de vue spatio-temporel.

Les années soixante et soixante-dix, au Québec surtout, sont des années de prise de conscience identitaire. Le rapport à la réalité y est ambigu : il s'agit de la reconnaître en la reproduisant et, simultanément, d'appeler aussi vite que possible à son dépassement, à son changement. Il y a une véritable dialectique de l'art qui reconnaît autant qu'il dénonce et, en littérature, le joual en est la forme :

> Le joual n'est pas une réalité univoque pour Parti pris : il est dialectique. Il est aussi le signe évident d'une québécité ; il est notre peau noire : au départ, malédiction, il peut aussi, par contre, être la langue d'une profonde vérité, atteindre des accents inoubliables, signaler le départ d'une reconquête de l'homme québécois et être l'indice ambigu d'une présence québécoise en littérature. Toute parole est libération, même si elle est cahotante et rauque[283].

C'est à la réalisation de la situation présente que doit servir le joual en littérature et à la nécessité de son dépassement. L'outrancier appelle le « passer-outre » de lui-même. Autrement dit, l'éphémère

---

282. Benoît Melançon et Pierre Popovic, *Le Village québécois d'aujourd'hui, glossaire*, Montréal, Fides, 2001, p. 61.

283. Robert Major, *Parti pris : idéologies et littérature* (1979), *op. cit.*, p. 282. En fait, le mouvement Parti pris, au début très unifié, se divise ensuite en ce qui concerne le joual. Certains s'arrêtent à « la malédiction » et d'autres la dépasse en faisant de ce vernaculaire la première matière de la littérature libérée.

culturel n'est pas seulement mis à jour mais utilisé, activé, accéléré volontairement. M. Tremblay disait, quelques années après la création des *Belles-Sœurs,* que sa pièce n'était pas faite pour durer, qu'elle était circonscrite à un moment donné d'une société donnée et qu'il l'avait écrite pour que ce qu'elle montrait change. Même si cela fut le cas, si la prise de conscience qu'elle devait provoquer eut lieu, la rupture fut telle que l'histoire l'a rangée dans sa bibliothèque, en a fait un classique de la littérature québécoise.

Devient classique ce qui par définition ne l'était pas

Qu'est-il arrivé au Tremblay, genre… ?

Sa pièce participant du mouvement de rupture culturel québécois a, à plus d'un titre, des caractères avant-gardistes et c'est à cette dernière notion que j'emprunterai pour comprendre le chemin parcouru. Les artistes québécois de ces années se présentaient souvent comme une génération spontanée. En faisant table rase du passé de noirceur et mettant leur énergie dans l'avenir, ils se revendiquaient d'un certain futurisme.

Mais, pour construire une littérature, il faut pouvoir en faire une histoire, isoler des étapes, reconnaître des écoles, définir des mouvements, des genres, des styles : recenser les actes littéraires. On voit bien ici l'arrière plan idéologique marxiste : chercher à définir l'existence d'une culture québécoise passe d'abord par la reconnaissance de ses productions, soient-elles dépassées, honteuses, bégayées ou hurlées. L'attitude Ti-pop, évoquée plus haut, est un de ces moyens de recensement puisqu'elle consiste à se retourner dans la « Noirceur » (période où Maurice Duplessis était au pouvoir) du passé religieusement silencieux et à crier en riant : y a-t-il âmes qui vivent ?

> Le Ti-pop consiste à assumer un certain passé national, mais à l'assumer comme passé justement, c'est-à-dire à le poser du même coup comme dépassé[284].

La lecture Ti-pop du monde, car c'est une lecture, agit alors comme un formidable accélérateur d'histoire littéraire puisque, premièrement, par son rappel du passé, elle le reconnaît comme une étape et le réintègre à la culture québécoise. Deuxièmement, elle participe de la libération de conscience notamment en ce qui concerne la religion : les images qui présentaient le monde vu d'en haut, des cieux, sont maintenant décrochées et regardées d'en bas, de la société

284. Revue *Parti pris* citée par Lise Gauvin, *Parti pris littéraire* (1975), *op. cit.*, p. 90.

qui peut alors faire la différence. Troisièmement, elle impose une vision relativiste des valeurs culturelles : « On a toujours besoin d'un plus ti-pop que soi », « on est toujours le ti-popiste de quelqu'un et le Ti-Pop de quelqu'un d'autre »[285]. Propos que M. Tremblay reprendra à son compte quelques années plus tard à travers le personnage d'Édouard qui donnent de ses nouvelles de Paris : « On est toujours le nobody de quelqu'un d'autre », « on est toujours le folklore de quelqu'un d'autre »[286].

Ces affirmations impliquent que les valeurs culturelles présentes sont elles aussi appelées à être le Ti-pop de générations futures, bref que celui qui dépasse est à son tour dépassé. Le temps fait son travail.

Il y a alors deux cas de figures : ou la force de la nouveauté artistique et la puissance de modernité sont insuffisantes et effectivement ce sont les oubliettes, ou les apports et les conséquences de la rupture sont tels que c'est la grande salle du château, le musée. L'art qui sort du cadre et va dans la rue, en criant fort, (r)appelle inévitablement le musée. M. Tremblay, s'il n'est pas le seul du genre, est celui qui a désormais une place de choix dans l'institution littéraire québécoise et c'est à lui, souvent, que revient la figure de l'écrivain national établi. On pourrait dire que *Les Belles-Sœurs* a des racines avant-gardistes partipristes mais qu'elle porte très vite des fruits académiques.

> L'histoire et le temps engloutissent le nouveau. Entre le bruit et la fureur d'une avant-garde et le silence des ruines s'étend le travail du temps et la marche de l'histoire. Tout comme les modes, les avant-gardes sont saisonnières. Leur 'corso' et 'recorso' se mesurent de la même façon que les défilés de mode qui engendrent des imitations éphémères. Mais le printemps prochain, les robes et les jupes n'auront pas la même force d'attraction. Elles seront reléguées dans les placards ou elles seront soldées[287].

...ou elles seront reportées, reteintes, décousues comme une pièce de théâtre peut être relue, remontée, fragmentée.

Langue très tendance des années soixante et soixante-dix, le joual question de mode ? À ne plus vouloir habiller sa langue de mots

---

285. Pierre Maheu, *Parti pris*, Montréal, vol. IV, n°6, 1966, p. 54.
286. Michel Tremblay, *Des Nouvelles d'Édouard*, Arles, Actes Sud, 1984, p. 116 et 143.
287. Wladimir Krysinski, Séminaire du Département de Littérature Comparée, « *L'Avant-garde au XXème siècle. Histoire, transformation, bilan.* », Université de Montréal, automne 2000.

parisiens, en détournant tous les « channels » qui déversaient leur flot de propagande pour la mère patrie, M. Tremblay n'a pu que faire scandale en ouvrant sa collection au bras d'une Belle-sœur, mannequin quelque peu aux antipodes du raffinement précieux... mais tellement plus vrai. Ce parallèle est utile pour marquer tant le changement radical que l'éphémère des solutions proposées. « Les œuvres jouales, confie André Major à Gérald Godin, montreront comment, à une époque donnée, on traduisait la réalité[288]. » M. Tremblay connaît bien les règles de l'histoire littéraire et son relativisme, de bon ton, sonne à l'unisson de l'époque :

> Je sais que ma vision du monde n'est pas la seule valable, c'est pourquoi je ne me permets jamais de critiquer un artiste québécois uniquement sur la forme qu'il emploie pour me parler[289].

La vision du monde, perceptible dans le véritable *logos* qu'est le joual dans son œuvre, a été définie à la création comme une impasse :

> Espérons qu'après *Les Belles-Sœurs* nos auteurs dramatiques —et aussi les directeurs de troupe— s'apercevront de la futilité et de l'ineptie du procédé. [...] à moins qu'il [Tremblay] veuille se complaire dans la vulgarité appuyée et continuer d'emprunter des avenues qui ne mènent nulle part[290].

Mais ces avenues, qui sont aussi celles de l'histoire littéraire, qui a dit qu'elles allaient droit au but, sans détours, sans carrefours ? On peut même dire, en faisant référence à la dernière pièce de M. Tremblay, *Encore une fois, si vous permettez*, que la langue, si elle n'est plus qualifiée de joual, en a tous les caractères —notamment typographiques— et que bien loin d'appuyer la vulgarité, elle soutient désormais un mythe, celui de la femme canadienne, celui de la mère québécoise, celui de la mère du dramaturge.

La cuisine : un trou de mythe(s)

La cuisine est le décor unique de la pièce et le prélart un terreau fertile à la culture Pop, à l'attitude Ti-pop : « La cuisine (à commencer par celle des *Belles-Sœurs*) est chez M. Tremblay, avec le bar ou le club cheap, un des lieux privilégiés de ce grotesque ti-pop québécois

---

288. Entretien de Gérald Godin avec André Major, *Le Devoir*, 14 novembre 1969.
289. Discours de Michel Tremblay lors de la remise du pris Victor Morin pour l'ensemble de son œuvre, retranscrit dans *Le Devoir*, 14 décembre 1974.
290. Martial Dassylva, *La Presse*, 29 août 1968.

dont le stand à hot-dog du Galarneau de Godbout fournit un autre exemple[291] ». Mais la cuisine, c'est aussi le royaume de la mère, ce qui n'est pas rien. La mère, dans l'œuvre de M. Tremblay, est un mythe qui se construit d'œuvre en œuvre, qui est travaillé, contrarié, mais toujours présent. Là encore, les chemins se croisent avec l'idéologie du Pop Art où les images revendiquent rapidement la culture qui les a inspirées, s'en font les symboles.

> On peut se représenter diversement une femme d'aujourd'hui, canadienne-française et mère. Par exemple, avec tablier ; sur « prélart » ou sur tapis. Si nous laissons venir les associations, laquelle des images s'imposera et se complètera sans égard à l'expérience particulière de chacun ? La première évidemment. Et c'est une apothéose : la mère canadienne française se dresse en calicot, sur son prélart, devant un poêle et une marmite, un petit sur la hanche gauche, une grande cuillère à la main droite, une grappe de petits aux jambes et un autre petit dans le ber de la revanche, là, à côté de la boîte à bois. L'époque est vague, mais nous sommes nettement orientés vers le passé ou vers des attardements de plus en plus rares. Notre image a beau correspondre à rien d'actuel ou à peu près, elle s'impose avec insistance, elle est familière à tous et constitue une référence valable pour tous. Nous avons affaire à un mythe[292].

Et qu'est-ce qu'un mythe, sinon une pierre angulaire dans un édifice littéraire ? « La mère suffit tout. La cristallisation s'est faite autour d'elle. Le mythe familial aboutit à elle[293]. » Cela, on le retrouve dans les propos des Belles-sœurs *:*

> *Angéline Sauvé*— Le père ! R'marque que c'est moins pire que la mère, mais ça fait rien…
> *Rhéauna Bibeau*— Oui, c'est vrai, une mère, c'est pire ! Une mère ça se remplace pas ! (66).

Son omniprésence, presque étouffante, est très bien décrite dans *Douze coups de théâtre* où l'on aperçoit toute la dimension autobiographique de l'écriture : « C'est ma mère qui m'a formé artistiquement. Elle a influencé mes goûts, ma culture[294] ».

---

291. Pierre Nepveu, *L'Écologie du réel* (1999), *op. cit.*, p. 118.
292. Jean Lemoyne, *Convergences*, Montréal, HMH, 1961, p. 70-71.
293. *Ibid.*, p. 71-72.
294. Michel Tremblay, entretien radiophonique avec André Brassard par Luc Boulanger, Radio Canada, 1998. A l'occasion du 30ème anniversaire des *Belles-Sœurs*.

Ce qui permet à une tradition littéraire de se construire, c'est bien la lettre, car les représentations passent, les textes demeurent et ainsi le support écrit permet un transfert de l'œuvre d'une génération à une autre, d'une culture à une autre : « Les Belles-sœurs [...] font partie de notre espace-temps [...] font partie de l'Histoire. Mais *Les Belles-Sœurs*, elles, peuvent être relues, remontées, recréées...[295] »

Revenons sur le choix d'appréhender le théâtre en général, et plus précisément cette pièce, par le texte. Le spectaculaire théâtral, par sa nature même, est condamné à la performance unique, sa réserve de sens est contingentée par un espace et un temps réduits tandis que le textuel du théâtre ouvre les possibles des représentations, repousse ses limites aussi loin que sa qualité littéraire le permet :

> Il y a une dialectique toujours vivante entre la permanence (relative) des signes textuels et la fugacité des signes de la représentation. Mais le texte de théâtre n'est pas un éternel sur lequel on puisse compter, il est une *réserve de sens* ; plus sa valeur est grande, plus cette réserve est riche[296].

En cela, la pièce *Les Belles-Sœurs* —et le joual avec— est une réserve de sens si l'on en croit les nombreuses traductions qui en ont été faites (polonais, allemand, anglais, yiddish, entre autres). Il est même remarquable que la traduction polonaise offre un équivalent du joual, à savoir un parler populaire d'une banlieue de Varsovie. On pourrait se demander alors ce qui voyage : est-ce le mythe maternel, la situation d'aliénation économique, l'esthétique grotesque du quotidien qui relèvent tous d'un universel culturel ou est-ce le Québec linguistique et la problématique identitaire dans sa spécificité québécoise ? A vrai dire les deux sont possibles mais ce deuxième cas relèverait alors plus de la curiosité « exotique » de la part des récepteurs (lecteurs ou spectateurs) ; réception somme toute bien réductrice : « Le joual ! Le critique français s'en régale et voit même du joual partout, alors qu'il n'y a parfois qu'un décalage d'accentuation. Mais l'accent aussi ils l'adorent[297]. »

Le joual ne reste cependant pas consigné à un langage particulier. Le travail littéraire effectué par M. Tremblay peut servir

---

295. Laurent Mailhot et Jean Cléo Godin, *Théâtre québécois* (1988), *op. cit.*, tome 2, « Avant propos ».
296. Alain Rey et Daniel Couty, *Le Théâtre* (1989), *op. cit.*, p. 93-94.
297. Gilles Costaz, Paul Lefebvre & Jean-Pierre Ryngaert, « Québec/France », dans *Théâtre/Public*, Gennevilliers, publiée par le Théâtre de Gennevilliers, n° 117, mai-juin 1994, p. 38 à 44, p. 40.

d'autres causes que la sienne, peut même jusqu'à un certain point se suffire comme procédé littéraire, perdant ainsi sa singularité d'arme politique, il devient : « *du* langage et non plus *un* langage, fût-il décroché, mimé, ironisé[298]. » Cette généralisation suit l'extension linguistique relevée dernièrement par Claude Poirier, citant —on se le demande— M. Tremblay : « joual : toute variété linguistique considérée comme déviante par rapport à une norme donnée. Le joual anglais, le joual parisien. 'Dans tous les pays du monde il y a des gens qui écrivent en joual' (Michel Tremblay, dans *La Presse*, 16 août 1969, p. 26)[299] ».

Cela « sent » encore le paradoxe de la consignation littéraire. La classi(que)fication d'une œuvre dans un répertoire national n'a pas forcément comme conséquence sa sclérose puisque, lui offrant ainsi un plus large réseau de diffusion, elle lui offre du même coup un plus large lectorat qui peut éventuellement déboucher sur des relectures scéniques, c'est-à-dire mettre à l'épreuve sa capacité d'accueil sémiotique.

En d'autre termes, il n'y a pas que chez les Québécois que les mythes de M. Tremblay creusent, et c'est ce qui donne un caractère universel à son œuvre ; ces Québécois fussent-ils pure laine... !

---

298. Roland Barthes, *Le plaisir du texte,* Paris, Éditions du Seuil,1973, p. 44 : « Le texte peut, s'il en a envie, s'attaquer aux structures canoniques de la langue elle-même : le lexique (néologismes exubérants, mots-tiroirs, translittérations), la syntaxe (plus de cellule logique, plus de phrase). Il s'agit par transmutation (et non plus seulement par transformation), de faire apparaître un nouvel état philosophale de la matière langagière ; cet état inouï, ce métal incandescent, hors origine et hors communication ; c'est alors du langage et non un langage, fût-il décroché, mimé, ironisé. »

299. Claude Poirier, *Dictionnaire historique du français québécois* (1998), *op. cit.*

CONCLUSION
~
Les six faces du cube

Je rappelle les trois questions préalablement formulées, à savoir : Qu'est-ce que le joual ? Quelle représentation M. Tremblay en offre-t-il dans *Les Belles-Sœurs* ? Quels sont ses modèles esthétiques ?

La définition du joual comme variante parlée populaire du français au Québec, trop générale, a pu être raffinée tant d'un point de vue externe, que d'un point de vue interne. Le joual est, comme tout état linguistique, le résultat de mutations d'une langue, en l'occurrence le français ; mutations liées en partie à des événements socio-politiques. Ainsi peut-on faire une synthèse définitoire en isolant trois composantes majeures qui concernent la strate populaire de la société : *une composante française* qui date de la fin du XVIème siècle et surtout du XVIIème siècle (époques d'émigration des colons français vers la colonie canadienne) ; *une composante anglaise* due au phénomène de contact des langues (situation de diglossie) dont la Conquête de 1760 marque traditionnellement le début ; *une composante « urbaine »* qui correspond à l'exode rural de la population francophone vers les villes anglophones à la fin du XIXème siècle et dans la première moitié du XXème siècle. La ville principalement visée sous cette « urbanité » est bien entendu Montréal. Toutes ces composantes sont autant de points d'ancrage pour l'imaginaire de cette langue. Le joual, en effet, renvoie autant à une forme linguistique déterminée qu'à sa représentation subjective dans les mentalités québécoises ; c'est à ce sujet que j'ai pu mentionner des attitudes face à langue, le « joual-mépris » et le « joual-fierté ». Ces représentations subjectives de la réalité correspondent à une cristallisation identitaire sur la langue, présente dès le début de la colonisation, accentuée au XIXème siècle avec les joutes journalistiques, et à son comble avec la « Querelle du joual » dans les années soixante dites de Révolution tranquille.

La littérature (et d'abord le théâtre), comme voie et voix culturelles, apparaît comme un lieu privilégié pour l'expression de cette réalité subjective, le joual y affirmant ainsi sa qualité de symbole identitaire. M. Tremblay, avec ses *Belles-Sœurs*, s'inscrit dans cette pratique culturelle québécoise puisqu'il utilise le joual comme langue d'expression (d'écriture) de ses personnages. Il a choisi de reproduire textuellement le phénomène d'oralité, ce qui l'oblige à un travail de transcodage alphabétique (typographique) minutieux qui lui est propre. C'est ainsi, essentiellement, que j'ai commencé à définir son style.

Si l'on considère —et c'est mon cas— que le style est quelque chose de global, un air esthétique que respirent l'auteur et donc l'œuvre, il faut alors lier la « marque Tremblay » au système socio-culturel qui l'a produite et à sa définition de l'art ; système dans lequel cette marque fonctionne.

J'ai « ouvert l'œuvre », très modestement, au champ du Pop art dont les ramifications québécoises sont certaines et dont les processus de création (fragmentation, recyclage, accumulation, etc.) se retrouvent dans la manière dont le joual est façonné par M. Tremblay.

Stylistique totale, débordant l'œuvre, c'est-à-dire relevant de la pragmatique du discours : voilà l'ambition première. En évoquant la trinité littéraire, auteur, texte et lecteur, c'est bien ce qu'entendent Umberto Eco, Joëlle Gardes-Tamine et autres critiques cités.

L'objet de ma réflexion est le langage, le bloc linguistique d'un texte de théâtre. Toujours dans un souci pragmatique, mais cherchant à mettre en évidence un schéma général de signification artistique (l'esthétique Pop), j'ai été amenée à faire des détours historiques, linguistiques, sociolinguistiques, artistiques, sociologiques, etc. A la tripartition de l'autorité, j'ai superposé —plutôt que substitué— une analyse tripartite du langage, à savoir : linguistique, symbolique et esthétique. C'est dans l'articulation de ces trois portées du joual, me semble-t-il, qu'il est possible de mettre en évidence sa littérarisation. Ces trois niveaux reprennent la définition de l'art, déjà évoquée, que donne Max Diorfel : un rapport objectif puis subjectif à une réalité et un rapport à l'idée du Beau. Trois chemins convergeant vers la définition de la « représentativité culturelle » de la pratique « verbo-esthétique »[300] qu'est le joual, vers une *morale du style* de M. Tremblay. « Je proposerai ici une distinction entre 'Ethique', ensemble des règles qui définissent le comportement et les fins de l'homme, en tant qu'il est un être libre, écrit Jacques-Philippe Saint-Gérand, et 'Morale', application socio-culturelle et historique de cet ensemble [...]. La morale est un produit historique *a posteriori*, conditionné par la société et par l'individu pour en faire l'instrument

300. Georges Molinié, *La Stylistique*, Paris, Presses Universitaires de France, 1997 (4ème édition), p. 123.

de justification de ses actions et de ses pensées, dans un cadre social et culturel bien défini[301]. »

L'articulation de ces trois analyses ne relève pas seulement d'une pluri-disciplinatrité (appel à plusieurs outils théoriques), mais aussi et surtout d'une inter-disciplinarité (dialogue —théorique— de différentes disciplines). Il ne s'agit de juxtaposer une étude historique de la langue française au Québec à une étude linguistique (synchronique) du discours dans *Les Belles-Sœurs*, ni même d'y ajouter arbitrairement quelques considérations sur le contexte de l'œuvre, il faut *comprendre* l'œuvre, au sens étymologique de « prendre avec », c'est-à-dire faire des liens entre les différents points de vue dont elle est l'objet et exposer ces liens. « Face à la diversification des champs du savoir, écrit Jean-Claude Coquet en 1976, il [le chercheur] ne peut que multiplier les hypothèses de travail. [...] Nous ne devons pas nous étonner par conséquent de voir pratiquer concurremment plusieurs linguistiques et plusieurs sémiotiques[302]. » Cette concurrence, bien loin d'être un handicap, m'apparaît, en elle-même, une voie de recherche des plus riches.

La discipline (et théorie) qui permet de faire ces liens est la sémiotique comprise dans sa définition originale puisqu'elle est, selon Ferdinand de Saussure, « une science qui étudie la vie des signes au sein de la vie sociale [...] la linguistique n'[étant] qu'une partie de cette science générale[303]. » La sémiotique est communément définie comme la recherche de schémas généraux de la signification ; on comprendra alors pourquoi elle est un (l') outil indispensable pour qui prétend généraliser à l'échelle de la société, un rapport au monde, celui de M. Tremblay et ce à partir du texte des *Belles-Sœurs* —ce « territoire des signes » dont parle Daniel Pennac.

Les principales théories sémiotiques m'ayant servie, car il y en a plusieurs, sont d'une part, celle de Louis Hjelmslev avec sa définition doublement ramifiée du signe (expression et contenu chacun divisé en forme et substance) et d'autre part, celle de Charles S. Peirce qui insiste sur le rapport du signe à son référent (relation iconique,

---

301. Jacques-Philippe Saint-Gérand, *Morales du style,* « Avant-lire », Toulouse, Presses Universitaires du Mirail, 1993, p. 10, note 4.
302. Jean-Claude Coquet, *Sémiotique littéraire : contribution à l'analyse sémiotique du discours*, Tours, Mame, 1976, p. 7.
303. Ferdinand de Saussure, *Cours de linguistique générale* (1916), Paris, Payot, 1974, p. 32 et suivantes.

indexique ou symbolique). Enfin, comme application de la sémiotique à l'étude du style, c'est-à-dire comme « sémiotique de la singularité[304] », j'ai retenu les études plus récentes de Jacques-Philippe Saint-Gérand et de Georges Molinié, qui parlent tous deux d'une *sémiostytlistique*.

Le problème posé, qu'il soit sur le plan identitaire ou sur le plan littéraire —plans qui se chevauchent inévitablement—, était celui du réalisme, autrement dit du rapport à la réalité. Je me suis attardée sur la manière dont M. Tremblay tentait de rendre par écrit une réalité orale, montrant que cela l'obligeait à un travail particulier du signifiant linguistique écrit ; travail accentuant une « surconscience linguistique[305] » déjà manifeste chez l'écrivain francophone. Ce travail peut être défini comme une recherche de mimétisme : ressemblance du signe écrit et du signe oral, de l'écriture et de la parole. C'est précisément ce rapport de ressemblance qui définit la relation d'iconicité dans le système peircien. Le problème du réalisme, ainsi défini, ce sont pourtant ses limites : sa dénégation provoquée par l'importance démesurée que prend le signifiant (écriture phonétisante), la réalité de celui-ci opacifiant le miroir que prétend être une œuvre réaliste.

Faudrait-il dire que tout réalisme est vain à cause de l'impossibilité fondamentale du « transfert des corps » évoqué précédemment ? Le corps de la lettre n'a rien, concrètement, de la chair d'une Germaine Lauzon tout comme la résine de la *Supermarket Lady* de Duane Hanson n'a rien du grain ni de la chaleur de l'épiderme humain...
Vanité ? Pas si on déplace la ressemblance au niveau de l'effet, si l'on fait de la médiation littéraire un transfert de sensations. C'est bien ce qui semble d'ailleurs caractériser l'œuvre d'art, selon la définition que donnait Paul Valéry de l'esthétique —« science des sensations »—, comprise comme devant produire un effet de réalité, comme devant rendre l'émotion que l'auteur (au sens large) éprouve devant le monde. L'œuvre désigne certes du monde, du réel, mais déjà

304. Georges Molinié, « Sémiotique de la singularité » dans *La Recherche littéraire, objets et méthodes*, Claude Duchet et Stéphane Vachon (dir.), Montréal/Paris, XYZ éditeur/Presses de l'Université de Vincennes, 1993, p. 499.
305. Terme de Lise Gauvin. Voir notamment : *L'Ecrivain francophone à la croisée des langues,* entretiens, Paris, Karthala, 1997.

médiatisé par un auteur soumis aux modèles culturels et esthétiques de la société dans laquelle il s'insère.

Umberto Eco, autre sémioticien, sans remettre en cause l'idée d'iconisme, la met au service de l'illusion du réel par l'effet :

> Une brève enquête sur notre expérience de l'iconisme nous apprend que cette définition est plus ou moins tautologique, ou pour le moins naïve. Même un portrait fait par un hyperréaliste ne semble pas avoir les propriétés de la personne [...] la toile n'a ni la texture de la peau humaine ni la mobilité de l'individu dont elle est le portrait. [...] Nous pourrions alors affirmer que les signes iconiques ne possèdent pas les mêmes propriétés physiques que l'objet, mais mettent en œuvre une structure perceptive 'semblable' à celle que déclenche l'objet. [...] Une *convention graphique* permet de TRANSFORMER sur le papier les éléments schématiques d'une convention perceptive ou conceptuelle qui a motivé le signe. [...] Un jugement de 'ressemblance' est donc fondé sur des critères de pertinence fixés par des conventions culturelles[306].

Il y a alors une relativité du réalisme en littérature, tant du point de vue géographique que temporel : on n'a pas les mêmes conventions à toutes les époques ni dans toutes les cultures. La « morale du style » varie, aussi vaut-il mieux en parler au pluriel !

C'est ainsi que le joual de M. Tremblay transmet des émotions au lecteur : la difficulté première du déchiffrage renvoie à une difficulté réelle de compréhension (un accent très marqué et un avalement articulatoire qui déforment la prononciation), les accumulations, par leur exagération, transmettent la démesure et la jouissance du verbe des personnages, le travail du signifiant pour lui-même est une manière de corporaliser le signe linguistique écrit, de donner une épaisseur vitale aux mots, de créer une illusion —une confusion— des sensations : M. Tremblay parle du joual comme étant « une langue que l'œil entend ».

***

La relativité, ou contingence, de la perception ne vaut pas seulement pour l'art, ou plutôt vaut pour l'art en tant qu'il est un acte d'énonciation. Le rôle du critique sera d'approcher, au mieux, les

306. Umberto Eco, *La Production des signes* (1992), *op. cit.*, p. 36-37-38 et 40.

circonstants (socio-culturels et esthétiques) de cette énonciation mais en restant conscient que son analyse se pose elle aussi dans toute sa *mondanité*[307] :

> Le stylisticien ne peut que prendre en considération la relation qui l'unit —comme observateur historique— à un objet lui-même historique dont il peut décomposer et éventuellement évaluer, de son point de vue, les principes constitutifs, mais toujours dans la conscience de ce que la description n'épuisera jamais la totalité de l'objet. On ne perçoit jamais les six faces d'un cube, *a fortiori* lorsque l'histoire le déplace constamment et ne cesse de faire varier les angles sous lesquels il est observable[308].

Le « coup de stylet » n'a donc pas épuisé la richesse de l'œuvre, tout au plus mis en lumière quelques facettes du travail de l'auteur, quelques unes de ses marques ; lesquelles se situent, d'un point de vue sémantique, au niveau des structures de surface[309], le joual constituant, en quelque sorte, le derme de la signification de la pièce. Ce pourquoi je complète cette étude par un travail annexe sondant les structures profondes en proposant les carrés sémiotiques des *Belles-Sœurs* et de son écho trentenaire *Encore une fois, si vous permettez*.

L'évolution stylistique et générique de l'œuvre de M. Tremblay est certaine. Déterminer en détail cette mutation en rapport avec l'évolution des valeurs esthétiques au sein de la société québécoise est un autre travail…

~

> *Je ne parle que de travail. C'est bien embêtant, mais tout est là. Le cerveau est le seul organe qui puisse se développer jusqu'à la mort. Profitons-en, les amis.*
>
> (Boris Vian)

---

307. La distinction entre *monde* (réel) et *mondain* (réel médiatisé, perçu) est faite par Georges Molinié dans son ouvrage *La Sémiostylistique, l'effet de l'art* (1998), *op. cit.*

308. Jacques-Philippe Saint-Gérand, « Style, apories et impostures », dans *Langages*, Paris, Larousse, n° 118, juin 1995, p. 21.

309. Ces termes de sémiotique : structures de surface, structures profondes, structures élémentaires (ou carrés sémiotiques) de la signification renvoient aux travaux d'A. J. Greimas et du Groupe d'Entrevernes.

ARTICLE ANNEXE

MICHEL TREMBLAY, UN THEATRE QUI A CONSTRUIT SA CRITIQUE ?[310]

Cette réflexion ne s'intègre pas directement dans l'analyse du « Coup de stylet de Michel Tremblay » mais s'y rattache pourtant dans la mesure où *Les Belles-Sœurs* est mise en perspective, d'un de vue sémiotique, avec la pièce qui lui fait volontairement écho trente ans plus tard, en 1998, *Encore une fois, si vous permettez*. Le lecteur excusera alors certains passages qui pourraient paraître redondants mais qui ont été conservés par souci de cohérence. Les renvois au texte sont doubles (pages et répliques).

Définition de l'outil d'analyse (sémiotique)

Pourquoi Michel Tremblay ?

M'intéressant au phénomène de l'évolution littéraire (incluant le théâtre parce que j'y examine les textes), j'avais « besoin » d'un

310. Une ébauche de cet article a été présentée à l'occasion de la *Journée mondiale du théâtre*, lors d'un hommage de la Délégation du Québec à Paris à Michel Tremblay, Paris, Palais de l'Unesco, mars 2000. La version complète a été également exposée dans le cadre *Séminaire de recherche sur le théâtre québécois* dirigé par Gilbert David (*Le Monde de Michel Tremblay*, 1993), à l'Université de Montréal, en mars 2001.

dramaturge aux œuvres à la qualité et à la quantité certaines. En effet, l'œuvre de Michel Tremblay occupe près de quarante ans de scène littéraire québécoise. Scène qui a évolué.

Pourquoi ces deux pièces ?

J'ai choisi d'étudier deux pièces : *Les Belles-Sœurs* (1968) et *Encore une fois, si vous permettez* (1998), non seulement parce qu'elles sont la première et la dernière publiées mais parce qu'elles s'appellent l'une l'autre, la deuxième étant un écho volontaire à la première. Le choix répond aussi à la volonté de créer une dynamique de réflexion. L'hypothèse première est donc celle d'une évolution du genre dramatique tant sur le plan du contenu que de l'expression. Ces deux derniers termes servent de transition vers le type d'approche choisi.

Quelle approche donc ? Quelle circonscription de l'analyse ?

Je propose d'étudier ces pièces en m'appuyant sur les théories sémiotiques. Que faut-il entendre par sémiotique ? Il ne s'agit pas de rentrer dans le débat « sémiologie » (Saussure), « sémanalyse » (Kristeva) ou sémiotique (Peirce). Je choisis de retenir la distinction faite par L. Hjelmslev : désigner par sémiotique les recherches concernant des domaines particuliers (littéraire, cinématographique, gestuel.) et par sémiologie la théorie générale de toutes ces sémiotiques. La sémiotique est l'étude des signes et de la signification comprise comme processus de construction du sens, d'un sens, au sein d'un système de communication, n'oubliant cependant pas qu'il peut y en avoir plusieurs. L'analyse doit aboutir à un schéma général de la signification. Le système qui sert le plus souvent de modèle est le système de la langue car il est le plus complexe et le plus important.

La base est la « binarité du signe » (signifié *vs* signifiant) et le fait qu'il n'existe que comme partie d'un tout, que comme élément d'un système. Cette définition, qui est celle de Saussure[311] a été raffinée par la suite, notamment par L. Hjelmslev[312] qui reprend signifié par contenu et signifiant par expression, chacun ayant une forme et une substance. On peut dire, en reprenant un exemple célèbre, qu'il ramifie l'arbre saussurien. La forme renvoie aux règles qui structurent la substance (informe). Il existe une analyse du signe plus axée sur sa fonction, celui-ci étant alors iconique, indexique ou

311. Ferdinand de Saussure, *Cours de linguistique générale* (1916), Paris, Payot, 1995.

312. Louis Hjelmslev, *Prolégomènes à une théorie du langage*, Paris, Les Éditions de Minuit, 1971.

symbolique[313]. Le signe est dit iconique quand il tend à se rapprocher de la réalité à laquelle il se réfère (signes idéogrammatiques, oralisation de l'écrit, métaphore), il est dit indexique, ou indice, lorsqu'il annonce un événement à venir (un nuage annonce la pluie, un geste, une réplique au théâtre peuvent annoncer le dénouement). Ces derniers sont, au niveau du texte, des éléments liants qui tissent le texte dramatique et scénique en faisant des renvois entre séquences. Ce n'est qu'à la lecture finale que l'on se dit : « mais c'est bien sûr, comment n'ai-je pas deviné plus tôt ? ». Les meilleures illustrations sont celles de la construction des intrigues policières. Enfin, le signe symbolique : il est pure convention et arbitrarité. Pour le saisir il faut être initié à ces conventions.

Prétendre mener une étude sémiotique, c'est poser l'objet étudié comme étant un signe, un système de signes prévus pour un acte de communication, c'est-à-dire un transfert de signification. En ce qui me concerne, je vais appréhender des faits textuellement observables comme des signes, c'est-à-dire comme des faits motivés par et pour une signification.

Ceci demeure encore très large. Une application sémiotique au genre dramatique complique l'affaire car, si l'on peut dire, le théâtre se définit par la simultanéité, la complémentarité, l'imbrication même de plusieurs systèmes de signes (linguistique : le texte ; visuel : décor, gestes ; auditif : intonation, musique, etc.). La construction d'une signification en appelle à tous les sens *–dans les deux sens*. C'est en partie ce que note Michel Vinaver à propos du texte dramatique, calquant l'hybridité du texte de théâtre sur celle du mulet (évoqué précédemment).

Le texte de théâtre est donc l'objet d'une double écriture, dramatique et scénique. Je privilégierai la première, laissant de côté les questions de mise en scène, propres à la représentation (mais qui sont tout aussi intéressantes). Je ne relance pas non plus le débat du texte de théâtre, laissant cela à Otakarb Zich[314] et Jiri Veltrusky, le premier représentant l'attitude scénocentriste et le second l'attitude

---

313. Charles S. Peirce, *Semiotic and Significs. The Correspondence between Charles S. Peirce and Victoria Lady Welby*, édité par Charles S. Hardwick et James Cook, Bloomington, Indiana University Press, 1977.

314. Voir l'article « Énonciation théâtrale » du *Dictionnaire encyclopédique des sciences du langage* (1972), Oswald Ducrot et Jean-Marie Schaeffer, Paris, Éditions du Seuil, 1995, p. 740-752. Je m'appuie donc sur les propos de J. Veltrusky, *Drama as Literature* (1942), Lisse, 1977.

textocentriste. Il me semble que le texte de théâtre est un tout mais qu'il peut faire l'objet d'une double analyse.

La démarche employée peut sembler trop réductrice mais cela s'explique :

> C'est dire qu'il s'agit là d'une démarche réductionniste, qui n'épuise pas le vécu, le réel. Les accusations lancées à l'égard de la sémiotique viennent souvent de là. Mais il faut humblement reconnaître que cet aspect réducteur est une des conditions de la rigueur scientifique[315].

Cette réduction de rigueur ne doit cependant en rien faire oublier la complémentarité d'une sémiotique textuelle et d'une « sémiotique de la culture ». Concrètement, j'entends que la définition de l'art appelle bien l'étude de la forme mais également des considérations sur l'esthétique de la forme, qui n'est autre qu'une valeur donnée à un moment donné par une société donnée.

> En sémiotique actuelle, on ne peut pas faire l'économie des considérants qui concerne l'impact mondain, extra-linguistique, de la pratique langagière – c'est-à-dire l'enjeu pragmatique. [...] la sémiotique rejoint alors les interrogations fondamentales d'esthétique et de représentativité idéologico-culturelle[316].

Je propose donc, pour chaque pièce, de manière structurale — que j'ai voulu structurée— une présentation générale des considérations sur la communication théâtrale, sur la question de la temporalité et une proposition de structuration actantielle. Une troisième et dernière partie se composera des deux carrés sémiotiques, de considérations sur quelques critères d'évolution mis en évidence dans la comparaison : la question du langage, celle de la référentialité et celle du métathéâtre. L'ouverture finale sera en fait des pistes pour baliser le parcours effectué en trente ans : je ne prétends pas épuiser la « réserve de sens » de ces deux pièces, tout au plus mettre en évidence une dynamique interne de l'œuvre de Michel Tremblay.

---

315. J. A. Greimas, « Une tradition de rigueur », dans *The Canadian Journal of research in Semiotics*, Montréal, vol. II, n° 3, automne 1974, p. 21.
316. Georges Molinié, *La Stylistique*, Paris, Presses Universitaires de France, 1998, p. 67-68.

Les Belles-sœurs : *Quand la langue colle aux timbres*

La pièce a été écrite en 1965 mais seulement jouée en 1968. M. Tremblay raconte, dans de multiples entretiens, qu'il a subi plusieurs refus et que trouver des comédiennes n'était pas facile. La première édition date de 1968. C'est la seconde qui a eu une plus grande diffusion, celle de Leméac, Tremblay y ayant uniformisé quelques traits graphiques de l'oralité.

La création se fait en pleine « Révolution tranquille » et « Querelle du Joual », c'est-à-dire dans une période de bouillonnement culturel mais également de complexe identitaire cristallisé sur la question linguistique. L'écrivain s'engage, même involontairement, par la langue d'écriture qu'il choisit ou par celle qu'il ne choisit pas. M. Tremblay n'est pourtant signataire d'aucun manifeste du genre *Parti pris*. C'est plus l'époque qui l'engage, qui *langage*[317], que lui qui s'engage. De ce fait, la réception s'est focalisée sur la langue utilisée, sur le réalisme et la dénonciation de la réalité représentée. Je ne dis pas que cette pièce est réaliste mais qu'elle a été reçue comme telle. Que l'on pense aux propos d'André Major qui affirme que « Michel Tremblay, en écrivant *Les Belles-Sœurs,* a peint comme il le fallait le drame d'un milieu populaire muré dans son langage[318] », ou à Michel Bélair qui dit que « ce n'est pas en faisant abstraction de la réalité que l'on parvient à l'assumer, mais bien en l'abordant telle quelle [que] le Québec ne se fera pas sans le monde des *Belles-Sœurs* [et que] Tremblay est le premier à l'avoir souligné de façon aussi claire [319]», ou encore à Lise Duquette-Perrier qui dit de l'écrivain qu'il « fait partie de la nouvelle génération de dramaturges réalistes québécois[320]. » Il est vrai, *a priori*, que cette pièce se réclame d'un certain réalisme et que l'on peut l'analyser sous cet angle. Mais dès que l'on s'arrête à la structure dramatique, cela s'avère plus complexe. Le matériau linguistique de M. Tremblay, quoique perçu comme le

317. Voir Lise Gauvin, « Le théâtre de la langue » dans *Le Monde de Michel Tremblay*, Gilbert David et Pierre Lavoie (dir.), Montréal, Cahiers du Théâtre Jeu / Éditions Lansman, 1993. Repris dans *Langagement*, Lise Gauvin, Montréal, Boréal, 2000.

318. André Major, *Le Devoir*, 21 septembre 1968.

319. Michel Bélair, *Michel Tremblay*, Montréal, Presses de l'Université du Québec, 1972, p. 90.

320. Lise Duquette-Perrier, « Langage et paraître, Analyse sémiotique des *Belles-Sœurs* de Michel Tremblay », in *The Canadian Journal of Research in Semiotics*, vol. II, n° 3, automne 1974, p. 41-53, p. 41.

trait d'union entre la vie et le théâtre, présente aussi certains phénomènes de distanciation, comme le font remarquer Micheline Cambron, Lise Gauvin et plus tard Marie-Lyne Piccione[321].

Schéma de la communication théâtrale[322] (ci-joint)

Si ces trois niveaux —à savoir le niveau actoriel, le niveau scénique et le niveau textuel— coexistent toujours, car définitionnels du texte de théâtre[323], il n'interfèrent pas de manière explicite dans les cas où la convention mimétique est respectée. J'entends par là que, dans la majorité des cas, c'est sur la communication entre actants fictionnels (les personnages) que l'on se concentre, c'est eux qui, en apparence, font l'action. Ce schéma permet de distinguer deux sortes de dialogies, une dite *externe*, l'autre dite *interne*. Dans le premier cas, le public est un *destinataire indirect* pour l'auteur et pour le comédien ou un *destinataire additionnel* pour les personnages, en ce sens que le langage théâtral est un langage « surpris », que les personnages ne montrent aucune conscience de leur existence en tant que personnages. Bref, dans ce cas-là, le lieu théâtral n'a pas droit de cité —droit d'être cité— dans le texte dramatique. Le deuxième cas, la *dialogie interne*, concerne ce qu'il est coutume de trouver dans le texte dramatique. Les échanges sont la plupart du temps directs (les personnages s'adressent mutuellement la parole), ou minoritairement indirects lorsqu'un personnage s'adresse à un autre mais par l'intermédiaire d'un tiers. Il y a dialogie indirecte au niveau interne à chaque fois que les répliques sont adressées à un personnage mais destinées à un autre.

Lorsque l'on se place au niveau du texte dramatique des *Belles-Sœurs,* on peut en apparence supposer que la majorité des échanges textuellement observables relève d'une *dialogie interne de* type directe —entre personnages—, ce qui serait une des caractéristiques

---

321. Voir respectivement les parties consacrées à la langue de Tremblay dans *Une société, un récit, Discours culturel au Québec* (1967-1976), Montréal, L'Hexagone, 1985 ; *Langagement*, Montréal, Boréal, 2000 et *Michel Tremblay, l'enfant multiple*, Bordeaux, Presses Universitaires de Bordeaux, 1999.

322. Je ferai référence au schéma proposé par André Petitjean, « Approches sémio-linguistiques du texte de théâtre », in *Le Théâtre du sens*, Arras, Presses de l'Université d'Artois, 1999. Voir en annexe.

323. On perçoit ici la différence entre « texte de théâtre » qui joue sur les trois niveaux et « texte dramatique » qui concerne le niveau actantiel laissant les niveaux actoriel et réel.

d'un théâtre réaliste comme on l'entend traditionnellement ; mais les didascalies, qui sont la manifestation d'une adresse directe de l'auteur à son lecteur (metteur en scène ou particulier), indiquent que ces échanges au niveau dramatique sont coupés par des monologues, des parties chantées qui semblent rompre avec une définition du public comme simplement *additionnel,* puisque précisément les personnages semblent s'adresser à lui, visuellement, de manière directe. J'insiste sur ce point qui sert pour la comparaison. Dans les *Belles-Sœurs*, ce n'est pas le texte dramatique qui rompt le plus explicitement les conventions réalistes en s'adressant au spectateur (celui-ci n'est pas nommé ni apostrophé) mais le texte scénique, la mise en scène, la gestuelle. Ce dédoublement renvoie à deux strates de la communication : l'échange réversible entre les personnages et l'échange non réversible entre personnages et public par l'intermédiaire de l'acteur. Si le texte dramatique ne mentionne pas explicitement ce dédoublement, il le fait pourtant par d'autres moyens. Les séquences concernées par ce niveau non mimétique manifestent une recherche poétique plus poussée de la langue : notamment le rythme et les sonorités. Il y aurait alors un niveau plus spécialement actantiel et un niveau plus spécialement poétique[324]. Jean-Pierre Ryngaert[325], qui a procédé à un découpage séquentiel minutieux, distingue quatorze séquences de ce type et montre qu'elles jouissent d'une certaine autonomie dramatique. Je ne retiendrai que les deux principales : celle de la « maudite vie plate » (p. 22) et l'« Ode au Bingo » (p. 86), y ajoutant la « liste des invités au party de Yvette Longpré » (p. 82) pour le travail sur les noms.

Ceci me conduit à analyser la structure temporelle de cette pièce, structure qui, bien que simple et linéaire en apparence, rend compte, elle aussi, de cette dualité.

Structure temporelle

Je commencerai en nuançant ou plutôt en développant ces propos, insistant sur les enjeux des divers niveaux temporels évoqués et sur l'effet que produit un espace de « pure convention » :

---

324. Ceci ne veut pas dire que les séquences à caractère mimétique n'ont pas de qualité poétique en soi mais qu'elles se différencient des autres dans lesquelles le travail est poussé jusqu'au lyrisme, donnant parfois l'impression de la comédie musicale.

325. Jean-Pierre Ryngaert, « Réalisme et théâtralité dans *Les Belles-Sœurs* », dans *Co-Incidences*, Ottawa, Université d'Ottawa, vol. I, n° 3, novembre 1971, p. 3 -12.

> L'action des *Belles-Sœurs* a la durée exacte de sa représentation ; le temps dramatique égale le temps réel [...] du début jusqu'à la fin de la soirée, les entrées ou les (fausses) sorties, les paroles ou les gestes, les silences, les black out, s'inscrivent à leur place, à divers niveaux il est vrai, dans un déroulement continu et linéaire [...] la division en deux actes est pure convention, simple commodité : ils s'enchaînent sans hiatus[326].

En effet, il très être utile de rappeler la distinction entre temps représenté et temps de la représentation comme le fait Anne Ubersfled : « de même qu'il y a deux espaces, [...] de même il y a dans le fait théâtral deux temporalités distinctes, celle de la représentation et celle de l'action représentée[327] ». Puisque j'ai choisi l'aspect textuel du théâtre, je comprendrai la durée de la représentation comme équivalent de durée de la lecture, toutes deux relevant d'une linéarité temporelle. Mais peut-on dire, dans les cas des *Belles-Sœurs,* que ces deux temps s'égalent ? La mise en évidence de deux strates de communication repérables dans le texte complique le cas du temps représenté. Que faire de ces intermèdes qui court-circuitent la linéarité dramatique, qui découpent la représentation en quasi-tableaux ? « On retrouve ici l'opposition du continu et du discontinu : la dramaturgie en tableaux interrompt la continuité de l'enchaînement syntagmatique, comme suite logique qui va de soi[328] », écrit Anne Ubersfleld. Cette *dramaturgie en tableaux* s'oppose à une *dramaturgie en acte* où rien ne vient perturber le déroulement du temps représenté. Chez M. Tremblay, on est plutôt dans une *forme mixte* qui allie les deux. Il y a bien une autonomisation des séquences mais il y a bien une trame, une action : le vol des timbres (qui permettra la réalisation des schémas actantiels).

Toujours en ce qui concerne le temps représenté, on peut s'interroger sur la vraisemblance d'un tel « party de collage d'un million de timbres » en deux heures à peine de représentation. Imaginons : Germaine a invité son entourage pour l'aider après le souper, c'est-à-dire vers sept heures le soir au plus tard. Est-il possible qu'en deux heures tout soit fini ? Il faut ajouter à cela que les

---

326. Laurent Mailhot, *Théâtre Québécois,* Montréal, Bibliothèque Québécoise, 1988, t. I, p. 318.
327. Anne Ubersfeld, *Lire le théâtre*, Paris, Éditions Sociales, 1979, p. 18.
328. Anne Ubersfled, *Lire le théâtre I*, Paris, Belin, 1996, p. 170.

intermèdes rétrécissent d'autant plus le temps du représenté qu'ils prennent de place dans la représentation.

Je propose d'isoler trois strates temporelles dans le représenté qui font qu'il ne peut pas être superposable au temps de la représentation. Une strate actantielle, une strate « poétique », a-spatiale et a-historique, une strate dite métathéâtrale qui correspond à ce bref moment de « pure convention », de piétinement, qu'est la reprise au début de l'acte II des répliques 518-523 (p. 71) aux répliques 524-529 (p. 75).

Structure actantielle

Le drame pourrait se résumer ainsi : *« C'est mes timbres »* (r. 5, p. 15) à *« Mes timbres ! Y me reste pus rien ! »* (r. 854, p. 109). Si l'absurdité de la situation semble déroger aux règles classiques, la structure, elle, peut s'analyser selon les grilles traditionnelles. Mes étapes ne sont pas au nombre de cinq mais de trois : « 1) une situation de départ ; 2) le texte-action ; 3) Une situation d'arrivée[329] ».

Exposition : situation initiale et mise en place des conditions de l'action (r. 1, p. 15 à r. 28, p. 21)

Il s'agit de quelques répliques qui donnent les repères essentiels. La situation initiale est une entrée *in medias res* en plein quotidien de Germaine Lauzon, ménagère. Mais un quotidien « peu quotidien » en fait puisque c'est jour de « party ». L'arrivée de ces quatre caisses (trois de livrets et une de timbres) dans la cuisine est un événement suffisamment important pour être dramatisé et dramatique. Notons au passage que cet *avoir* est, s'il l'on peut dire, une livraison de la société, incarnée dans le livreur ; une livraison due au hasard. Ces deux éléments sont importants dans la mesure où c'est eux qui sont cause et d'aliénation (les timbres ne sont qu'une monnaie d'échange contre un bonheur « prêt-à-porter ») et de jalousie de la part de celles que le hasard n'a pas choisies.

> *Germaine Lauzon*– C'est mes timbres [...] Y m'demande, comme ça, si chus madame Germaine Lauzon, ménagère. J'dis qu'oui, que c'est ben moé. Y m'dit qu'c'est mes timbres [...] Y m'a dit que la compagnie pour qui qui travaillait était ben contente que j'aye gagné le million de timbres-primes... que j'étais ben chanceuse. (r. 4, 6 et 8 p. 15 et 16)

---

329. Anne Ubersfeld, *Lire le théâtre I*, Paris, Belin, Chap. « Le théâtre et le temps », p. 151-184, p. 168.

Très vite, Germaine va convertir ces timbres en biens ménagers qui n'existent que dans son imaginaire. Les objets convoités restent dans le domaine du rêvé. La seule chose qu'elle possède vraiment c'est le « cataloye » :

> *Germaine Lauzon–* Oui, y m'ont donné un cataloye, avec [...] Oui, y'a assez de belles affaires, tu devrais voir ça ! C'est pas creyable ! J'pense que j'vas pouvoir toute prendre c'qu'y'a dedans ! J'vas toute meubler ma maison en neuf ! [etc.] (r. 28, p. 19)

Elle compte se refaire son intérieur, c'est-à-dire, pour une femme au foyer, se refaire une existence.

Nœud et crise, jalousie et vol (à partir de r. 29, p. 21)

Ce transfert des timbres à une vie espérée matériellement plus confortable est essentiel pour comprendre ce qui suit. La chance donnée à Germaine Lauzon est la cause de la jalousie de Marie-Ange Brouillette qui se pose comme l'« opposante » numéro un :

> *Marie-Ange Brouillette* – Moé, c'est ben simple, madame Lauzon, chus jalouse. [...] C'est pas moé qui aurait c'te chance-là ! Pas de danger ! Moé j'mange d'la marde, pis j'vas en manger toute ma vie ! [...] C'est pas juste ! Chus tannée de m'esquinter pour rien ! Ma vie est plate ! Plate ! Pis par-dessus le marché, chus pauvre comme la gale ! chus tannée de vivre une maudite vie plate ! (r. 29 et r. 33, p. 21 et 22).

En lançant la « Quintette de la maudite vie plate », Marie-Ange Brouillette se fait des alliées. En effet, Gabrielle Jodoin, Rose Ouimet, Yvette Longpré et Lisette de Courval se joignent à elle. Il s'agit véritablement d'un nœud au sens dramatique car c'est cette étape qui aura comme conséquence la crise : concrétisation de la jalousie, le vol.

Tant que le vol n'a pas commencé, l'existence rêvée de Germaine Lauzon n'est pas menacée. C'est à peu près au tiers du texte que sa tragédie commence et que ses colleuses « adjuvant » du début se muent en voleuses « opposant » :

> (*Didascalie*) A partir de ce moment-là, Marie-Ange Brouillette volera tous les livrets de timbres qu'elle remplira. Les autres la verront faire dès le début, sauf Germaine, évidemment, et décideront d'en faire autant. (à la suite de la r. 219, p. 43)

Dès lors, le drame est celui d'une dépossession par trahison. Mais, selon le modèle classique, M. Tremblay fera intervenir un autre personnage qui tentera de renverser –en vain— la situation. La vanité de la péripétie est le caractère tragique de la pièce.

Péripétie, reconnaissance et dénouement (à partir de l'acte II, rép. 518 ou r. 524, p. 71 ou p. 75)

Au cours de la pièce, il y a eu plusieurs arrivées imprévues, parasites, comme celle de la grand-mère Olivine Dubuc (r. 118, p. 31), l'arrivée d'Angéline Sauvé et de Rhéauna Bibeau (r. 402, p. 61). Digressions plus que péripéties ou péripéties au sens plus large d'écart par rapport à l'action principale, événement imprévu. Le véritable événement est l'arrivée de Pierrette Guérin, sœur de Germaine Lauzon. Elle correspond également à la coupure entre acte I et acte II. La répétition des quelques répliques relatant cette arrivée la met en valeur plus que celle des autres. Pierrette, qui est de bonne volonté et qui s'avèrera la plus fidèle adjuvante de Germaine, est repoussée par celle-ci : « Que c'est que tu fais icitte, toé ? J't'ai déjà dit que j'voulais pus te voir ! » (r. 522, p. 71 et r. 528, p. 75)

La reconnaissance est le moment où Germaine se rend compte du vol. Il y avait eu un indice (r. 720 à r. 731, p. 96 et p. 97) et véritablement dénonciation plus loin :

> *Germaine Lauzon* – Bonyeu, y'en a pas gros ! Ousqu'y sont toutes, donc, les livrets ? Y'en a rien qu'une dizaine, dans le fond ! Y sont peut-être... non, la table est vide ! [...] que c'est qui se passe icitte, donc ? [...] Hein ? Hein ? J'savais ben ! J'suppose que c'est pareil dans les autres sacoches ! Mes maudites vaches, par exemple ! Vous sortirez pas d'icitte, vivantes ! M'as toutes vous assommer ! (r. 802 à r. 820, p. 105 et 106)

C'est ici que Pierrette Guérin se propose : « M'as t'aider, Germaine ! » (r. 821, p. 17) mais cette dernière la met dans le même sac, la même « sacoche » que les autres : « Parle-moé pas ! Va-t'en ! T'es pas mieux que les autres » (r. 848, p. 109)

L'action dramatique s'arrête ici. La roue de *Fortuna* a tourné pour Germaine. Mais qu'a-t-elle perdu ? Ce qu'elle n'avait pas de toute façon : le contenu du catalogue. De plus, cet *avoir* était en fait une propriété bien calculée par la société « ben contente qu' [elle] aye gagné », une fausse liberté.

On oublie trop souvent la fin véritable qui est « une pluie de timbres » (didascalie finale), une chute digne d'un *deus ex machina* qui renvoie le personnage de théâtre à son statut de personnage et semble souffler à l'oreille du spectateur/lecteur : « beaucoup de bruit pour rien ».

Tout ceci doit se retrouver dans le carré sémiotique, mais, avant, il paraît intéressant de passer à la seconde pièce pour voir les évolutions à ce niveau intermédiaire.

Encore une fois, si vous permettez, *un jeu « ben dramatique »*

Pièce de commande pour les trente ans des *Belles-Sœurs* et les cinquante ans du théâtre du Rideau Vert qui était le lieu de la première création, elle est un hommage à plus d'un titre. La didascalie liminaire est très claire : « *Pour Rita Lafontaine et André Brassard, à l'occasion du trentième anniversaire des Belles-Sœurs. Je vous aime. M. T.* ». Il est également mentionné dès le début qu'il s'agit d'une « comédie en un acte ». La distribution est bien différente : plus que deux acteurs (mais plusieurs personnages en fait) dont un est nommé narrateur, un plateau vide, presque la moitié moins de répliques : seulement 490 contre 854 pour *Les Belles-Sœurs.* Il y a peu de travaux à ce sujet, aussi ferai-je exclusivement référence à l'article de Rachel Killick[330] et aux critiques de presse.

En précisant qu'il y a plus de personnages que d'acteurs je fais allusion au fait qu'il y a un pli supplémentaire au *feuilleté énonciatif*[331], mise en scène d'un narrateur double. Il y a le narrateur 1 (narrateur-dramaturge) qui se met lui-même en scène avec sa mère, alors devenu narrateur 2 (narrateur –enfant). De plus, la mise en abîme se divise en cinq séquences : le narrateur-fils à 10 ans, à 13 ans, à 16 ans, à 18 ans et enfin à 20 ans. Remarquons dès à présent que cet âge correspond à l'âge que M. Tremblay avait quand il a perdu sa mère. Il s'agit, pour lui, par les moyens que lui donne le théâtre, de lui inventer une fin « digne d'elle », de réécrire l'histoire ... en un acte. Je procèderai de la même manière que pour *Les Belles-Sœurs* dans un souci de comparaison, étudiant d'abord le schéma de la communication, la structure temporelle et enfin la distribution actantielle.

330. Rachel Killick, « *Encore une fois, si vous permettez* : imagination, parole, théâtre », inédit. A paraître dans la nouvelle édition du *Monde de Michel Tremblay* sous la direction de Gilbert David.
331. Terme de Georges Molinié, *Sémiostylistique, l'effet de l'art*, Paris, Presses Universitaires de France, 1998.

Schéma de la communication (ci-joint)

On peut reprendre les considérations d'André Petitjean en les combinant au « jeu des je » (annexe). Il est évident, dans le texte, que les trois niveaux sont présents. Le dramaturge en joue, pousse le texte dramatique à ses limites génériques. Les notions de *dialogie interne* et *dialogie externe* sont pertinentes pour l'analyse car il y a brouillage progressif : les frontières entre les trois niveaux sont perméables. En effet, on peut bien placer le narrateur-dramaturge (1) au niveau de la *dialogie externe* dans la mesure où il est metteur en scène du narrateur-fils (2) et de Nana ; mais n'est-il pas, lui aussi, un personnage ? La non-différenciation dans la nomination (narrateur 1 et narrateur 2 se confondent dans un seul narrateur) est donc une volonté, au départ, de brouiller les pistes.

Mon schéma met en évidence une *dialogie interne* et une *dialogie externe* « au carré », exposant deux. Le *niveau I* correspond, *grosso modo*, à la *dialogie externe*, l'auteur qui s'adresse au spectateur par l'intermédiaire de ses personnages et de ses acteurs, de manière plus ou moins directe (le titre même, *Encore une fois, si vous permettez,* participe de ce rapprochement). *Le niveau II* correspond et à la *dialogie interne* qui renvoie au niveau I, le narrateur-dramaturge (1), le narrateur-fils (2) et Nana sont des personnages de la pièce de M. Tremblay. Le *niveau II* correspond aussi à une *dialogie externe* dans la mesure où le narrateur (1) est lui-même dramaturge et metteur en scène : ses personnages sont alors le narrateur-fils (2) et Nana. Enfin, *le niveau III* correspond à une *dialogie interne* qui renvoie et à la *dialogie externe* du *niveau II* et à celle du *niveau I* qui est le niveau subsumant.

Ce qui différencie cette pièce des *Belles-Sœurs* à ce niveau c'est qu'il y a adresse directe du narrateur-dramaturge (1) au spectateur, en l'absence de Nana. Mais à la fin, on ne sait plus trop à quel narrateur on a affaire. Le brouillage du statut des locuteurs va de pair avec la structure temporelle. Plus le narrateur-fils (2) vieillit, plus il se rapproche du narrateur-dramaturge (1) et plus Nana prend conscience que sa présence, sa parole, n'ont d'existence que dramatique, dépendent du bon vouloir des souvenirs, de l'affect du fils. Différence avec Germaine qui, elle, n'a jamais évoqué une seule fois le « lieu théâtral » comme théâtral.

Structure temporelle

La question d'une superposition du temps représenté et du temps de la représentation ne se pose même pas ici dans la mesure où, plus courte que *Les Belles-Sœurs*, cette pièce ne rend pas compte d'une soirée mais d'une dizaine d'années. La stratégie employée est celle de la fragmentation par *flash back* successifs. Cela ne veut pas dire que la linéarité n'est pas au rendez-vous. Les séquences sont chronologiquement ordonnées. Un schéma qui les situerait à la fois sur l'axe horizontal –car linéaire— du temps de la représentation et un axe vertical de dix ans montrerait clairement que le temps représenté est une asymptote au temps de la représentation. Les premières séquences sont très éloignées, les dernières sont plus proches ; proches à tel point que le spectateur/le lecteur reste perplexe. C'est en ce sens, je crois, qu'il faut comprendre la découverte par Nana qu'elle est dans un décor de théâtre, dans une salle, qu'elle est là le temps... d'une représentation. Je précise « asymptote » car le théâtre de M. Tremblay n'est pas du *happening*, le théâtre n'est jamais la vie.

Le détail de la structure temporelle au *niveau III* servira principalement de repère pour l'étude actantielle.

Structure dramatique et schéma actantiel

Si le parcours des *Belles-Sœurs* pouvait se résumer en deux répliques, celui de *Encore une fois, si vous permettez* peut faire de même : « T'es ben dramatique, moman ! » (r. 7, p. 12) ... « C'est vrai que j'ai toujours été ben dramatique » (r. 411, p. 58). Je mettrai en parallèle cette existence dramatique et sa reconnaissance avec l'usage de la parole. Ainsi peut-on faire deux autres citations : « tais-toi, pis écoute ! pour une fois que je prends la parole, ici-dedans ! » (r. 14, p. 13) et « J'aurais voulu faire ma comique, comme d'habitude, inventer une histoire, faire la folle ou ben la dramatique [...] mais... Non. Chus pus capable de faire ça. » (r. 471, p. 65). C'est donc, de manière peut-être insolite, le langage, la prise de parole que je place au niveau de l'objet convoité dans le schéma actantiel ; objet qui n'est qu'un moyen pour atteindre l'identité non plus sociale mais affective (rapports mère-fils) et dramatique. Le personnage Nana existe au théâtre parce qu'il parle. Mais cette parole lui est donnée dans les deux cas et par son fils et par le dramaturge (narrateur 1 et Michel Tremblay).

Exposition : Narrateur 1 – Prétérition

Le début, monologue en forme de prétérition, est une adresse directe au spectateur. Nous n'entrons pas directement dans la cuisine comme dans *Les Belles-Sœurs*, mais un narrateur nous attend et nous conduit jusqu'à la fin. En tant que dramaturge de sa propre vie et de celle de sa mère il distribue les rôles :

> Ce soir, personne ne viendra crier [...] ni murmurer [...]. Aucun fantôme ne viendra [...]. Vous en verrez pas [...] Aucune sœur n'attendra [...] aucun fils [...] aucune mère [...] Ce que vous verrez, ce sera une femme toute simple qui viendra vous parler [...] vous la reconnaîtrez peut-être. Vous l'avez souvent croisée au théâtre [...] J'avais envie de la revoir, de l'entendre à nouveau. Pour le plaisir. Pour rire et pleurer. Encore une fois, si vous permettez. (Il regarde en direction de la coulisse). Je l'entends justement qui vient. [...] Comme on dit dans les classiques : « La voici qui s'avance ! » (r. 1, p. 9-10 et 11)

Narrateur 2 : étapes temporelles

Premier épisode : narrateur à 10 ans (r. 2, p. 11 à r. 70, p. 21)

Nana se révèle une mère autoritaire d'un enfant de 10 ans qui a fait des bêtises. On assiste à une dispute où, de toute façon, c'est elle qui a le dernier mot. Elle parle beaucoup plus que le narrateur-fils. « tais toi, pis écoute ! » (r. 14, p. 13), voilà de quoi marquer son territoire fermement. Cette section est également celle qui consacre la rhétorique de Nana. Sa figure préférée semble être l'exagération lorsqu'elle raconte comment la tante Gertrude s'est blessée avec le « tordeur ». Elle la voit avec « des points de soudure du bout de l'index jusqu'en dessous de l'épaule » (r. 64, p. 20) alors que le narrateur-dramaturge (1) s'empresse de commenter : « Ma tante Gertrude s'était à peine pincé le bout de l'index et du majeur » (r. 65, p. 20). On a quelques indices pour la suite et notamment la fameuse réplique : « t'es ben dramatique, moman ! » (r. 7, p. 12) à laquelle semble répondre l'inquiétude de Nana : « T'es moins naïf que je pensais » (r. 70, p. 21).

Deuxième épisode : narrateur à 13 ans (r. 72, p. 21 à r. 301, p. 40)

Ce passage est important car il s'agit de celui de *Patira* de R. de Navery (reprise de *Un Ange Cornu avec des ailes de tôle).* Le narrateur à 13 ans acquiert en autonomie et en autorité langagières au contact de la littérature. C'est à propos d'un livre qu'il est en désaccord avec sa mère. Le spectateur ou le lecteur ne peut s'empêcher de faire le parallèle entre cette réflexion sur la fiction romanesque et la pièce qui se déroule devant ses yeux. Cet épisode, parce qu'il introduit la notion d'artifice littéraire et d'illusion de la réalité, est aussi une réflexion sur le théâtre et le statut des personnages de théâtre.

Nana ne se laisse pas faire et : « chus ta mère… les mères ça sait toute » (r. 216, p. 33) ou encore : « tant que t'es dans ma maison, tu suis mes règlements » (r. 297, p. 40) sont des sursauts d'autorité ; mais les doutes de son fils l'agacent : Narrateur— « tu le dis, là, que t'en inventes des boutes » (r. 226, p. 34). Elle finit par reconnaître la puissance verbale de ce dernier : Nana – « quand on commence à discuter avec toi, on sait pus quand ça va finir » (r. 275, p. 38).

Troisième épisode : narrateur à 16 ans (r. 303, p. 40 à 44)

La mère ici ne « sait plus toute » puisque le narrateur lui fait des cachotteries « dramatiques » : Nana – « t'as commencé à écrire des pièces que tu veux pas me faire lire… J'comprends, là, aie pas peur, à seize ans, c'est normal qu'on dise pas toute à sa mère » (r. 303, p. 41)

Vient ensuite une nouvelle réflexion sur la fiction. Nana s'interroge sur les comédiens, sur le rapport théâtre/réalité dans ce que l'on peut appeler la tirade sur Huguette Oligny : Nana – « Eux-autres, y'existent parce qu'on les voit… mais nous-autres, on existe-tu pour eux autres ? » (r. 303, p. 43-44). Elle ne fait que se demander si le public existe pour le comédien et rend hommage, par là même, à son public, à celui de M. Tremblay et au public de théâtre en général.

Quatrième épisode : narrateur à 18 ans (r. 305, p. 44 à r. 379, p. 54)

Cet épisode continue dans la crise d'indépendance du fils qui a alors 18 ans. Je retiendrai la séquence du « roast beef » qui est un indice de la prise de conscience finale, la reconnaissance d'avoir été trompée depuis le début : Nana – « t'haïs mon roast beef depuis 18 ans pis tu me l'as jamais dit !» (r. 340, p. 48).

Le passage suivant est celui dit du récital de la cousine Lucille qui est le compte rendu par Nana du spectacle de ballet « Cendrillon » de sa nièce, Lucille. Devant le ridicule de la prestation, Nana finit par dire : « C'pas tout le monde qui peut monter sur une scène, t'sais ! » (r. 376, p. 53).

Cinquième épisode : narrateur à partir de 20 ans (r. 381, p. 54 à la fin : r. 490, p. 67)

Enfin, la dernière étape est celle d'une double fin : fin de la vie de l'individu Nana, fin de la vie du personnage. Le personnage semble céder le premier puisqu'elle avoue enfin : « c'est vrai que j'ai toujours été ben dramatique. » (r. 411, p. 58). Le récit de la mort de la tante Gertrude, dans les règles de l'art rhétorique de Nana, est en fait une conjuration de sa propre souffrance. Elle est malade et a mal. Mais lorsqu'il s'agit d'évoquer sa fin à elle, elle n'est « pus capable de faire ça » : « J'aurais voulu faire ma comique, comme d'habitude, inventer une histoire, faire la folle ou ben la Non. Chus pus capable de faire ça. » (r. 462, p. 63-64), elle cède la place à son fils, lui donne les rênes de sa propre existence et lâche les siennes : « O. K. J'vas te faire confiance. Mais tu sais que chus capable de revenir, si ce que tu deviens fait pas mon affaire, hein » (r. 444, p. 62). Puis c'est l'apothéose finale, puisque « tout est possible au théâtre » (r. 471, p. 65), le personnage se rend compte de l'envers du décor et l'accepte comme tel, reconnaît le narrateur-fils comme dramaturge (r. 472 à la fin, p. 65-66-67).

La question qui est posée est celle de l'attribution de l'autorité. Est-ce la mère qui a tous les droits puisqu'elle a mis au monde le narrateur-fils (2) qui est devenu le narrateur-dramaturge (1) et l'écrivain de la pièce, Michel Tremblay, ou est-ce le narrateur-dramaturge (1) qui a droit de vie et de mort sur ses personnages ? On pourrait comprendre cette confusion des niveaux dans cette réplique de Nana : « j'ai l'impression d'être en train d'enfanter ma mort » (r. 459, p. 63)

La dynamique actantielle est ici aussi une dynamique de transfert. Celui d'un narrateur-fils (2) devenu narrateur-dramaturge (1) qui gère et son langage et celui de Nana.

Schéma général de la dynamique actantielle

Objet : le langage / existence dramatique

↑

Adjuvant : →	Sujet : Nana	←*opposant* :
narrateurs 1 et 2		narrateurs 1 et 2

Dynamique : *narrateur* 2 devient *narrateur 1*

Les narrateurs sont des deux côtés car d'une part le narrateur 1 est celui qui donne et enlève la parole et le narrateur 2 est celui qui de dominé devient dominant.

Ces deux études montrent finalement que le travail de la structure dramatique est assez différent entre les deux pièces, que le rôle du langage n'est pas le même mais que dans les deux cas on peut faire évoluer en même temps les plans du représenté et de la représentation.

Synthèse. Un théâtre qui a construit sa critique ?

Proposition des carrés sémiotiques

J'ai, jusqu'à présent, proposé une étude des structures de surface en organisant mes citations sur la progression actantielle des pièces et ainsi pu mettre en évidence des différences. Il faut maintenant s'intéresser aux structures dites profondes de la signification en proposant un carré sémiotique où il sera possible de tracer le parcours dramatique, donc en accord avec les analyses précédentes.

> La mise en œuvre du carré sémiotique sur un texte doit nous permettre de repérer quelles oppositions et quelles relations sont pertinentes pour ce texte, et comment s'instaure un fonctionnement de ces oppositions et de ces relations. Autrement dit, la mise en œuvre un carré sémiotique doit rendre possible pour un texte une représentation de la forme du sens[332].

Pour *Les Belles-Sœurs*, je reprendrai une étude sémiotique déjà aboutie[333] en récupérant les « coins » du carré mais en les reliant selon une interprétation personnelle. Je garderai à peu près la même structure pour la seconde pièce. Être ou avoir ?, Être ou parler ? Telles sont les questions ! Étant donné que dans les deux textes, j'ai mis en parallèle représenté et représentation, crise de l'individu dans la fiction et crise du personnage dans l'espace théâtral, je garderai cette bivalence.

Carré sémiotique des *Belles-Sœurs (voir schéma ci-joint)*

Je fonde le carré sur la relation de contrariété qu'il existe entre *être* et *avoir* qui définissent en quelque sorte une identité que je dis sociale (pour l'individu Germaine dans le société des *Belles-Sœurs*) et dramatique (pour le personnage Germaine dans le lieu théâtral).

Être est à comprendre au sens d'exister. Ce sera pour Germaine, se refaire un intérieur, une vie, en concrétisant le catalogue. Avoir les

332. Groupe d'Entreverne, *Analyse sémiotique des textes, Introduction, Théorie, Pratique*, Lyon, Presses universitaires de Lyon, 1979, p. 136.
333. Lise Duquette-Perrier, « Langage et paraître, analyse sémiotique *des Belles-Sœurs* de Michel Tremblay », *The Canadian Journal of research in semiotics*, Montréal, vol. II, n° 3, automne 1974, p. 41-53.

timbres, c'est posséder une monnaie d'échange. C'est-à-dire que pour concrétiser son rêve, Germaine ne peut garder les timbres, elle doit les échanger.

Être est aussi à comprendre au sens d'exister dramatiquement, avoir sa place dans le lieu théâtral : ce qui fait finalement de l'avoir le point de ralliement de tous les personnages. La dynamique dramatique est basée sur cette convoitise commune de l'avoir. Si Germaine gardait ses timbres pour elle toute seule, il n'y aurait pas de drame, la pièce —et donc elle en tant que personnage— n'aurait précisément pas lieu d'être.

On perçoit ainsi ce que signifie un rapport de contrariété en sémiotique : une binarité essentielle à la définition de chacun des termes : l'être n'a de sens que par rapport à l'avoir et inversement. L'être et l'avoir sont donc les composantes d'une double identité, sociale en ce qui concerne l'individu, dramatique ou théâtrale en ce qui concerne le personnage.

L'étape suivante consiste à faire correspondre à ces termes leurs équivalents dans une relation non plus de contrariété mais de contradiction. Il s'agit du *non-avoir* et du *non-être* qui sont dits être eux-mêmes en rapport de présupposition et définissent, de manière tout à fait parallèle, non une identité sociale et dramatique mais une aliénation.

L'être et le non-avoir définissent l'imaginaire. Il faut placer ici les fantasmes des individus sur le plan social : « ne pas manger d'la marde toute sa vie » comme le dit Marie-Ange Brouillette, trouver un homme, s'acheter une nouvelle étole... bref tout ce que permettraient les timbres. Au niveau théâtral, le non-avoir est la condition même de l'action. Les personnages n'existent que pour désirer les timbres et ce qu'ils permettent d'obtenir, pas pour les avoir. D'ailleurs, ils ne sont pas longtemps en la possession de Germaine, il ne resteront pas non plus longtemps dans les sacoches des voleuses.

Enfin, l'avoir et le non-être définissent le réel. La réalité des individus est en fait que quand ils possèdent réellement, matériellement les timbres ils sont des propriétaires enchaînés. Ceci tient à la nature même de l'avoir qui est en même temps un non-avoir, la présence d'une absence de propriété, et en plus d'une propriété limitée à un catalogue. Ainsi le tragique vient-il de là, de cet espoir —vain— d'exister. La pile de livrets, même augmentée du catalogue, n'est pas suffisante aux personnages pour se hisser à la hauteur de leurs rêves.

Sur le plan dramatique, le réel correspond finalement au commencement et au début, aux limites communes du représenté et de la représentation. L'avoir est là avant les personnages puisque la scène s'ouvre sur ces quatre grosses caisses au milieu de la cuisine. C'est d'ailleurs la première chose que le spectateur-lecteur et que l'individu Linda remarquent. C'est bien lui qui définit l'individu et le personnage. La fin est une pluie de timbres qui, par un artifice technique digne d'un *Deus ex machina*, met fin simultanément au représenté et à la représentation, fin de l'acte et de la pièce.

Parcours actantiel : le carré sémiotique rend compte du parcours de Nana entre ces quatre points cardinaux. On aurait pu, comme pour les schémas actantiels, proposer un autre point de vue. C'est celui du « héros », du protagoniste qui a été gardé. En l'occurrence, Germaine.

(0). Cette étape est donnée comme déjà réalisée. C'est l'attribution des timbres à Germaine Lauzon. Se demander qui livre revient à se poser la question de l'auteur, du démiurge-dramaturge. Le livreur vient de la part d'une société qui a tiré au sort le nom de Germaine Lauzon. Ce sort, c'est Michel Tremblay.

Germaine Lauzon passe donc du non-avoir de timbres à l'avoir de timbres. Cette relation est matérialisée en pointillés car elle n'est pas explicite dans le texte.

(1). Sans tarder, l'individu Germaine fait de l'association timbres-livrets-catalogue sa nouvelle trinité, sa nouvelle raison d'être, représente ses rêves comme des acquis : le futur simple est très rarement utilisé, c'est la forme « je vas », dite du futur périphrastique (aller + infinitif), qui est employée. Elle a le degré de certitude et la valeur d'affirmation du présent.

(2). Ce débordement imaginaire, qui la fait exister sur le plan dramatique est aussi la cause de sa perte, de sa dépossession par l'effet de jalousie que sa parole —qui relève de l'hypotypose— produit. Elle reste dans l'Imaginaire tant qu'elle n'a pas pris connaissance du vol. C'est ce qui fonde sa tragédie mais aussi son ridicule : on a l'impression que son existence –ce futur si proche qu'il est du présent— lui file entre les mains, file dans les mains des autres, mais qu'elle ne s'en rend pas compte.

(3). La dernière relation correspond à la reconnaissance et au dénouement, là où l'aliénation sociale et dramatique est explicite. Sociale car Germaine a perdu en fait ce qu'elle n'a jamais eu, elle se rend compte que son existence n'a été qu'une existence de catalogue.

Parcours sémiotique de *Encore une fois, si vous permettez.*

Respectant toujours ce qui a été démontré lors de la stratification temporelle et lors de la construction de la dynamique actantielle (transfert du langage et pas des timbres), j'ai remplacé *avoir* par *parler* qui est en quelque sorte un avoir de la parole. La dualité individu/personnage est aussi respectée mais cette fois au niveau affectif et dramatique. L'identité *vs* l'aliénation ne sont plus sociales mais affectives et dramatiques ; affectives parce que l'Être de Nana comme mère et comme personnage dépend du bon souvenir (flash-back) du fils-dramaturge.

Le parcours actantiel :

(1). Cette première étape n'est plus en pointillés car elle fait partie du texte dramatique. Elle correspond à l'attribution de la parole à Nana et par le dramaturge externe, Michel Tremblay, et par le dramaturge interne, le Narrateur (1). Ce n'est le hasard ni dans un cas, ni dans l'autre puisqu'il s'agit d'un hommage : « C'est sa pièce à elle » (didascalie de l'auteur, p. 9) ou encore : « J'avais envie de la revoir » (r. 1, p. 11).

(2). Nana est reine en son royaume de mère, là où sa parole a de l'autorité sur son fils : « tais-toi, pis écoute ! » (r. 14, p. 12). Les quelques indices qui laissent entendre l'étape suivante sont ceux qui littéralement laissent entendre le narrateur-fils à 10 ans, montrant déjà une baisse de sa crédulité puisqu'il est « moins naïf qu'[elle] pensait » (r. 70, p. 21). Les commentaires du narrateur-dramaturge rappellent que toutes les étapes, celle-ci et celles qui vont suivre, sont dépendantes de l'étape (1).

(3). L'autorité de la parole de l'individu-mère va décroissant à partir de ce moment-là jusqu'à ce qu'elle avoue l'impuissance de son langage : « chus pus capable » qui correspond donc, sur le plan individuel, au non-parler. Les différentes étapes (narrateur à 13 ans, à 16 ans et à 18 ans) s'inscrivent dans ce mouvement qui va de l'être au non-parler. La reconnaissance va de pair avec celle, sur le plan dramatique, de Nana-personnage comme personnage de théâtre : « c'est vrai que chus ben dramatique » est une réplique bivalente puisqu'elle manifeste une aliénation affective par rapport au fils et une aliénation dramatique par rapport au dramaturge qu'il est devenu.

(4). Le quatrième mouvement est le dénouement : montée de Nana et chute du rideau. Le non-parler devient non-être sur les deux plans puisque Nana-individu et Nana-personnage meurent, c'est la fin de sa vie, c'est la fin de sa pièce. Elle meurt en tant que personnage un peu avant car elle se rend compte qu'elle est en représentation. Le décalage, individu-personnage est celui qui laisse l'espace d'un métathéâtre explicite, qui donne à voir un « personnage en crise[334] ».

Les lieux de l'évolution : langage, référent (s) et métathéâtre

On peut se concentrer sur deux points mis en évidence dans les analyses précédentes : le langage et le référent, en évoquant un troisième : le métathéâtre. La question du temps est aussi importante mais elle a déjà été traitée de manière détaillée pour les deux pièces.

La langue et les fonctions de l'expression

Ayant posé dès le début que mon étude portait sur le texte dramatique, je prends en considération l'aspect graphique de la langue. Michel Tremblay transcrit le joual, cette variante orale populaire du français. C'est déjà faire preuve de « styliste » car rendre compte par écrit d'un phénomène non normalisé implique, « impose », un travail créateur :

> On ne saurait confondre dialogue théâtral et conversation ordinaire car le texte théâtral est un texte écrit [...] Pour produire cette illusion d'oralité, les auteurs d'une part, mettent les personnages dans un régime situationnel caractéristique de l'oral [...] d'autre part, incorporent dans l'écrit des marques d'oralité[335].

Dans *Les Belles-Sœurs* la langue est la même pour toutes ou presque. On pourrait la dire réaliste et politique, politique car réaliste. Elle reflète aussi l'identité et l'aliénation des personnages car elle est leur mode d'expression et le seul possible. Les Belles-sœurs ont bien le droit à la parole mais à une parole qui ne leur permet en fait que de « jaser ». Même fausse liberté que les timbres : la parole et les timbres ne sont que des droits à l'accès de la liberté d'existence, mais une liberté sur catalogue, un droit d'exister à travers une langue conditionnée :

> *Réhauna Bibeau–* Seigneur Dieu, Etes-vous rendues loin ?

---

334. Je fais référence à *La Crise du personnage dans le théâtre moderne* de Robert Abirached, Paris, Grasset, 1978.

335. André PetitJean, « Approches sémio-linguistiques du texte théâtral », dans *Le Théâtre du sens*, Arras, Presses de l'Université d'Artois, 1999, p. 43-56, p. 47.

Rose Ouimet– Pas mal, pas mal... Moé, j'ai la langue toute paralysée...
Rhéauna Bibeau– Vous collez ça avec vot'langue ? (r. 420 à 423, p. 62).

Même sur le ton de la plaisanterie, on a bien ici un lien fondamental qui est exposé. C'est ce qui fait qu'il a été dit de cette pièce qu'elle ne pouvait pas être écrite autrement qu'en joual, et que le joual était aux *Belles-Sœurs* ce que les alexandrins étaient à *Andromaque*.

Réalisme, on a dit réalisme ? J'émettrai deux réserves à ce sujet. Même si l'on considère que M. Tremblay se contente d'approcher au plus près la réalité, il en propose une vision déformée. En passant au théâtre, ce n'est plus la langue de la vie mais la langue dramatique qui implique une « concentration des effets ». Deuxièmement, on peut se demander si M. Tremblay recherche à tout prix un hyperréalisme, car la langue qu'il crée n'a pas tout du quotidien. Micheline Cambron puis Lise Gauvin font remarquer que cette langue a une composante réaliste mais qu'elle est volontairement travaillée dans la veine tragique : les accidents du langage deviennent alors des déformations volontaires ; le travail rythmique, même musical, de la langue lui confère un caractère presque lyrique. La liste des invités chez Yvette Longpré, la « maudite vie plate », « l'ode au bingo » montrent bien que la définition de la langue comme dernier bastion du réalisme est à nuancer :

> A tort prend-t-on cette pièce [*Les Belles-Sœurs*] pour une peinture de mœurs et l'auteur pour un sociologue car il ne fait qu'exercer son métier, qui consiste à peser les mots pour nous faire voir son monde[336].

Dans *Encore une fois, si vous permettez*, la langue, le joual, a une fonction dramatique, il reflète la structure même de la pièce. D'une part, il permet dans un premier temps que le lecteur se situe entre les niveaux temporels : les personnages n'existent, ne sont reconnaissables que par leur langue, différemment graphiée. D'autre part, il permet de sentir le transfert linguistique du narrateur II à la mère : elle refuse qu'il sacre, préférant qu'il invente un mot, « sautadit pour maudit » (r. 294, p. 40), le reprend elle-même (r. 305, p. 45),

336. M. Lalonde, citée par J. Maurais, « le rôle de la langue dans l'identité québécoise » dans *Cahiers francophones d'Europe Centre-Orientale*, Revue annuelle de pluriculturalisme, Vienne/Pecs, Fritz Peter Kirsch et Arpag Vigh, 1991, p. 19.

mais à la fin, c'est elle qui sacre et lui qui est surpris (r. 488, p. 66). Il y a aussi des réflexions sur le pouvoir des mots en ce qui concerne la littérature et la construction d'un imaginaire (c'est en lisant que le jeune Tremblay a développé son imaginaire), le pouvoir de fiction des mots. Ce qui caractérise Nana c'est l'usage qu'elle sait en faire (r. 291, p. 39), elle exagère, elle rajoute, elle enrobe son discours. Sauf à la fin. La tragédie de Nana c'est que le langage ne suffit pas à conjurer sa souffrance physique.

D'expression cherchant à rendre compte d'une aliénation sociale, c'est-à-dire assumant une fonction politique, la langue —le langage— est devenu la matière consciente et la structure même du théâtre. Je voudrais reprendre ce que dit A. Brassard de cette pièce, et lui répondre : « non, ce n'est pas tout à fait le même pari !»

> Pour moi, ce prologue, c'est le *Refus Global* de Tremblay. Il nous dit que la vie toute simple de cette femme est aussi importante dans l'absolu culturel que la fameuse question d'être ou ne pas être [...] c'est une autre déclaration de société, d'une société trop souvent colonisée et complexée, qui affirme son droit d'exister dans le concert des nations. Oui, c'est ça, pour moi : trente ans plus tard, *Encore une fois, si vous permettez* refait le même pari que *Les Belles-Sœurs*[337].

Le risque n'est pas le même. Cette femme toute simple n'est pas si simple : c'est un mythe. La société n'est plus la même et la position du M. Tremblay qui parle non plus. Il s'agit bien plutôt d'un cri de victoire par rapport aux *Belles-Sœurs* qui effectivement étaient un défi.

Le référent

La base de la dramaturgie relève d'une *mimesis*, imitation par la représentation textuelle et/ou scénique. Interroger le référent de cette *mimesis* me paraît pertinent pour l'étude comparative.

On vient de voir avec le cas du langage que la référence à une certaine réalité n'implique pas forcément un traitement réaliste : il s'agit « non pas de rendre les choses réelles mais ce qu'elles sont réellement » dit B. Brecht, c'est-à-dire ne pas chercher à rendre compte de la réalité mais de sa perception par une imitation distanciée. Le style d'un auteur sera précisément dans la singularité de cette

---

337. André Brassard, cité par Stéphane Baillargeon, « Le même pari, Nana et *Les Belles-Sœurs* : même combat », *Le Devoir*, 1er août 1998.

médiation entre réalité et imitation. De manière plus simple, la *mimesis* théâtrale n'est pas du clonage de la réalité : elle suppose, tout en renvoyant à son référent, un minimum de transformations.

Pour *Les Belles-Sœurs*, le référent est un type social extérieur au domaine théâtral : la femme du milieu ouvrier de Montréal. Personne ne connaît les personnages ; ils évoluent en tout anonymat sur scène et peuvent donc en tant que personne... être tout le monde : « [...] La catégorie belle-sœur –étrangère mais proche, alliée, ralliée, située à un point stratégique- permet un intéressant trait d'union entre l'univers social et l'édifice familial[338] ». Tout le monde, à défaut d'en être une, connaît ou côtoie une des belles-sœurs. Je situe ici la question de l'identification au personnage et donc la question du sous-genre : comédie ou tragédie. La pièce relève des deux : et de la distanciation comique (les Belles-sœurs, ce sont les autres), et de l'identification tragique (ce quotidien c'est aussi le nôtre). La dénonciation de l'aliénation réclame ces deux mouvements. Le spectateur rit, c'est indéniable, mais il rit de lui : voilà ce qui, en somme, est tragique. La fin, pluie de timbres, est souvent passée sous silence dans les analyses. Elle est pourtant importante car c'est elle qui remet les personnes-belles-sœurs à leur place c'est-à-dire au théâtre et celle qui évite de faire la confusion, dramatique, du théâtre et de la vie.

Le cas de *Encore une fois, si vous permettez* est plus complexe. Le référent s'est enrichit en trente ans et ne relève plus d'un cas de *mimesis* classique.

En reprenant le schéma de la communication théâtrale, on peut voir que la référence est ici presque exclusivement interne et qu'elle concerne les trois niveaux : les personnages, l'auteur, les acteurs.

Les personnages ne renvoient plus à un référent social mais à un intertexte littéraire. Nana a toute l'épaisseur d'un mythe de l'œuvre de Michel Tremblay. Entre temps, elle est en fait devenue : la Grosse femme, la mère de Jean-Marc, personnage écrivain qui est sans doute le narrateur, puis Réhauna Tremblay aussi nommée Nana Tremblay, mère de Michel Tremblay.

Cette dernière remarque me permet de passer au niveau de l'auteur et de sa réalité. Michel Tremblay, avec cette pièce, rend hommage à sa mère et par là même, un peu à lui en tant que dramaturge.

Enfin, la référence se fait aussi au niveau des acteurs qui ne sont autres qu'André Brassard et Rita Lafontaine. La pièce leur est

338. Laurent Mailhot, *Théâtre québécois* (1988), tome 1, *op. cit.*, p. 314.

d'ailleurs dédiée. André Brassard est connu du public même s'il a plus souvent l'habitude de mettre en scène que d'être mis sur scène. Rita Lafontaine est un mythe dans le jeu théâtral de Michel Tremblay, son actrice de prédilection.

La pièce est une commande pour l'anniversaire d'une institution théâtrale, elle est donc aussi un hommage au théâtre en général. C'est la signification du début et de la fin qui montrent en quelque sorte les « coutures du théâtre ». Dans *Les Belles-Sœurs*, la partie de l'appartement qui n'est pas « peinturée » n'est pas montrée ; ici elle constitue non seulement le décor mais elle est en plus dénoncée par le personnage Nana : « c'est pas peinturé des deux bords ! ». Ce parallèle permet de mettre en évidence que dans *Encore une fois, si vous permettez*, le théâtre de M. Tremblay se regarde, se réfléchit, se montre du doigt. Je justifie ici mon titre en disant qu'en 1998 le théâtre de Michel Tremblay a construit sa critique, est sa propre critique.

« Est métathéâtre un genre de théâtre dont le contenu contient déjà des éléments théâtraux ». Patrice Pavis répertorie les cas de théâtre dans le théâtre (« forme d'antithéâtre où la frontière entre l'œuvre et la vie s'estompe »), d'image de la réception (« attitude de l'auteur envers le langage et envers sa propre production [...] l'auteur est tellement conscient de cette problématique qu'il la thématise jusqu'à en faire un des thèmes principaux de son texte et à structurer sa pièce en fonction de cette tension métacritique et métathéâtrale »), de conscience de l'énonciation, de l'opération méta (« le théâtre se désigne comme monde déjà contaminé par l'illusion ») et la mise en scène du travail théâtral de la mise en scène (« la mise en scène ne se contente pas de raconter l'histoire, mais réfléchit sur le théâtre en l'intégrant –plus ou moins organiquement— à la représentation »)[339]. Tout cela pour affirmer, sans aucun doute maintenant, qu'est métathéâtre *Encore une fois, si vous permettez* et ce dans les règles de l'art.

Dans la continuité de ces propos, on peut distinguer une intratextualité (ou autoréférentialité) d'une intertextualité[340].

339. Patrice Pavis, *Dictionnaire du théâtre, Termes et concepts de l'analyse théâtrale*, Paris, Éditions sociales, 1980, p. 246.
340. Voir la thèse de Sylvie Beaupré, *Spécularité et autoréférentialité dans l'œuvre de Michel Tremblay*, thèse de Doctorat, Université de Montréal, département d'Études françaises, 2000.

M. Tremblay reprend ses propres personnages, voire des passages entiers de ses autres productions : « *Patira* de Raoul de Navery » est une reprise de *Un ange cornu avec des ailes de tôle.* Le prologue en prétérition a même déjà été récupéré pour une autre occasion, celle du Message mondial pour la journée internationale du théâtre en mars 2000 (annexes) : voici une œuvre qui tourne en rond mais qui ne tombe cependant dans le piège de ne tourner que sur elle-même. En effet, on peut voir des références à d'autres textes. Le prologue en est truffé. Nana porte un nom d'un personnage de Zola, Raoul de Navery, avant d'être un intratexte est un intertexte (ce n'est pas un ouvrage de Michel Tremblay). Que penser de cette réplique : « tout est possible, au théâtre » (r. 471, p. 65) qui n'est autre qu'une reformulation presque littérale du « tout est permis au théâtre » d'Eugène Ionesco et qui appuie en même temps mon analyse sémiotique basée sur la parole et le dédoublement représenté/représentation ?

> Le langage doit presque exploser, ou se détruire, dans son impossibilité de contenir les significations. Mais il n'y a pas que la parole : le théâtre est une histoire qui se vit, recommençant à chaque représentation, et c'est aussi une histoire que l'on doit vivre. [...] Tout est permis au théâtre : incarner des personnages mais aussi matérialiser des angoisses, des présences intérieures. Il est donc non seulement permis, mais recommandé, de faire jouer les accessoires, faire vivre les objets, animer les décors, concrétiser les symboles[341].

Conclusion[342]

« Comment commencer mon accusation ? Comment la finir ? Que mettre en son milieu ? [343]» sont aussi des questions qui siéent à la présente étude puisque celle-ci se présente comme la vérification d'une hypothèse. L' « accusation » concerne deux pièces, la « fin »

341. Voir l'extrait de *Notes et Contre-notes*, « Expérience du théâtre », cité par Michel Lioure dans *Lire le théâtre moderne*, Paris, Dunod, 1998, p. 161.
342. Se reporter, pour une étude détaillée de cet entre-deux, au travail du Diplôme d'Études Approfondies, *L'évolution du joual dans l'œuvre dramatique et romanesque de Michel Tremblay comme indice d'évolution stylistique et générique*, Université de Provence, Aix-en-Provence, juin 2000. Consultable à la bibliothèque de la Délégation du Québec à Paris.
343. Voir Euripide (Électre), repris par Michel Tremblay pour le *Message mondial du théâtre*, UNESCO, mars 2000.

supposée est celle d'un théâtre qui a construit sa critique et le « milieu » —qui n'est pas pure rhétorique— a permis d'analyser chacune des pièces selon les étapes suivantes : énonciation, temps, structure actantielle et carré sémiotique. Il en ressort que si *Les Belles-Sœurs* n'est pas une pièce réaliste –même au niveau de la langue— et qu'elle contient déjà en germe un certain *V-Effekt*[344], effet de distanciation, elle ne constitue pas de manière explicite une réflexion du théâtre sur lui-même. En revanche, *Encore une fois, si vous permettez* montre une évolution certaine du travail du « feuilleté énonciatif », des strates temporelles et présente des passages de réflexion sur l'œuvre de Michel Tremblay et sur le théâtre en général. Cette évolution est observable dans le discours du personnage Nana qui a conscience d'elle-même non seulement comme personne, individu, mais comme personnage dramatique. De plus, elle n'est pas seulement un personnage de cette pièce mais représente une mère fictionnelle –La Grosse Femme, Rhéauna Tremblay— et réelle, celle de Michel Tremblay. Enfin, Nana est incarnée par Rita Lafontaine et le Narrateur par André Brassard : comédienne et metteur en scène de Michel Tremblay.

L'évolution donne une impression d'ouverture de la forme. C'est volontairement que j'emploie ce terme, faisant référence à la définition que donne Patrice Pavis de forme ouverte *vs* forme fermée. Mais « cette opposition entre forme fermée et forme ouverte n'a rien d'absolue, les deux types de dramaturgie n'existant pas à l'état pur. Il s'agit plutôt d'un moyen commode de comparer des tendances formelles de la construction de la pièce et de son mode de représentation. » Les caractéristiques de ces deux formes sont déclinées en fonction de la fable, des structures spatio-temporelles, des personnages et du discours. Il est bien évident que les deux pièces empruntent aux deux formes mais on peut dire que *Encore une fois, si vous permettez* manifeste une ouverture plus flagrante à ces niveaux. La fable s'apparente à une suite de tableaux, impliquant la fragmentation et la discontinuité de manière beaucoup plus explicite que dans *Les Belles-Sœurs* où le découpage séquentiel a déjà été discuté. L'espace et le temps brisent les conventions : le « quatrième mur » tombe lorsque le narrateur s'adresse directement au public avec un « vous », les minutes valent des années. Les personnages, quant à eux, « ne sont plus réductibles à une conscience ou un ensemble fini

344. Réduction du terme allemand de B. Brecht, *Verfremdungseffekt*, littéralement : effet de distanciation.

de caractères ; ce sont des outils dramaturgiques utilisables de diverses manières, sans souci de vraisemblable et de réalisme. »[345] Enfin, le discours dans *Les Belles-Sœurs* proposait un seule forme : le joual avec quelques variantes en ce qui concerne la diction de Lisette de Courval ; dans *Encore une fois, si vous permettez*, il y a deux types de discours bien différenciés dans la graphie, un standard et l'autre marqué par l'oralité. Ces notions de forme fermée et forme ouverte sont évidemment à nuancer. Je dirais que l'évolution est plutôt sur l'intensité de ces caractéristiques que sur leur présence ou non car il a été démontré, notamment sur le plan temporel, que la première pièce remettait déjà en cause l'unité. « A partir du milieu des années quatre-vingt, le discours qui tenait tant de place au théâtre par le passé va être relégué au second plan au profit de davantage de réflexion sur les aspects formels de la représentation[346]. » Jean-Hilaire et Hervé Guay ne disent pas que ce discours sur l'aspect formel est nouveau mais qu'il est mis en avant.

Le constat d'une évolution conduit nécessairement à s'interroger sur l'entre-deux. Que s'est-il donc passé en trente ans pour que ce gonflement sémiologique, cette intensification de l'ouverture soient rendus possibles ?

On peut baliser ce parcours en restant sur le sentier dramatique. C'est ce que semble faire Michel Tremblay lorsqu'il dit :

> *A toi pour toujours, ta Marie-Lou*, qui date de 1971, *Bonjour là, bonjour, Albertine en cinq temps* et la plus récente de mes pièces *Le Vrai monde ?* sont des points de repères dans mon parcours. Chaque fois que j'ai eu l'impression de trouver une nouvelle façon de structurer un pièce ça a été un tournant. J'ai appris avec *A toi, pour toujours, ta Marie-Lou* à jouer avec le temps. On retrouve après ce procédé de flash-back dans *Bonjour là, bonjour, Albertine en cinq temps, Le Vrai monde ?* Ces pièces sont aussi importantes pour moi du point de vue de la structure[347].

345. Patrice Pavis, *Dictionnaire du théâtre, Termes et concepts de l'analyse théâtrale*, Paris, Éditions sociales, 1980, p. 182 à 185.
346. Jean Hilaire et Hervé Guay, « la question nationale sur la scène », dans *Théâtre/public*, n° 117, Théâtre de Gennevilliers, mai-juin 1994, p. 16-22, p. 20.
347. Michel Tremblay, dans « Michel Tremblay, à la rencontre de soi-même », propos recueillis par Irène Sadowska-Guillon, Revue *L'Avant-Scène Théâtre*, n° 841, Paris, janvier 1989.

J'aimerais rajouter à celles-ci *L'Impromptu d'Outremont* où le milieu populaire s'ouvre à la classe bourgeoise et où le discours des quatre sœurs-personnages est une sorte de bilan du théâtre québécois et du théâtre de Michel Tremblay puisque *Les Belles-Sœurs* est citée :

> *Fernande* – Quand le spectacle commence, on vous provoque, on vous insulte, on vous salit... Le théâtre n'est plus une femme qui s'abandonne par besoin, c'est une putain qui veut faire de l'argent par tous les moyens ! [...] l'ère du lavabo et du fond de cour devrait être révolue.
> *Lucille* – Une mode qui dure dix ans, ça commence à ressembler à une école [mais il est également vrai qu'une] mode qui dure trop longtemps finit par ressembler à une caricature. [348]

Il me semble fondamental de considérer que Michel Tremblay est un *enfant multiple*[349] de l'écriture. En effet, l'entre-deux est aussi un espace romanesque. Le propre du roman est de pouvoir précisément jouer sur les niveaux énonciatifs, de faire dialoguer non seulement les personnages mais les langues et de permettre des télescopages temporels qui ne sont pas traditionnellement permis par la convention théâtrale. En 1973, Michel Tremblay publie *C't'à ton tour Laura Cadieux*, avec roman comme étiquette générique. Il s'agit en fait d'une merveille d'hybridité puisque le texte est un long monologue, celui de Laura, à l'intérieur duquel viennent prendre place d'autres paroles, directement rapportées. Le romancier-dramaturge y explore la capacité d'accueil en langues d'un seul discours. Il faut attendre 1978 pour voir arriver le « premier vrai roman », au dire même de l'auteur. *La Grosse femme d'à côté est enceinte,* défini comme l' « écriture d'une naissance » mais aussi la « naissance d'une écriture » est un travail en profondeur de la langue de discours et la langue de récit, narration et paroles des personnages ; roman qui construit en fait l'enfance des personnages dramatiques puisqu'il s'agit d'un retour dans le passé du Plateau Mont-Royal et leur donne ainsi une épaisseur existentielle supplémentaire. J'évoquerai *Des Nouvelles d'Édouard*, en 1984, qui travaille, non seulement la polyphonie interne au discours d'Édouard mais également ouvre sur une certaine « polyglossie » puisqu'on y lit non pas une oralité mais

---

348. Michel Tremblay, *L'Impromptu d'Outremont*, Montréal, Leméac, 1980, p. 99 et 100.
349. Voir Marie-Lyne Piccione, *Michel Tremblay, l'enfant multiple*, Bordeaux, Presses universitaires de Bordeaux, 1999.

des oralités différentes. Ce texte m'apparaît être un des plus riches car il propose une hybridité générique assez complexe. On y observe différentes strates énonciatives sur le modèle du récit oriental, le genre épistolaire dédoublé (journal d'Édouard, lettre de La Grosse Femme) et la structuration musicale (la fugue). Pour terminer sur la composante autobiographique, il faut bien sûr penser au triptyque : *Les Vues animées* en 1990, *Douze coups de théâtre* en 1992 et *Un Ange Cornu avec des ailes de tôle* en 1994. Le cycle de Jean-Marc, qui a son pendant dramatique dans *Les Anciennes Odeurs* (1981) et *Le Vrai Monde ?* (1987), est également en rapport avec l'autobiographie à travers le thème de l'homosexualité assumée —qui contraste avec celui du travestissement caricaturé des œuvres précédentes— et l'introduction d'un personnage écrivain, potentiel Narrateur de *Encore une fois, si vous permettez*.

Faut-il conclure ? Je préfère terminer en resituant mon analyse dans une entreprise beaucoup plus large. Pour donner tout son sens à cette évolution, il faudrait –mais cela est d'une autre ampleur— prendre en considération l'évolution de la valeur esthétique en pensant la littérature (au sens large) dans le champ artistique d'une époque donnée d'une société donnée :

> Un texte n'est pas formellement réductible à la simple somme de ses constituants ; et l'énonciation de ce texte doit prendre en compte les subjectivités des acteurs du procès littéraire dans la multi-dimensionnalité de leur implications[350].

350. Jacques Philippe Saint-Gérand, « Style, apories et impostures », *Langages* « Les enjeux de la stylistique », juin 1995, n°118, Paris, Larousse, p. 8 à 30, p. 13.

SCHÉMAS SÉMIOTIQUES ET PARCOURS ACTANTIELS
(pour l'étude annexe)

Les Belles-Sœurs.
Point de vue de Germaine Lauzon.

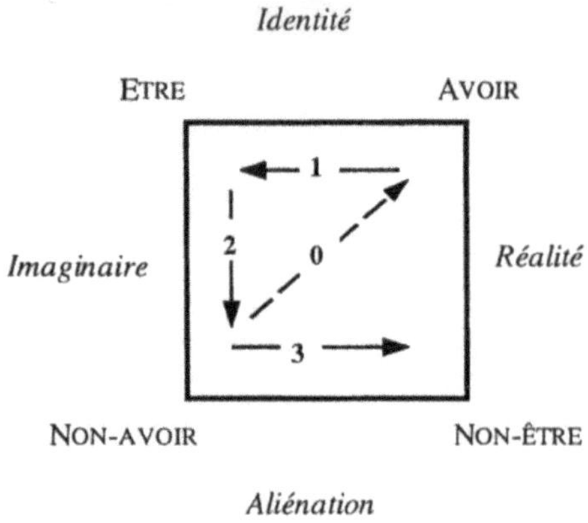

Identité

ETRE AVOIR

1
2
0

Imaginaire *Réalité*

3

NON-AVOIR NON-ÊTRE

Aliénation

....

Encore une fois, si vous permettez.
Point de vue de Nana.

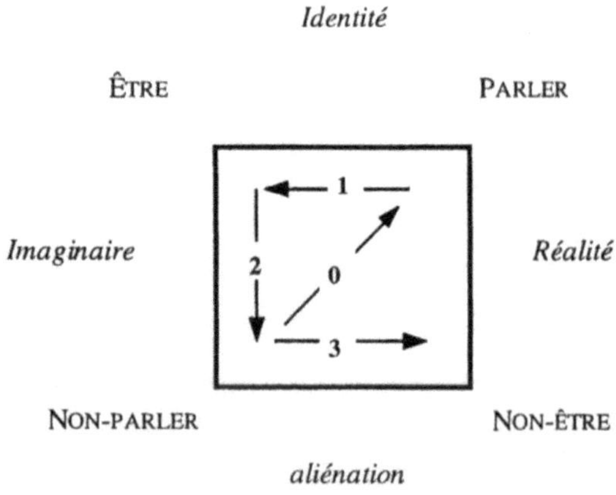

Identité

ÊTRE PARLER

1
2
0

Imaginaire *Réalité*

3

NON-PARLER NON-ÊTRE

aliénation

SCHÉMA DE LA COMMUNICATION THÉÂTRALE
(pour l'étude annexe)

EMETTEUR RECEPTEUR

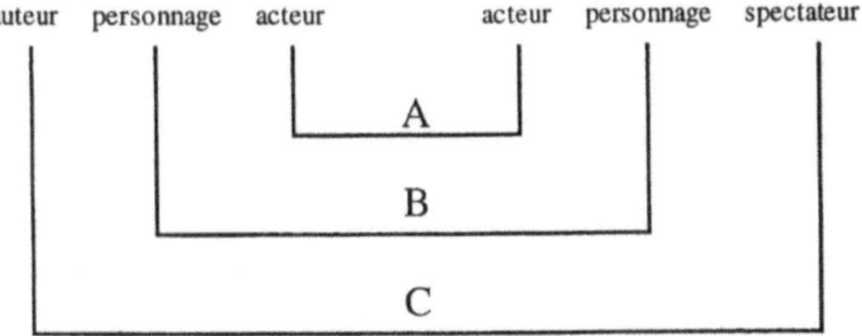

A : Communication entre actants fictionnels et réels (*texte scénique*).
B : Communication entre actants fictionnels (*texte dramatique*).
C : Communication entre actants réels (*lieu théâtral*).

Sources:

André Petitjean, « Approches sémio-linguistiques du texte théâtral » dans *Le Théâtre du sens*, Alain Lautel et Marcello Castellana (dir.), Cahiers scientifiques de l'Université d'Artois, Arras, Presses de l'Université d'Artois, 9/1999.

Le « feuilleté énonciatif » de *Encore une fois, si vous permettez.* Les strates de la communication littéraire ou « le jeu des je »

<u>Niveau I</u> :

Émetteur	→	**Message 1**	↔	**Récepteur**
Auteur		***Texte***		***lecteur***
M. Tremblay		***Représentation***		***spectateur***
		↓		

<u>Niveau II</u> : décomposition du message 1

Narrateur (1)	→	**Message (2)**	↔	**Lecteur/ Spectateur fictif**
		↓		

<u>Niveau III</u> : décomposition du message 2

Narrateur (2)	→	**Message (3)**	↔	**Nana**
		Réponse	←	

→ : processus onomasiologique (codage : mise en forme d'un sens), la mise en acte (parole/écriture) de l'intention de l'énonciateur (auteur/narrateur 1/narrateur 2).
↔ : processus sémasiologique (décodage et construction du sens à la réception de la forme construite par l'émetteur), le lecteur est ici partie-prenante de la construction du message.
← : renversement du schéma de la communication dans le dialogue, quand le récepteur devient émetteur. Le codage du message-réponse est conditionné par le décodage du message précédemment reçu.
↓ : rapport d'inclusion : chaque niveau est un développement du message du niveau supérieur.

REFERENCES BIBLIOGRAPHIQUES

~

Car je fais dire aux autres ce que je ne puis si bien dire, tantôt par faiblesse de mon langage, tantôt par faiblesse de mon sens.

(Montaigne)

◊ TREMBLAY, Michel (édition de référence)
Les Belles-sœurs (1968), Montréal, Leméac, 1972.

◊ BARTHES, Roland
Le Plaisir du texte, Paris, Seuil coll. « Points essais », 1973.
◊ BAUDRILLARD, Jean
La Société de consommation, Paris, Gallimard, 1970.
◊ CAHNE, Pierre et Georges MOLINIE (dir.)
Qu'est-ce que le style ?, Paris, Presses universitaires de France, 1994.
◊ CAMBRON, Micheline
Une société, un récit, Discours culturel au Québec (1967-1976), Montréal, L'Hexagone, 1989.
◊ CANTIN, Louise Cécile
Analyse descriptive de quelques aspects de la langue du théâtre de Michel Tremblay, mémoire de maîtrise de l'Université Simon Fraser (Vancouver), Département de linguistique, 1972.
◊ CONSEIL DE LA LANGUE FRANÇAISE, Michel PLOURDE (dir.)
Le Français au Québec, 400 ans d'histoire et de vie, Montréal, Fides, Les Publications du Québec, 2000.
◊ COUTURE, Francine (dir.)
Les Arts visuels au Québec dans les années soixante, tome II, « L'éclat du modernisme », Montréal, VLB, 1997.
◊ DAVID, Gilbert et Pierre LAVOIE (dir.)
Le Monde de Michel Tremblay, Montréal/Carnières, Cahiers du Théâtre Jeu/Éditions Lansman, 1993. 2ème édition à paraître.
◊ DUGAS, André et Bernard SOUCY
Le Dictionnaire pratique des expressions québécoises, le français vert et bleu, Montréal, éd. Logiques sociétés, 1991.
◊ ECO, Umberto
La Production des signes (1976), Paris, Le Livre de Poche, 1992.

◊ FONOLLOSA, Marie-Odile,
Le théâtre, reflet de la langue parlée ? représentation de la langue parlée dans le théâtre de Michel Tremblay dans les années 70 et 80, mémoire de maîtrise de l'Université de Montréal, Département d'anthropologie, 1995.
◊ GADET, Françoise
Le Français populaire, Paris, Presses universitaires de France, coll. « Que sais-je ? », 2e éd. corr., 1997.
◊ GASQUY-RESCH, Yannick
Histoire littéraire de la francophonie, Littérature du Québec, Vanves, Universités francophones, AUPELEF-UREF, EDICEF, 1994.
◊ GAUVIN, Lise
Langagement, Montréal, Boréal, 2000.
Parti pris littéraire, Montréal, Presses de l'Université de Montréal, 1975.
◊ GERVAIS, André (dir.)
Emblématiques de l'« époque du joual », Montréal, Lanctôt éditeur, 2000.
◊ GODIN, Jean Cléo et Laurent MAILHOT
Théâtre québécois, t. I et II, Montréal, Bibliothèque québécoise, 1988.
◊ HAZAËL-MASSIEUX, Marie-Christine
Écrire en créole, Paris, L'Harmattan, 1993.
◊ JUBINVILLE, Yves
Une étude de Les Belles-Sœurs, Montréal, Boréal, 1998.
◊ LAFON, Dominique (dir.)
Le Théâtre québécois 1975-1995, Montréal, Fides, 2001.
◊ LARTHOMAS, Pierre
Le Langage dramatique, sa nature, ses procédés, Paris, Presses Universitaires de France., 6e éd. 1997.
◊ LAUTEL, Alain et Marcello CASTELLANA (dir.)
Le théâtre du sens, Cahiers scientifiques de l'Université d'Artois, Arras, Presses de l'Université d'Artois, 9/1999.
◊ LECOMTE-DEPOORTER, Isabelle
Le Pop Art, Paris, Flammarion, coll. « Grammaire des styles », 2001.
◊ MAILHOT, Laurent
La Littérature québécoise depuis ses origines, Montréal, Typo, « essais », 1997.
◊ MAJOR, Robert
Parti pris : idéologies et littérature, Montréal, Hurtubise HMH, 1979.
◊ MOLINIE, Georges
Sémiostylistique, L'effet de l'art, Paris, Presses Universitaires de France, 1998.

◊ NEPVEU, Pierre
L'Écologie du réel, mort et naissance de la littérature québécoise contemporaine, Montréal, Boréal, 2ème éd. 1999.
◊ PEIGNOT, Jérôme
De l'écriture à la typographie, Paris, Gallimard, 1967.
◊ PICCIONE, Marie-Lyne
Michel Tremblay, l'enfant multiple, Bordeaux, Presses Universitaires de Bordeaux, 1999.
◊ POIRIER, Claude, dir. et l'équipe du T. L. F. Q.
Dictionnaire historique du français québécois, Laval, Presses de l'université Laval, 1998.
◊ *Rhétoriques et sémiotiques, Revue d'Esthétique*, 1979, 1-2, Paris, Union Générale d'Éditions, 1979.
◊ ROBILLARD, Yves (dir.)
Quebec Underground 1962-1972, Montréal, Éditions Médiart, 3 tomes, 1973.
◊ RYNGAERT, Jean-Pierre
Lire le théâtre contemporain, Paris, Dunod, 1993.
◊ SAINT-GERAND, Jacques-Philippe
Morales du style, Toulouse, Presses Universitaires du Mirail, 1993.

Conventions

Complément pour la description linguistique

Prononciation

Pour des raisons de lisibilité nous avons opté pour une *écriture phonétisante* entre deux barres obliques (ex. : /bostone/). Par conséquent, il ne faut y chercher ni les conventions phonologiques ni les conventions phonétiques habituelles. /club/ aurait eu [klyb] comme équivalent dans le code de l'Alphabet Phonétique International, /bostone/ serait [boston], etc.

Catégories pour l'analyse lexicale

adj. : adjectif
adj. subst. : adjectif substantivé (c'est-à-dire utilisé comme nom)
adv. : adverbe
interj. : interjection
exp. : expression
loc. verb. : locution verbale
n. f. : nom féminin
n. m. : nom masculin
p. II : participe passé
v. : verbe

TABLE DES MATIÈRES

***